6/5,00€

Diccionari de verbs

Models de conjugació

ENCICLOPÈDIA CATALANA
Barcelona 2009

DICCIONARIS D'ENCICLOPÈDIA CATALANA
Direcció: Montserrat Torras i Conangla

Aquesta obra ha estat elaborada a partir de la base de dades d'Enciclopèdia Catalana pel següent equip de redacció:

Josep Torras i Rodergas
Mercè Robert i Andreu
Núria Bort i Pié
Elvira de Moragas i Maragall

Coordinació: Núria Bort i Pié

Primera edició: juny del 2009

Josep Pla, 95
08019 Barcelona
diccionaris@grec.cat
www.enciclopedia-catalana.com

Disseny de la coberta: Sebastiaan van Kempen

Fotocomposició: Marquès SL
Impressió: Romanyà/Valls, Verdaguer, 1 - Capellades (Anoia)

ISBN: 978-84-412-1882-6
Dipòsit legal: B-22.983-2009

EL VERB EN CATALÀ

INTRODUCCIÓ

El verb és la categoria gramatical més variable, perquè el seu radical o tema (element que conté la significació lèxica del mot) és marcat per les diverses desinències o morfemes de:

temps	canto [avui]	canta*va* [ahir]	cantaré [demà]
persona	canto [jo]	cante*s* [tu]	cante*m* [nosaltres]
nombre	canto [singular]	canti*n* [plural]	
aspecte	*he* canta*t* [perfectiu]	canto [imperfectiu]	
mode	canto [indicatiu]	que cant*i* [subjuntiu]	canta! [imperatiu]
veu	canto [activa]	*és* canta*da* [passiva]	*es* canta [passiva reflexa]

El conjunt de formes que adopta un verb per a expressar totes aquestes categories, ordenat sistemàticament, es coneix amb el nom de *conjugació*.

La conjugació d'un verb pot tenir fins a una cinquantena de formes simples i un total d'un centenar de formes tenint en compte també les compostes (amb l'auxiliar *haver*) i les perifràstiques (amb l'auxiliar *anar*). Els verbs catalans es classifiquen en tres conjugacions segons la terminació de l'infinitiu:

conjugació	infinitiu acabat en	exemples	nombre total de verbs i percentatge
1a	-ar	cantar	7 800 (86,5%)
2a	-re [àtona]	perdre	215 (2,4%)
	-er [àtona]	témer	66 (0,7%)
	-er [tònica]	haver, poder, saber, soler, valer i voler	24 (0,3%)
	-r	dir, dur i fer	11 (0,1%)
3a [incoativa]	-ir [llevat de dir]	servir	784 (8,7%)
3a [pura]		dormir	120 (1,3%)

Les conjugacions amb més nombre de verbs (1a i 3a incoativa) són les més estables i les que experimenten menys canvis de conjugació.

1 La majoria de verbs pertanyen a la 1a conjugació, que d'altra banda és l'única actualment productiva. Les altres dues conjugacions són constituïdes per sèries tancades. Els verbs citats en els grups *-er* [tònica] i *-r* de la 2a conjugació (i els seus derivats) són tots els que integren aquests grups.

2 La majoria dels verbs de la 3a conjugació prenen actualment l'increment *-eix-* (anomenat *incoatiu* perquè prové de l'infix llatí *-esc-* característic de l'aspecte incoatiu dels verbs en aquella llengua) en les persones del singular i la tercera del plural dels presents d'indicatiu i subjuntiu i les corresponents de l'imperatiu (serv-*eix*-o, serv-*eix*-i, serv-*eix*-en).

3 Els únics verbs que es conjuguen en la forma pura segons el model de *dormir* són: *ajupir, bullir, esmunyir, funyir, grunyir, morir, munyir, punyir, retrunyir, sentir* i els seus derivats (llevat d'*assentir* i *dissentir*, que són incoatius).

4 Alguns pocs verbs més es conjuguen també en la forma pura, però tenen, a més, irregularitats pròpies: *collir, cosir, cruixir, eixir, escopir, fugir, obrir, omplir, pruir, pudir, sortir, tenir, tossir, venir* i els seus derivats.

5 Encara hi ha uns pocs verbs (*afegir, ferir, fregir, llegir, penedir-se, renyir, teixir, tenyir, vestir* i els seus derivats) que mantenen la forma pura en alguns dialectes.

6 Es conjuguen en totes dues formes, indistintament: *brunzir, mentir* i *percudir* (és preferible, però, la forma pura); *acudir, consumir, presumir* i *resumir* (és preferible, però, la forma incoativa); *lluir* es conjuga en forma pura quan vol dir 'emetre llum' i en forma incoativa quan vol dir 'fer goig, fer-se veure, tenir èxit'.

Els verbs que segueixen els models *cantar, perdre, témer, servir* i *dormir* s'anomenen *regulars*. Els *irregulars* són els que presenten diverses alteracions en les terminacions o en el radical. Les més regulars d'aquestes darreres són les dels verbs de la 1a conjugació que presenten en el radical les alternances *c-qu, ç-c, g-gu, j-g, gu-gü, qu-qü* davant les desinències començades en *e, i* (vegeu els models *trencar, començar, pregar, envejar, enaiguar* i *adequar*, respectivament). Aquests verbs no es poden considerar morfològicament irregulars, sinó que tenen variacions purament ortogràfiques. En aquest diccionari donem els models tant dels verbs regulars (amb models específics per als regulars amb alternances ortogràfiques) com dels irregulars i hi remetem des de cadascun dels verbs de l'índex; val a dir que alguns d'aquests paradigmes només són models d'ells mateixos (*haver, ésser, dar*, etc.).

Remarques generals

1 El passat simple és gairebé desusat en la llengua parlada a tot el domini català, llevat del País Valencià; habitualment es fa servir el passat perifràstic.

2 L'imperatiu coincideix en totes les conjugacions amb el present d'indicatiu en les segones persones i amb el present de subjuntiu amb les altres:

- 2a del singular = 3a del singular del present d'indicatiu (*canta tu* = *ell canta*);
- 2a del plural = 2a del plural del present d'indicatiu (*canteu vosaltres* = *vosaltres canteu*);
- 3a del singular = 3a del singular del present de subjuntiu (*canti ell* = *ell canti*);
- 1a del plural = 1a del plural del present de subjuntiu (*cantem nosaltres* = *nosaltres cantem*);
- 3a del plural = 3a del plural del present de subjuntiu (*cantin ells* = *ells cantin*).

Cal remarcar que en els verbs regulars coincideixen la 1a i la 2a persones del plural dels presents d'indicatiu i de subjuntiu. Però en els verbs irregulars que tenen radical velaritzat (amb el so [k] o [g]) en el subjuntiu no coincideixen: *begui, beguis, begui, beguem* (però indicatiu: *bevem*), *begueu* (però indicatiu: *beveu*), *beguin*. Llavors l'imperatiu és així: *beu tu, begui ell, beguem nosaltres, beveu vosaltres, beguin ells*. Els verbs irregulars *dir, ésser, estar, poder, saber, voler*, que tenen radical velaritzat en el subjuntiu, fan també amb aquest radical la 2a persona del singular de l'imperatiu, amb la desinència *-es*: *digues, sigues, estigues, pugues, sàpigues, vulgues*. De la mateixa manera, *tenir* fa *tingues* (o *té* o *ten*) i *veure* fa *veges* (o *ves*). La 2a persona del plural de l'imperatiu d'aquests verbs coincideix també excepcionalment amb la del subjuntiu: *digues, digui, diquem, digueu* (no *dieu*), *diguin; sigueu, estigueu, pugueu, sapigueu, vulgueu*. Dit d'una altra manera, a l'imperatiu d'aquests verbs apareix a totes les formes el so velar [g].

3 Els verbs de la 2a conjugació acabats en *-re* suprimeixen, en el futur i el condicional, la vocal final, quan afegeixen les desinències corresponents: *perdràs, perdries*.

4 En els parlars balears la manca de desinència de la 1a persona del present d'indicatiu dels verbs no sol comportar canvis ortogràfics del radical: *acab*[ar], *admet*[re], *amarr*[ar], *amar*[ar], *bat*[re], *forj*[ar], *puny*[ir], *ratll*[ar]. Excepcions:

- Els radicals acabats en *-l·l* (*vacil·lar*), *-nn* (*nannar*) o *-ss* (*passar*) es redueixen a *-l*, *-n*, *-s*: *vacil, nan, pas.*
- Els radicals acabats en *-e* (*crear*) o *-i* (*estudiar*) afegeixen una *-i*, que forma diftong: *crei, estudii.* No ho fan, però, els acabats en *-ai, -ei, -oi, -ui*: *espai*[ar], *remei*[ar], *enjoi*[ar], *alui*[ar].
- Els radicals acabats en *-o* (*incoar*) o *-u* (*suar*) afegeixen una *-u*: *incou, suu.* No ho fan, però, els acabats en *-au, -eu, -iu, -ou*: *encau*[ar], *encreu*[ar], *interviu*[ar], *pou*[ar].
- Els radicals acabats en *-gu* (*enaiguar*) o *-qu* (*adequar*) afegeixen una *-o*: *enaiguo, adequo.*
- Els radicals acabats en *-j/-g* palatal (*rajar, assuaujar, fugir, pujar*) adopten la grafia *-ig*: *raig, assuauig, fuig, puig.* No ho fan, però, els radicals acabats en *-tj, -nj, -rj*: *viatj*[ar], *assetj*[ar], *desitj*[ar], *allotj*[ar], *menj*[ar], *forj*[ar].
- Els verbs de la 3a conjugació que fan increment tampoc no tenen desinència: *servesc* o *serveix.*
- Els radicals acabats en *-en* (*anomenar*) o *-in* (*caminar*) afegeixen l'accent ortogràfic *anomèn*[ar], *camín*[ar].

LA CONJUGACIÓ IRREGULAR

Alteracions a la terminació

1 Els verbs de la 2a i la 3a conjugació, amb radical acabat en *-c, -s, -x, -g,* afegeixen una e eufònica (que facilita la pronunciació) a la 2a persona del singular del present d'indicatiu: *vences, tusses, creixes, fuges.* També *córrer, obrir, omplir,* que, a més, tenen una e final a la 3a persona del singular: *corres, corre; obres, obre; omples, omple.*

2 En els verbs que a la 1a persona del singular del present d'indicatiu tenen un radical diferent del de l'infinitiu, aquesta no té terminació: *poder, puc; ofendre, ofenc; veure, veig.* Quan la 2a persona del singular de l'imperatiu té el mateix radical que el present de subjuntiu, pren la terminació *-es*: *digues, sàpigues.*

3 *Tenir* i *venir,* en el passat simple d'indicatiu, imperfet de subjuntiu i participi, prenen les terminacions de la 2a conjugació: *tingueres, tingués, tingut; vingueres, vingués, vingut. Estar* les pren en el passat simple d'indicatiu: *estigueres.*

4 *Escriure* i *viure,* en el gerundi, prenen terminacions de la 3a conjugació: *escrivint, vivint.* També en les formes que tenen el mateix radical que el gerundi: *escrivim, escrivia, escrivires; vivim, vivia.*

Alteracions al radical

Ortogràfiques

1 Alguns verbs, sobretot de la 1a conjugació, presenten en el radical les alternances *c-qu, ç-c, g-gu, j-g, gu-gü, qu-qü* davant les terminacions començades en *e, i*: *tacar - taques, caçar - cacem, furgar - furguem, rajar - ragi, enaiguar - enaigüem, obliquar - obliqües* (observeu les alternances inverses *vèncer - venço, fugir - fujo*).

2 En les formes sense terminació i davant la terminació *-s* es donen les alternances *d-t, b-p, g-ig: poder - pot, pots; saber - sap, saps; fugir - fuig.*

3 Els verbs *collir, cosir, escopir, sortir, tossir* canvien *o* per *u* en les formes fortes, és a dir, amb l'accent al radical: *cullen, cuses, escup, surtin, tusso.*

Eufòniques

Els verbs en *-ldre, -ndre* tenen *d* eufònica que no pertany al radical: *moldre, entendre.* Reapareix només en el futur i el condicional: *moldré, moldria; entendré, entendria.* També *soler, valer, voler, tenir, venir* tenen *d* eufònica en els mateixos temps: *soldrem, soldria; valdré, valdries; voldràs, voldria; tindrà, tindries; vindrem, vindríem.*

Fonètiques

I. Verbs amb radical velaritzat

Són els que en la 1a persona del singular del present d'indicatiu tenen radical acabat en -c, sense terminació: *entenc, molc, fonc, valc.* La c és afegida generalment al radical de l'infinitiu, però en els verbs de radical en diftong substitueix la *u*: *plac, sec, ric, moc*; en *viure* la *u* és substituïda pel grup *sc*: *visc.* Els verbs amb radical velaritzat formen tres grups:

1 Verbs en *-ldre, -ndre, -ler* (llevat *voler*):

- Radical velaritzat:
  - 1a persona del singular del present d'indicatiu: *molc, entenc, valc.*
  - passat simple: *molgué, entengueres, valgueren.*
  - present de subjuntiu: *molgui, entengui, valgui.*
  - imperfet de subjuntiu: *molgués, entengués, valgués.*
  - persones de l'imperatiu que coincideixen amb el subjuntiu: *molgui, entenguin, valgui.*

- Radical de l'infinitiu (amb *d* eufònica):
  - futur: *moldré, entendràs, valdrem.*
  - condicional: *moldries, entendríem, valdria.*
- Radical pur:
  - formes restants: *mol, molíem, entenem, valies.*

  Poden tenir el participi acabat en -*ès*, en terminacions diverses o en terminació regular:

aprendre - après	*soler - solgut*
atendre - atès	*valer - valgut*
dependre - depès	*vendre - venut*
despendre - despès	*absoldre - absolt*
encendre - encès	*dissoldre - dissolt*
entendre - entès	*moldre - mòlt*
estendre - estès	*remoldre - remòlt*
ofendre - ofès	*resoldre - resolt*
prendre - pres	*toldre - tolt*
pretendre - pretès	*fondre - fos*
suspendre - suspès	*tondre - tos*
caldre - calgut	*pondre - post*
doldre - dolgut	*romandre - romàs*
condoldre's - condolgut	

2 Verbs *conèixer* i *parèixer*, i *estar, tenir, venir, dir, dur*, que tenen, a més, irregularitats especials:

- Radical velaritzat:
  - les mateixes formes del primer grup.
  - participi: *conegut, tingut* (llevat *estar, dir, dur*); els altres verbs en *-xer* fan el participi en *-scut: créixer, crescut; merèixer, merescut.*
- Radical pur:
  - formes restants: *coneixem, estem, tenia, vénen, dius, duen.*

3 Verbs amb radical en diftong *au, eu, iu, ou* (llevat de *veure*):

- Radical velaritzat:
  - les mateixes formes del primer grup.
  - participi: *plagut, segut, rigut, mogut.*
- Radical del gerundi:
  - 1a i 2a persones del plural del present d'indicatiu: *plaem, rieu, coem.*
  - imperfet d'indicatiu: *plaïa, bevies, vivíem, coïes.*
  - 2a persona del plural de l'imperatiu: *complaeu, beveu, viviu, coeu.*

- Radical pur:
  - formes restants: *plaus, seuen, mou.*

    En el gerundi poden presentar aquestes modalitats:
  - Canvien la *u* del radical de l'infinitiu en *v* els verbs: *beure - bevent, deure - devent, escriure - escrivint, heure - hevent, moure - movent, ploure - plovent, viure - vivint. Escriure* fa, a més, el participi en *-t: escrit; viure* el fa en *-scut: viscut*; *escriure* fa també el passat simple i l'imperfet de subjuntiu amb el radical del gerundi i les terminacions de la 3a conjugació: *escrivires, escrivissis.*
  - Canvien la *u* del radical de l'infinitiu en *i* els verbs: *caure - caient, creure - creient, jeure - jaient, lleure - lleient, seure - seient, treure - traient, veure - veient.*

    Aquests verbs tenen, a més, l'imperfet d'indicatiu amb l'accent al radical: *queia, creia, jeia, lleia, seia, treia, veia. Jeure* i *treure* canvien la *e* del radical en *a* a les formes febles: *jaiem, tragueren. Treure* fa el participi *tret. Veure* té, a més, d'altres irregularitats.
  - Suprimeixen la *u* del radical de l'infinitiu els verbs: *cloure - cloent, coure - coent, noure - noent, plaure - plaent, raure - raent, riure - rient. Cloure* fa el participi *clos. Coure* el fa *cuit* i, en sentit figurat, *cogut. Riure* té també l'imperfet d'indicatiu amb l'accent al radical: *reia.*

II. Verbs d'irregularitats especials

1 Tenen irregular només el participi:

atènyer - atès
empènyer - empès
estrènyer - estret
constrènyer - constret
destrènyer - destret
restrènyer - restret

metre - mes
admetre - admès
arremetre - arremès
cometre - comès
comprometre - compromès
demetre - demès
descomprometre - descompromès
entremetre's - entremès
escometre - escomès
malmetre - malmès
ometre - omès

permetre - permès
readmetre - readmès
remetre - remès
sotmetre - sotmès
trametre - tramès
transmetre - transmès

imprimir - imprès
cobrir - cobert
complir - complert o *complit*
establir - establert o *establit*
obrir - obert
oferir - ofert o *oferit*
omplir - omplert o *omplit*
reblir - reblert o *reblit*
sofrir - sofert o *sofrit*
suplir - soplert o *suplit*
morir - mort

2 *Eixir* canvia *ei* per *i* a les formes fortes: *ixo, ixes, ix, ixen; ixi, ixis, ixi, ixin;* però *eixim, eixiu.*

3 Tenen irregularitats diverses els verbs:

anar	*haver* [auxiliar]
cabre	*heure*
caure	*néixer*
córrer	*poder*
dir	*saber*
dur	*tenir*
ésser	*venir*
estar	*veure*
fer	*voler*

USOS DEL VERB AMB RELACIÓ AL SUBJECTE

Amb relació al subjecte, els verbs es classifiquen en:

1 *impersonals*, és a dir, que no designen el subjecte, entre els quals destaquen *haver-hi* i tots els que expressen fenòmens naturals, anomenats també verbs *unipersonals*, com ara *ploure, nevar, llampegar*, etc.

2 *personals*, és a dir, que designen el subjecte. Quan el subjecte és agent de l'acció verbal, diem que el verb està en *veu activa* o que és de *subjecte agent*: *Cèsar vencé l'exèrcit de Pompeu.* En canvi, quan sobre el subjecte recau l'acció verbal, diem que el verb està en *veu passiva* o que és de *subjecte pacient*, la qual cosa s'expressa:

- per mitjà de l'anteposició de l'auxiliar *ésser* al verb, que pren la forma de participi; el complement esdevé, aleshores, subjecte gramatical i l'agent de l'acció verbal passa a segon terme, regit per la preposició per: *L'exèrcit de Pompeu fou vençut per Cèsar.* Aquesta construcció, molt formal, és més pròpia de la narració històrica i dels textos legals.
- per mitjà de la pronominalització d'un verb transitiu amb el pronom es/se, quan el subjecte és indeterminat: *La festa major se celebra a l'estiu = celebrem la festa major a l'estiu.* Aquesta construcció s'anomena també *passiva reflexa.* Equival a les construccions impersonals, més formals, amb *hom* o *un*: *Hom fa el que pot. Un pensa que fa bé i s'equivoca.*

Hi ha encara una construcció formalment activa, però semànticament passiva, consistent a anteposar el complement directe al començament de l'oració i a repetir-lo mitjançant un pronom feble: *La col·lecció, la dirigeix el senyor X.* Aquesta construcció, molt viva en el registre col·loquial, és anomenada sovint *pleonàstica*, per tal com repeteix el complement.

USOS DEL VERB AMB RELACIÓ ALS COMPLEMENTS

Amb relació als complements, el verb pot ésser *copulatiu, transitiu, intransitiu* i *pronominal*.

1 El verb *copulatiu*, dit també *atributiu*, enllaça simplement un atribut amb el subjecte: *L'arròs és fred*. Pròpiament només ho és el verb *ésser*.

2 Un verb és *transitiu* quan exigeix un complement directe, anomenat també *complement d'objecte*, perquè s'hi exerceix o hi passa l'acció del subjecte expressada pel verb: *El pare llegeix el diari*.

3 Un verb és *intransitiu* quan habitualment no admet complement directe, és a dir, quan expressa per ell mateix el procés complet: *El nen dorm*; o introdueix el complement mitjançant una preposició: *Tothom va cooperar a la festa*; o bé quan remet l'atribut al subjecte –en aquest cas el verb sol anomenar-se *atributiu* per tal com té una funció anàloga a la del verb *ésser*: *La norma sembla clara. En Joan està malalt*.

4 El verb *pronominal* és aquell que es conjuga amb el pronom reflexiu i expressa, doncs, una acció que recau en el mateix subjecte: *La visió s'esvaní*. Entre els pronominals hi ha els *recíprocs*, que suposen la presència de dos subjectes o més que realitzen i reben mútuament l'acció verbal: *Tots dos s'assemblen molt*.

5 Al costat d'aquests verbs transitius, intransitius i pronominals en sentit estricte, hi ha molts verbs que poden tenir més d'un ús.

- Gairebé tots els verbs transitius poden ometre el seu complement directe i comportar-se com a intransitius; és l'anomenat ús *absolut*: *La nena menja pa / La nena menja*.

- Molts verbs transitius admeten també un ús pronominal reflexiu: *El nen ja es renta tot sol*. Els diccionaris només ho indiquen en els casos més habituals; en canvi, no s'hi indiquen les construccions pronominals de sentit passiu, que admeten tots els verbs transitius i que cal no confondre amb l'ús reflexiu: *Les quotes es cobraran* [=*seran cobrades*] *demà*. Cal no confondre tampoc l'ús reflexiu pròpiament dit amb l'ús transitiu acompanyat del pronom personal com a complement indirecte: *El nen es renta la cara* [=*renta la cara a si mateix*].

- Excepcionalment alguns verbs intransitius poden ésser usats de vegades com a transitius: *Dorm el son etern. Viu la seva vida*.

EL VERB I ELS PRONOMS PERSONALS

PRONOMS PERSONALS FORTS O TÒNICS			singular	plural
Dins l'oració, fan de subjecte (quan són usats aïlladament) o de complement verbal (quan s'usen precedits de preposició).	1a persona		*jo, mi*	*nosaltres*
	2a persona		*tu*	*vosaltres; vós*
	3a persona		*ell, ella; vostè*	*ells, elles; vostès*
		reflexiu	*si; ell, ella*	*si; ells, elles*

S'usa ***mi*** en lloc de ***jo*** darrere les preposicions *a, amb, de, en, per, contra, entre, sense, envers*: *Parla de mi. Qui no està amb mi està contra mi. Aneu-hi sense mi.* No pas, però, quan alguna d'aquestes preposicions regeix dos o més pronoms coordinats: *Entre tu i jo no hi ha res de comú. Parla de tu i jo. Sense ell i jo no hi podeu pas anar.*

PRONOMS PERSONALS FEBLES O ÀTONS

formes pronominals		**enclítics** (darrere el verb): ple	**enclítics** (darrere el verb): reduït	**proclítics** (davant el verb): reforçat	**proclítics** (davant el verb): elidit	**funció**	**exemples**
1a pers.	sing.	*-me*	*'m*	*em*	*m'*	ac. / dat. m. / f.	*Vols matar-**me**? Mata'**m**. **Em** penso que no **m'**agafaràs.*
	pl.	*-nos*	*'ns*	*ens*	*[ens]*		*Dóna'**ns** temps per a refer-**nos**. **Ens** tindràs al teu costat.*
2a pers.	sing.	*-te*	*'t*	*et*	*t'*		*Si **t'**enxampo, prepara'**t**. **T'**he vist com **et** furgaves el nas.*
	pl.	*-vos*	*-us*	*us*	*[us]*		***Us** dic que vull veure-**us**. Poseu-**vos** còmodes.*
3a pers.		*-se*	*'s*	*es*	*s'*	reflexiu	***S'**estima més esperar-**se** fins que **es** faci de dia per no perdre'**s** pels camins.*
	sing.	*-lo*	*'l*	*el*	*l'*	ac. m.	*Renya'**l**. Si no vols renyar-**lo**, **l'**agafo jo i **el** deixo baldat!*
		-la	*[-la]*	*[la]*	*l' [/ la]*	ac. f.	*Renya-**la**. Si no **la** renyes, **l'**agafo i **la** deixo baldada [**la** incites a tornar-hi].*
		-li	*[-li]*	*[li]*	*[li]*	dat. m. / f.	*Si no saps donar-**li** consol, més val que no **li** parlis.*
	pl.	*-los*	*'ls*	*els*	*[els]*	ac. m. dat. m. / f.	*Fes-**los** passar i explica'**ls** que **els** atendré de seguida.*
		-les	*[-les]*	*[les]*	*[les]*	ac. f.	*Fes-**les** entrar i **les** acomodes.*
	neutre	*-ho*	*[-ho]*	*[ho]*	*[ho]*	ac. / pred.	*Si **ho** som, ens cal admetre-**ho**.*
adverbials		*-hi*	*[-hi]*	*[hi]*	*[hi]*		*Encara **hi** som a temps, d'anar-**hi** a passar les vacances!*
		-ne	*'n*	*en*	*n'*		*Parlem-**ne** i **n'**estarem més convençuts. Dubta'**n**, si vols, però jo **en** sé un niu!*

Entre claudàtors, formes pronominals que supleixen les variants inexistents. Per exemple, [*-la*] significa que, tot i que el pronom ***la*** no té una forma reduïda, al darrere d'un verb acabat en vocal aquesta és la forma emprada: *mata-la.*

El pronom ***la*** davant del verb segueix les mateixes normes d'apostrofació que l'article definit ***la*** (no s'apostrofa davant de *i* o *u* àtones [amb *h* o sense]: ***la*** *incites a tornar-hi*).

Combinació de pronoms febles

Dos o més pronoms febles es poden combinar segons unes certes normes. La fórmula combinatòria general és: *es* – 2a pers. – 1a pers. – 3a pers. (datiu – acusatiu) – *en* – *ho* – *hi.*

Seguint aquest ordre, d'esquerra a dreta, tota combinació de més d'un pronom feble és gramaticalment possible. Però:

- No és possible la combinació de ***ho*** amb ***en*** ni amb ***hi***, ni de dos ***en*** ni de dos ***hi***: *treu això d'aquí → treu-ho d'aquí / treu-ne això / *treu-ho'n; porta això a casa → porta-ho a casa / porta-hi això / *porta-ho-hi; pugen llibres del magatzem → en pugen llibres (del magatzem) / en pugen del magatzem (de llibres) / *ne'n pugen; no vull jugar a escacs amb la Maria → no hi vull pas jugar (a escacs), amb la Maria / no hi vull pas jugar (amb la Maria), a escacs / *no hi hi vull pas jugar (a escacs amb la Maria).*
- En el català central, el pronom ***li*** es redueix a ***hi*** quan es combina amb ***el, la, els, les***, que el precedeixen: ***li'l → l'hi; li la → la hi; li'ls → els hi; li les → les hi; li'n →*** (familiarment) ***n'hi***: *torna-li el llibre → torna-li'l / torna-l'hi; dóna-li la mà → dóna-li-la / dóna-la-hi; no li vull fer els honors → no li'ls vull fer / no els hi vull fer; li han robat les joies → li les han robades / les hi han robades; només li cobrarem tres quilos → només li'n cobrarem tres / només n'hi cobrarem tres* (les combinacions inicials es mantenen, especialment, en els parlars valencians).
- També ***li*** es redueix a ***hi***, quan es combina amb els pronoms ***em, ens, et, us***: *ja t'han presentat al director? –no, encara no m'hi han presentat.*
- El pronom ***se*** no s'apostrofa davant ***us***: *se us posa bé la cosa.*
- El pronom ***se*** manté preferentment la forma plena davant un verb començat en ***s-***, ***ce-***, ***ci-***: *se situa / es situa; se celebra / es celebra; se citen / es citen.*
- La combinació dels pronoms ***el*** + ***en*** dóna ***l'en*** (no pas ****lo'n***): *aviat l'en trauran, d'aquest càrrec.*
- En estil col·loquial, ***-nos*** i ***-vos*** darrere un verb en imperatiu plural,

TAULA DE COMBINACIONS

	se		te		vos		me		nos	
te	*-se't*									
	se't	*se t'*								
vos	*-se-us*									
	se us									
me	*-se'm*		*-te'm*		*-vos-em*	*-us-em*				
	se'm	*se m'*	*te'm*	*te m'*	*us em*	*us m'*				
nos	*-se'ns*		*-te'ns*		*-vos-ens*	*-us-ens*				
	se'ns		*te'ns*		*us ens*					
lo	*-se'l*		*-te'l*		*-vos-el*	*-us-el*	*-me'l*		*-nos-el*	*'ns-el*
	se'l	*se l'*	*te'l*	*te l'*	*us el*	*us l'*	*me'l*	*me l'*	*ens el*	*ens l'*
los[2]	*-se'ls*		*-te'ls*		*-vos-els*	*-us-els*	*-me'ls*		*-nos-els*	*'ns-els*
	se'ls		*te'ls*		*us els*		*me'ls*		*ens els*	
la	*-se-la*		*-te-la*		*-vos-la*	*-us-la*	*-me-la*		*-ens-la*	*'ns-la*
	se la	*se l'*	*te la*	*te l'*	*us la*	*us l'*	*me la*	*me l'*	*ens la*	*ens l'*
les	*-se-les*		*-te-les*		*-vos-les*	*-us-les*	*-me-les*		*-ens-les*	*'ns-les*
	se les		*te les*		*us les*		*me les*		*ens les*	
li	*-se-li*		*-te-li*		*-vos-li*	*-us-li*	*-me-li*		*-ens-li*	*'ns-li*
	se li		*te li*		*us li*		*me li*		*ens li*	
ho	*-s'ho*		*-t'ho*		*-vos-ho*	*-us-ho*	*-m'ho*		*-ens-ho*	*'ns-ho*
	s'ho		*t'ho*		*us ho*		*m'ho*		*ens ho*	
ne	*-se'n*		*-te'n*		*-vos-en*	*-us-en*	*-me'n*		*-ens-en*	*'ns-en*
	se'n	*se n'*	*te'n*	*te n'*	*us en*	*us n'*	*me'n*	*me n'*	*ens en*	*ens n'*
hi	*-s'hi*		*-t'hi*		*-vos-hi*	*-us-hi*	*-m'hi*		*-ens-hi*	*'ns-hi*
	s'hi		*t'hi*		*us hi*		*m'hi*		*ens hi*	

1. Datiu. 2. Acusatiu i datiu.

- La meitat superior de les caselles conté les formes enclítiques (davant del verb); la inferior, les proclí
- En les caselles subdividides verticalment, la subcasella de la dreta conté les variants adoptades quar cas dels proclítics).

DE DOS PRONOMS FEBLES

lo		los[1]		la		les		li		ne
		-los-el	*'ls-el*					*-l'hi*		
		els el	*els l'*					*l'hi*		
		-los-els	*'ls-els*					*-los-hi*	*'ls-hi*	
		els els						*els hi*		
		-los-la	*'ls-la*					*-la-hi*		
		els la	*els l'*					*la hi*		
		-los-les	*'ls-les*					*-les-hi*		
		els les						*les hi*		
		-los-ho	*'ls-ho*					*-li-ho*		
		els ho						*li ho*		
-l'en		*-los-en*	*'ls-en*	*-la'n*		*-les-en*		*-li'n*		
l'en	*el n'*	*els en*	*els n'*	*la'n*	*la n'*	*les en*	*les n'*	*li'n*	*li n'*	
-l'hi		*-los-hi*	*'ls-hi*	*-la-hi*		*-les-hi*				*-n'hi*
l'hi		*els hi*		*la hi*		*les hi*				*n'hi*

tiques (darrere el verb).
el verb acaba en vocal —no diftong— (en el cas dels enclítics) o quan comença en vocal o *h* (en el

quan són seguits d'un altre pronom feble començat en vocal, es poden reduir a *'s: anem's-en; aneu's-en; enduguem's-el; poseu's-hi bé; quedem's-ho tot; mengeu's-em* (per *anem-nos-en, aneu-vos-en,* etc.).

- En les perífrasis verbals (amb verbs auxiliars i modals), els pronoms febles poden anar davant (en un to més planer) o darrere (en un to més formal), però no pas davant i darrere alhora: *ho vaig encarregar / vaig encarregar-ho / *ho vaig encarregar-ho; ho volen fer / volen fer-ho / *ho volen fer-ho; l'has de comprar / has de comprar-la / *l'has de comprar-la.*
- En les combinacions de més de dos pronoms davant del verb, el primer s'escriu aïllat i els altres també, llevat que s'hagin d'apostrofar; darrere el verb, s'uneixen tots amb guionets, llevat, també, que algun s'hagi d'apostrofar: *se me la vol posar→vol posar-se-me-la; se'ns el pot menjar→pot menjar-se'ns-el; se us el pensa quedar→pensa quedar-se-us-el; se te n'hi deuen ficar moltes→deuen ficar-se-te-n'hi moltes.*

LA CONCORDANÇA DEL VERB AMB EL SUBJECTE

D'un sol element

Quan hi ha un sol subjecte, el verb hi concorda en nombre i persona: *Ell no sap llegir. Tu, d'on ets? Nosaltres som d'aquí. El nen s'enfila. Les noies ballen.*

Excepcions

1 Un substantiu en plural (tercera persona) pot dur el verb en primera o segona persona: *Els homes som així i les dones sou això.*

2 Discordança per raons estilístiques de solidaritat, eufemisme, ironia, modèstia, etc.: *Com ens trobem avui, avi? Ja comencem a criticar? Creiem que l'autor no és prou exacte.*

3 En noms col·lectius (*colla, exèrcit, gent, gernació, grup, infinitat, multitud, públic, sèrie, ramat, tropa*) sol haver-hi vacil·lació entre la concordança formal o la concordança pel sentit: *La gent diu que sí. La gent creuen que no.*

- preferència per raons intrínseques
  - si el col·lectiu és molt homogeni, predomina la concordança formal, és a dir, el verb hi concorda en singular: *A l'estiu, el ramat pastura a la muntanya. L'exèrcit ha acceptat el nou règim.*

---

* Combinació gramaticalment impossible.

– si el col·lectiu és molt heterogeni, el verb sol concordar-hi *pel sentit*, en plural: *Aquesta trepa tenen tota mena de defectes. La parentela no es posaven d'acord.*

- preferència per raons extrínseques
  – amb un col·lectiu de caràcter numeral (*doble, meitat, nombre, parell, part, resta, terç*), seguit de la preposició *de* i la menció dels integrants del col·lectiu, es produeix preferentment la concordança *pel sentit*: *Un bon nombre d'escriptors pensen altrament. La resta dels manifestants es van retirar. La majoria d'estiuejants vénen de Barcelona. Un 40% de votants prefereixen abstenir-se.*
  – si el col·lectiu és determinat per altres mots o la seva entitat és subratllada per altres elements expressius, predomina la concordança formal: *El públic, impacient, s'amuntega a l'entrada.*
  – la proximitat dins la frase entre el nom col·lectiu i l'element verbal afavoreix la concordança formal, mentre que la distància li és desfavorable: *S'aplegà una gernació a la plaça que ben aviat es posaren a reclamar la presència del president.*
  – en oracions atributives en què el subjecte és un col·lectiu i el predicat nominal és en plural, la concordança és *pel sentit*: *Aquella colla són els forasters. La patuleia que dieu som els catalans. L'ocupant sou vosaltres. Això són trumfos i no pas les cartes que tenia jo.*

4 En oracions passives pronominals, hi ha dues possibilitats: *Aquest mes s'han venut* (o *s'ha venut*) *molts pisos.*

De diversos elements

Regla general

El verb amb més d'un subjecte adopta el plural i prefereix la primera a la segona persona i aquesta a la tercera: *En Pere i tu preparareu la festa. En Pau, tu i jo ens repartirem les despeses.*

Excepcions

1 Dos o més substantius que constitueixen un conjunt homogeni o una sèrie, o dos o més demostratius neutres poden dur el verb en singular. La presència d'un determinant, com l'article, fa predominar la concordança en plural: *Cantar i riure allarga la vida. El cantar i el riure allarguen la vida. La prepotència i el cinisme provoquen indignació. Prepotència i cinisme provoca indignació. Això que fas i allò que em vas dir no m'agrada.*

2 La posició del verb davant un subjecte múltiple atreu la concordança en singular: *S'hi va oposar el pare, la mare i les tietes. El pare, la mare i les tietes s'hi van oposar.*

LA CONCORDANÇA DEL PARTICIPI

1 En les oracions amb formes compostes del verb, si el complement directe és representat per un pronom feble de tercera persona, *el, la, els, les* o l'adverbial *en*, és recomanable de fer-hi concordar el participi de la forma composta verbal. *Aquella gerra, ja l'he comprada. Si preguntes per ells, no els he vistos mai més. Tenia tres cases, però ja les ha venudes. De coses així, n'he vistes moltes.*

2 Si en l'oració amb verb compost hi ha també un infinitiu subordinat, a més d'un dels pronoms febles esmentats, cal veure si aquest pronom és complement del verb compost o bé de l'infinitiu subordinat, per fer-hi concordar o no el participi del temps compost. Si el pronom és complement del verb compost, hi concorda el participi; si és complement de l'infinitiu, no. *Aquesta senyora que dius, l'he vista passar sovint per davant de casa. Totes aquestes cases, les he vist construir.*

Per veure fàcilment si el pronom és complement o no de l'infinitiu, s'hi pot posar al darrere: si la frase té sentit, és senyal que n'és complement, i llavors no hi concorda el participi. *Aquesta senyora que dius, he vist passar-la* no té sentit: el pronom és complement de *he vist* (*he vist la senyora, que passava*), i el participi hi pot concordar. *Totes aquestes cases, he vist construir-les* té sentit: el pronom és complement de *construir* (*he vist que construïen les cases*), i el participi no hi pot concordar.

3 En alguns verbs com *fer, poder, voler, saber, gosar, deure, haver de, començar a, deixar de,* acompanyats d'un infinitiu subordinat, es fa també excepcionalment la concordança del participi amb el pronom feble, encara que aquest sigui complement de l'infinitiu. *La clau que em demanaves, ja l'he feta fer. La botiga, no l'he poguda llogar encara. Les patates s'han podrit: les hem hagudes de llençar.*

INSTRUCCIONS DE MANEIG DEL DICCIONARI

Contingut

Aquest diccionari aplega tots els verbs del *Gran diccionari de la llengua catalana* [GDLC] de l'Enciclopèdia Catalana (en la seva versió digital), amb exclusió dels verbs antics, dels quals era impossible i inoportú donar els paradigmes. Aquest enorme cabal (9 020 verbs), un cop classificat, dóna lloc a 74 models de conjugació.

Les variants dialectals

En aquest diccionari es recull tant les formes verbals del nivell estàndard general de la llengua com les principals variants dialectals. Les primeres es presenten en les columnes que constitueixen el cos principal de cada model i les segones en un requadre al peu de cada pàgina dreta.

Tant per a la selecció de les principals variants com per a la fixació del nivell estàntard general ens ha servit de base la *Proposta per a l'estàndard oral de la llengua catalana, II, Morfologia* de l'Institut d'Estudis Catalans, que, defugint de privilegiar unes maneres idiomàtiques sobre les altres, estableix uns criteris prou amplis i prou unitaris que, d'una banda, reconeixen aquelles variants territorials que gaudeixen de prestigi i tradició i, de l'altra, no comporten una barreja indiscriminada d'usos dialectals.

En la fixació de l'*estàndard general* s'han tingut en compte aquells trets més estesos per tot el domini lingüístic i que almenys es troben en dos dels grans dialectes territorials. En poquíssimes ocasions una característica exclusiva del català central és considerada d'àmbit general (ho és, per exemple, la desinència *-o* de la 1a persona del present d'indicatiu de la majoria de verbs), i això s'esdevé, si de cas, per raó de la normativa en vigor i del pes demogràfic i cultural de Barcelona. Les variants de l'estàndard general són consignades entre parèntesis, amb la qual cosa volem indicar, d'una banda, la seva categoria d'estàndard i, de l'altra, que no convé de barrejar-les indiscriminadament dins el marc d'una mateixa modalitat. Algunes poques variants, incloses també entre parèntesis, indiquen alternatives admissibles dins una mateixa modalitat (són concretament *vares, vàrem, vàreu, varen* [millor: *vas, vam, vau, van*], *haguera, -es*, etc. [millor: *hauria, -es*], *sigut* o *set* [millor: *estat*], *tindre* [millor: *tenir*] i *vindre* [millor: *venir*]).

Les *variants dialectals*, recollides en un requadre al peu de la pàgina dreta, són d'ús exclusiu d'un sol dialecte o hi tenen un prestigi reconegut. Dins aquest requadre de variants n'hi ha d'altres, també indicades entre parèntesis, que són alternatives admissibles dins aquella modalitat o indiquen, en algun cas, un nivell més formal, com és ara *cantara* (*cantàs*) on *cantàs* representa un registre molt formal al País Valencià. Sovint, quan en aquests requadres s'esmenten totes les persones d'un temps verbal, apareix una ratlla (-) per indicar que la forma corresponent és la de l'estàndard general o la de la modalitat dialectal. Així, en la llista *servesca, servesques, servesca, -, -, servesquen* cal substituir les ratlles per les persones corresponents *servim* (o *serviguem*) i *serviu* (o *servigueu*).

Finalment alguns verbs, a més de les variants dialectals regulars, en tenen d'altres de pròpies, que es consignen com a notes [☞] també en el requadre a peu de pàgina en els paradigmes corresponents (*cantar, complaure, conèixer, dormir, envejar, obrir, ofendre, servir* i *vendre*).

Els noms dels temps verbals

Les denominacions dels temps verbals més utilitzades en català han estat fluctuants i, sovint, poc transparents. Per això adoptem en aquest diccionari la nomenclatura aprovada per la Secció Filològica de l'Institut d'Estudis Catalans en *Modificació dels noms dels temps verbals* (Barcelona, 2002), que implica les següents modificacions:

INDICATIU	
Nom anterior	*Nom actual*
Pretèrit imperfet	Imperfet
Pretèrit perfet (simple o perifràstic)	Passat (simple o perifràstic)
Pretèrit indefinit	Perfet
Pretèrit plusquamperfet	Plusquamperfet
Pretèrit anterior (simple o perifràstic)	Passat anterior (simple o perifràstic)
Futur compost	Futur perfet
Condicional compost	Condicional perfet

SUBJUNTIU	
Nom anterior	*Nom actual*
Pretèrit imperfet	Imperfet
Pretèrit perfet	Perfet
Pretèrit plusquamperfet	Plusquamperfet
Pretèrit perfet perifràstic	Passat perifràstic
Pretèrit anterior perifràstic	Passat anterior perifràstic

En aquest diccionari incloem també el passat perifràstic i el passat anterior perifràstic de subjuntiu, tot i que són molt esporàdics, fins i tot en obres literàries, i que pertanyen a un nivell col·loquial i a un àmbit força restringit.

Instruccions d'ús

Per a trobar la flexió d'un verb qualsevol, cal primer cercar-lo en l'Índex de tots els verbs. El número que figura al darrere de cada verb indica el model segons el qual es conjuga. Si s'escau, després del número, apareix una nota [*vg notes*] que ens avisa que en el model, a peu de pàgina, hi ha algunes excepcions del verb referit. Només cal, doncs, aplicar al verb desitjat les desinències del model. Així, si cerquem el verb *atènyer*, el número 64 ens remetrà al model *témer* i, per tant, on diu *temo* (*tem*), *tems, tem*, caldrà substituir *atenyo* (*ateny*), *atenys, ateny*.

D'altra banda, després del número 64, el verb *atènyer* ens indica amb una nota que en el model hi ha una excepció, en les notes a peu de pàgina, referida al participi, la qual cosa vol dir que no el fa com *temut -uda*, sinó *atès -esa*. Sovint hi ha excepcions que són només d'àmbit dialectal, la qual cosa vol dir que existeixen unes formes pròpies d'aquella modalitat. Així, per exemple, *llegir* ens remet a *servir*, però amb una nota [*vg notes dialectals* ⇗] que ens indica que al País Valencià es conserva encara la forma pura de conjugació: *llig, lliges, llig* en comptes de la incoativa general *llegeixo, llegeixes, llegeix*.

Altres vegades aquestes notes posades darrere un número indiquen l'ús defectiu (que li falten formes de la conjugació) o impersonal del verb. Així, per exemple, a *caldre* s'indica que només s'usa en 3a persona i en les formes nominals. En canvi, més generalment aquest ús impersonal del verb no hi és indicat, cosa que s'esdevé per exemple en els verbs que expressen fenòmens naturals, anomenats *unipersonals*, com ara *ploure, nevar, llampegar*, etc., els quals normalment són usats en 3a persona del singular, encara que poèticament o en sentit figurat puguin usar-se en les altres persones: *Les bales plovien al costat nostre. Llampegueu i troneu, oh cels*!

ABREVIATURES UTILITZADES EN AQUEST DICCIONARI

ac.	acusatiu
col·loq	col·loquial, registre informal
cond	condicional
dat.	datiu
ex	exemple, per exemple
f.	femení
fut	futur
imper	imperatiu
imperf	imperfet
ind	indicatiu
inf	infinitiu
m.	masculí
p p	participi passat
pl	plural
pr	present
pred.	predicatiu
pt	passat
sing	singular
subj	subjuntiu
vg	vegeu

Variants dialectals

BAL	parlars baleàrics
C	variants del català central
N-O	parlars nord-occidentals
ROSS	parlars rossellonesos
VAL	parlars valencians

1 absoldre

INDICATIU

Present	Perfet	
absolc	he	absolt
absols	has	absolt
absol	ha	absolt
absolem	hem	absolt
absoleu	heu	absolt
absolen	han	absolt

Imperfet	Plusquamperfet	
absolia	havia	absolt
absolies	havies	absolt
absolia	havia	absolt
absolíem	havíem	absolt
absolíeu	havíeu	absolt
absolien	havien	absolt

Passat (simple)	Passat anterior (simple)	
absolguí	haguí	absolt
absolgueres	hagueres	absolt
absolgué	hagué	absolt
absolguérem	haguérem	absolt
absolguéreu	haguéreu	absolt
absolgueren	hagueren	absolt

Passat (perifràstic)		Passat anterior (perifràstic)		
vaig	absoldre	vaig	haver	absolt
vas (*vares*)	absoldre	vas (*vares*)	haver	absolt
va	absoldre	va	haver	absolt
vam (*vàrem*)	absoldre	vam (*vàrem*)	haver	absolt
vau (*vàreu*)	absoldre	vau (*vàreu*)	haver	absolt
van (*varen*)	absoldre	van (*varen*)	haver	absolt

Futur	Futur perfet	
absoldré	hauré	absolt
absoldràs	hauràs	absolt
absoldrà	haurà	absolt
absoldrem	haurem	absolt
absoldreu	haureu	absolt
absoldran	hauran	absolt

Condicional	Condicional perfet	
absoldria	hauria (*haguera*)	absolt
absoldries	hauries (*hagueres*)	absolt
absoldria	hauria (*haguera*)	absolt
absoldríem	hauríem (*haguérem*)	absolt
absoldríeu	hauríeu (*haguéreu*)	absolt
absoldrien	haurien (*hagueren*)	absolt

SUBJUNTIU

Present
absolgui (*absolga*)
absolguis (*absolgues*)
absolgui (*absolga*)
absolguem
absolgueu
absolguin (*absolguen*)

Imperfet
absolgués
absolguessis (*absolguesses*)
absolgués
absolguéssim (*absolguéssem*)
absolguéssiu (*absolguésseu*)
absolguessin (*absolguessen*)

Passat (perifràstic)
vagi (*vaja*) absoldre
vagis (*vages*) absoldre
vagi (*vaja*) absoldre
vàgim (*vàgem*) absoldre
vàgiu (*vàgeu*) absoldre
vagin (*vagen*) absoldre

Perfet
hagi (*haja*) absolt
hagis (*hages*) absolt
hagi (*haja*) absolt
hàgim (*hàgem*) absolt
hàgiu (*hàgeu*) absolt
hagin (*hagen*) absolt

Plusquamperfet
hagués absolt
haguessis (*haguesses*) absolt
hagués absolt
haguéssim (*haguéssem*) absolt
haguéssiu (*haguésseu*) absolt
haguessin (*haguessen*) absolt

Passat anterior (perifràstic)
vagi (*vaja*) haver absolt
vagis (*vages*) haver absolt
vagi (*vaja*) haver absolt
vàgim (*vàgem*) haver absolt
vàgiu (*vàgeu*) haver absolt
vagin (*vagen*) haver absolt

IMPERATIU

–
absol
absolgui (*absolga*)
absolguem
absoleu
absolguin (*absolguen*)

FORMES NO PERSONALS

Infinitiu absoldre
Infinitiu perfet haver absolt
Gerundi absolent
Gerundi perfet havent absolt
Participi[1] absolt, absolta
absolts, absoltes

VARIANTS DIALECTALS
imperf subj VAL absolguera, absolgueres, etc.

1. **moldre** i **remoldre** fan els participis (i els temps compostos) mòlt -a i remòlt -a.

2 adequar

INDICATIU

Present		Perfet		
adequo		he	adequat	
adeqües		has	adequat	
adequa		ha	adequat	
adeqüem		hem	adequat	
adeqüeu		heu	adequat	
adeqüen		han	adequat	

Imperfet		Plusquamperfet		
adequava		havia	adequat	
adequaves		havies	adequat	
adequava		havia	adequat	
adequàvem		havíem	adequat	
adequàveu		havíeu	adequat	
adequaven		havien	adequat	

Passat (simple)		Passat anterior (simple)		
adeqüí		haguí	adequat	
adequares		hagueres	adequat	
adequà		hagué	adequat	
adequàrem		haguérem	adequat	
adequàreu		haguéreu	adequat	
adequaren		hagueren	adequat	

Passat (perifràstic)		Passat anterior (perifràstic)		
vaig	adequar	vaig	haver	adequat
vas (*vares*)	adequar	vas (*vares*)	haver	adequat
va	adequar	va	haver	adequat
vam (*vàrem*)	adequar	vam (*vàrem*)	haver	adequat
vau (*vàreu*)	adequar	vau (*vàreu*)	haver	adequat
van (*varen*)	adequar	van (*varen*)	haver	adequat

Futur		Futur perfet		
adequaré		hauré	adequat	
adequaràs		hauràs	adequat	
adequarà		haurà	adequat	
adequarem		haurem	adequat	
adequareu		haureu	adequat	
adequaran		hauran	adequat	

Condicional		Condicional perfet		
adequaria		hauria (*haguera*)		adequat
adequaries		hauries (*hagueres*)		adequat
adequaria		hauria (*haguera*)		adequat
adequaríem		hauríem (*haguérem*)		adequat
adequaríeu		hauríeu (*haguéreu*)		adequat
adequarien		haurien (*hagueren*)		adequat

SUBJUNTIU

Present
adeqüi (*adeqüe*)
adeqüis (*adeqües*)
adeqüi (*adeqüe*)
adeqüem
adeqüeu
adeqüin (*adeqüen*)

Perfet
hagi (*haja*) adequat
hagis (*hages*) adequat
hagi (*haja*) adequat
hàgim (*hàgem*) adequat
hàgiu (*hàgeu*) adequat
hagin (*hagen*) adequat

Imperfet
adeqüés
adeqüessis (*adeqüesses*)
adeqüés
adeqüéssim (*adeqüéssem*)
adeqüéssiu (*adeqüésseu*)
adeqüessin (*adeqüessen*)

Plusquamperfet
hagués adequat
haguessis (*haguesses*) adequat
hagués adequat
haguéssim (*haguéssem*) adequat
haguéssiu (*haguésseu*) adequat
haguessin (*haguessen*) adequat

Passat (perifràstic)
vagi (*vaja*) adequar
vagis (*vages*) adequar
vagi (*vaja*) adequar
vàgim (*vàgem*) adequar
vàgiu (*vàgeu*) adequar
vagin (*vagen*) adequar

Passat anterior (perifràstic)
vagi (*vaja*) haver adequat
vagis (*vages*) haver adequat
vagi (*vaja*) haver adequat
vàgim (*vàgem*) haver adequat
vàgiu (*vàgeu*) haver adequat
vagin (*vagen*) haver adequat

IMPERATIU

–
adequa
adeqüi (*adeqüe*)
adeqüem
adeqüeu
adeqüin (*adeqüen*)

FORMES NO PERSONALS

Infinitiu adequar
Infinitiu perfet haver adequat

Gerundi adequant
Gerundi perfet havent adequat

Participi adequat, adequada
adequats, adequades

VARIANTS DIALECTALS

pr ind sing 1 VAL adeqüe; ROSS adeqüi.
pr ind pl 1 i 2 BAL adequam, adequau.
imperf subj BAL adequàs, adequassis (*adequasses*), etc.;
VAL adequara (*adequàs*), adequares (*adequasses*), etc.
imper pl 2 BAL adequau.

3 admetre

INDICATIU

Present		Perfet		
admeto (*admet*)		he	admès	
admets		has	admès	
admet		ha	admès	
admetem		hem	admès	
admeteu		heu	admès	
admeten		han	admès	

Imperfet		Plusquamperfet		
admetia		havia	admès	
admeties		havies	admès	
admetia		havia	admès	
admetíem		havíem	admès	
admetíeu		havíeu	admès	
admetien		havien	admès	

Passat (simple)		Passat anterior (simple)		
admetí		haguí	admès	
admeteres		hagueres	admès	
admeté		hagué	admès	
admetérem		haguérem	admès	
admetéreu		haguéreu	admès	
admeteren		hagueren	admès	

Passat (perifràstic)		Passat anterior (perifràstic)		
vaig	admetre	vaig	haver	admès
vas (*vares*)	admetre	vas (*vares*)	haver	admès
va	admetre	va	haver	admès
vam (*vàrem*)	admetre	vam (*vàrem*)	haver	admès
vau (*vàreu*)	admetre	vau (*vàreu*)	haver	admès
van (*varen*)	admetre	van (*varen*)	haver	admès

Futur		Futur perfet		
admetré		hauré	admès	
admetràs		hauràs	admès	
admetrà		haurà	admès	
admetrem		haurem	admès	
admetreu		haureu	admès	
admetran		hauran	admès	

Condicional		Condicional perfet		
admetria		hauria (*haguera*)		admès
admetries		hauries (*hagueres*)		admès
admetria		hauria (*haguera*)		admès
admetríem		hauríem (*haguérem*)		admès
admetríeu		hauríeu (*haguéreu*)		admès
admetrien		haurien (*hagueren*)		admès

SUBJUNTIU

Present
admeti (*admeta*)
admetis (*admetes*)
admeti (*admeta*)
admetem
admeteu
admetin (*admeten*)

Imperfet
admetés
admetessis (*admetesses*)
admetés
admetéssim (*admetéssem*)
admetéssiu (*admetésseu*)
admetessin (*admetessen*)

Passat (perifràstic)
vagi (*vaja*) admetre
vagis (*vages*) admetre
vagi (*vaja*) admetre
vàgim (*vàgem*) admetre
vàgiu (*vàgeu*) admetre
vagin (*vagen*) admetre

Perfet
hagi (*haja*) admès
hagis (*hages*) admès
hagi (*haja*) admès
hàgim (*hàgem*) admès
hàgiu (*hàgeu*) admès
hagin (*hagen*) admès

Plusquamperfet
hagués admès
haguessis (*haguesses*) admès
hagués admès
haguéssim (*haguéssem*) admès
haguéssiu (*haguésseu*) admès
haguessin (*haguessen*) admès

Passat anterior (perifràstic)
vagi (*vaja*) haver admès
vagis (*vages*) haver admès
vagi (*vaja*) haver admès
vàgim (*vàgem*) haver admès
vàgiu (*vàgeu*) haver admès
vagin (*vagen*) haver admès

IMPERATIU

–
admet
admeti (*admeta*)
admetem
admeteu
admetin (*admeten*)

FORMES NO PERSONALS

Infinitiu admetre
Infinitiu perfet haver admès
Gerundi admetent
Gerundi perfet havent admès
Participi admès, admesa
admesos, admeses

VARIANTS DIALECTALS
pr ind sing 1 RUSS admeti.
pr subj pl 1 i 2 BAL admetiguem, admetigueu.
imperf subj VAL admetera, admeteres, etc.
imper pl 1 BAL admetiguem.
participi VAL admés.

4 agrair

INDICATIU

Present	Perfet	
agraeixo	he	agraït
agraeixes (*agraïxes*)	has	agraït
agraeix (*agraïx*)	ha	agraït
agraïm	hem	agraït
agraïu	heu	agraït
agraeixen (*agraïxen*)	han	agraït

Imperfet	Plusquamperfet	
agraïa	havia	agraït
agraïes	havies	agraït
agraïa	havia	agraït
agraíem	havíem	agraït
agraíeu	havíeu	agraït
agraïen	havien	agraït

Passat (simple)	Passat anterior (simple)	
agraí	haguí	agraït
agraïres	hagueres	agraït
agraí	hagué	agraït
agraírem	haguérem	agraït
agraíreu	haguéreu	agraït
agraïren	hagueren	agraït

Passat (perifràstic)		Passat anterior (perifràstic)		
vaig	agrair	vaig	haver	agraït
vas (*vares*)	agrair	vas (*vares*)	haver	agraït
va	agrair	va	haver	agraït
vam (*vàrem*)	agrair	vam (*vàrem*)	haver	agraït
vau (*vàreu*)	agrair	vau (*vàreu*)	haver	agraït
van (*varen*)	agrair	van (*varen*)	haver	agraït

Futur	Futur perfet	
agrairé	hauré	agraït
agrairàs	hauràs	agraït
agrairà	haurà	agraït
agrairem	haurem	agraït
agraireu	haureu	agraït
agrairan	hauran	agraït

Condicional	Condicional perfet	
agrairia	hauria (*haguera*)	agraït
agrairies	hauries (*hagueres*)	agraït
agrairia	hauria (*haguera*)	agraït
agrairíem	hauríem (*haguérem*)	agraït
agrairíeu	hauríeu (*haguéreu*)	agraït
agrairien	haurien (*hagueren*)	agraït

SUBJUNTIU

Present
agraeixi (*agraïsca*)
agraeixis (*agraïsques*)
agraeixi (*agraïsca*)
agraïm
agraïu
agraeixin (*agraïsquen*)

Imperfet
agraís
agraïssis (*agraïsses*)
agraís
agraíssim (*agraíssem*)
agraíssiu (*agraísseu*)
agraïssin (*agraïssen*)

Passat (perifràstic)
vagi (*vaja*) agrair
vagis (*vages*) agrair
vagi (*vaja*) agrair
vàgim (*vàgem*) agrair
vàgiu (*vàgeu*) agrair
vagin (*vagen*) agrair

Perfet
hagi (*haja*) agraït
hagis (*hages*) agraït
hagi (*haja*) agraït
hàgim (*hàgem*) agraït
hàgiu (*hàgeu*) agraït
hagin (*hagen*) agraït

Plusquamperfet
hagués agraït
haguessis (*haguesses*) agraït
hagués agraït
haguéssim (*haguéssem*) agraït
haguéssiu (*haguésseu*) agraït
haguessin (*haguessen*) agraït

Passat anterior (perifràstic)
vagi (*vaja*) haver agraït
vagis (*vages*) haver agraït
vagi (*vaja*) haver agraït
vàgim (*vàgem*) haver agraït
vàgiu (*vàgeu*) haver agraït
vagin (*vagen*) haver agraït

IMPERATIU

–
agraeix (*agraïx*)
agraeixi (*agraïsca*)
agraïm
agraïu
agraeixin (*agraïsquen*)

FORMES NO PERSONALS

Infinitiu agrair
Infinitiu perfet haver agraït
Gerundi agraint
Gerundi perfet havent agraït
Participi agraït, agraïda
agraïts, agraïdes

VARIANTS DIALECTALS

pr ind sing 1 BAL agraesc (*agraeix*); ROSS agraeixi; N-O agraïxo; VAL agraïsc (*agraesc*).
2 BAL agraeixs.
pr subj BAL agraesqui, agraesquis, agraesqui, agraïguem, agraïgueu, agraesquin;
BAL i VAL agraesca, agraesques, agraesca, -, -, agraesquen.
imperf subj VAL agraïra, agraïres, etc.
imper BAL -, -, agraesqui (*agraesca*), agraïguem, -, agraesquin (*agraesquen*);
VAL -, -, agraesca, -, -, agraesquen.

5 aguar[1]

INDICATIU

Present
aguo
agües
agua
agüem
agüeu
agüen

Perfet

he	aguat
has	aguat
ha	aguat
hem	aguat
heu	aguat
han	aguat

Imperfet
aguava
aguaves
aguava
aguàvem
aguàveu
aguaven

Plusquamperfet

havia	aguat
havies	aguat
havia	aguat
havíem	aguat
havíeu	aguat
havien	aguat

Passat (simple)
agüí
aguares
aguà
aguàrem
aguàreu
aguaren

Passat anterior (simple)

haguí	aguat
hagueres	aguat
hagué	aguat
haguérem	aguat
haguéreu	aguat
hagueren	aguat

Passat (perifràstic)

vaig	aguar
vas (*vares*)	aguar
va	aguar
vam (*vàrem*)	aguar
vau (*vàreu*)	aguar
van (*varen*)	aguar

Passat anterior (perifràstic)

vaig	haver	aguat
vas (*vares*)	haver	aguat
va	haver	aguat
vam (*vàrem*)	haver	aguat
vau (*vàreu*)	haver	aguat
van (*varen*)	haver	aguat

Futur
aguaré
aguaràs
aguarà
aguarem
aguareu
aguaran

Futur perfet

hauré	aguat
hauràs	aguat
haurà	aguat
haurem	aguat
haureu	aguat
hauran	aguat

Condicional
aguaria
aguaries
aguaria
aguariem
aguarieu
aguarien

Condicional perfet

hauria (*haguera*)	aguat
hauries (*hagueres*)	aguat
hauria (*haguera*)	aguat
hauríem (*haguérem*)	aguat
hauríeu (*haguéreu*)	aguat
haurien (*hagueren*)	aguat

SUBJUNTIU

Present
aguï (*agüe*)
aguïs (*agües*)
aguï (*agüe*)
agüem
agüeu
aguïn (*agüen*)

Imperfet
agüés
agüessis (*agüesses*)
agüés
agüéssim (*agüéssem*)
agüéssiu (*agüésseu*)
agüessin (*agüessen*)

Passat (perifràstic)

vagi (*vaja*)	aguar
vagis (*vages*)	aguar
vagi (*vaja*)	aguar
vàgim (*vàgem*)	aguar
vàgiu (*vàgeu*)	aguar
vagin (*vagen*)	aguar

Perfet

hagi (*haja*)	aguat
hagis (*hages*)	aguat
hagi (*haja*)	aguat
hàgim (*hàgem*)	aguat
hàgiu (*hàgeu*)	aguat
hagin (*hagen*)	aguat

Plusquamperfet

hagués	aguat
haguessis (*haguesses*)	aguat
hagués	aguat
haguéssim (*haguéssem*)	aguat
haguéssiu (*haguésseu*)	aguat
haguessin (*haguessen*)	aguat

Passat anterior (perifràstic)

vagi (*vaja*)	haver	aguat
vagis (*vages*)	haver	aguat
vagi (*vaja*)	haver	aguat
vàgim (*vàgem*)	haver	aguat
vàgiu (*vàgeu*)	haver	aguat
vagin (*vagen*)	haver	aguat

IMPERATIU

–
agua
aguï (*agüe*)
agüem
agüeu
aguïn (*agüen*)

FORMES NO PERSONALS

Infinitiu	aguar
Infinitiu perfet	haver aguat
Gerundi	aguant
Gerundi perfet	havent aguat
Participi	aguat, aguada aguats, aguades

VARIANTS DIALECTALS

pr ind sing	1 BAL aguu; VAL agüe; ROSS aguï.
pr ind pl	1 i 2 BAL aguam, aguau.
imperf subj	BAL aguàs, aguassis (*aguasses*), etc.; VAL aguara (*aguàs*), aguares (*aguasses*), etc.
imper pl	2 BAL aguau.

1. Totes les formes presenten un hiat entre la *u* del radical i la desinència, és a dir, que la *u* es pronuncia sempre per separat de la vocal següent (*a-gu-o*, *a-gü-es*, etc.)

6 anar

INDICATIU

Present
vaig
vas
va
anem
aneu
van

Perfet

he	anat
has	anat
ha	anat
hem	anat
heu	anat
han	anat

Imperfet
anava
anaves
anava
anàvem
anàveu
anaven

Plusquamperfet

havia	anat
havies	anat
havia	anat
havíem	anat
havíeu	anat
havien	anat

Passat (simple)
aní
anares
anà
anàrem
anàreu
anaren

Passat anterior (simple)

haguí	anat
hagueres	anat
hagué	anat
haguérem	anat
haguéreu	anat
hagueren	anat

Passat (perifràstic)

vaig	anar
vas (*vares*)	anar
va	anar
vam (*vàrem*)	anar
vau (*vàreu*)	anar
van (*varen*)	anar

Passat anterior (perifràstic)

vaig	haver	anat
vas (*vares*)	haver	anat
va	haver	anat
vam (*vàrem*)	haver	anat
vau (*vàreu*)	haver	anat
van (*varen*)	haver	anat

Futur
aniré (*iré*)
aniràs (*iràs*)
anirà (*irà*)
anirem (*irem*)
anireu (*ireu*)
aniran (*iran*)

Futur perfet

hauré	anat
hauràs	anat
haurà	anat
haurem	anat
haureu	anat
hauran	anat

Condicional
aniria (*iria*)
aniries (*iries*)
aniria (*iria*)
aniríem (*iríem*)
aniríeu (*iríeu*)
anirien (*irien*)

Condicional perfet

hauria (*haguera*)	anat
hauries (*hagueres*)	anat
hauria (*haguera*)	anat
hauríem (*haguérem*)	anat
hauríeu (*haguéreu*)	anat
haurien (*hagueren*)	anat

SUBJUNTIU

Present	Perfet	
vagi (*vaja*)	hagi (*haja*)	anat
vagis (*vages*)	hagis (*hages*)	anat
vagi (*vaja*)	hagi (*haja*)	anat
anem	hàgim (*hàgem*)	anat
aneu	hàgiu (*hàgeu*)	anat
vagin (*vagen*)	hagin (*hagen*)	anat

Imperfet	Plusquamperfet	
anés	hagués	anat
anessis (*anesses*)	haguessis (*haguesses*)	anat
anés	hagués	anat
anéssim (*anéssem*)	haguéssim (*haguéssem*)	anat
anéssiu (*anésseu*)	haguéssiu (*haguésseu*)	anat
anessin (*anessen*)	haguessin (*haguessen*)	anat

Passat (perifràstic)		Passat anterior (perifràstic)		
vagi (*vaja*)	anar	vagi (*vaja*)	haver	anat
vagis (*vages*)	anar	vagis (*vages*)	haver	anat
vagi (*vaja*)	anar	vagi (*vaja*)	haver	anat
vàgim (*vàgem*)	anar	vàgim (*vàgem*)	haver	anat
vàgiu (*vàgeu*)	anar	vàgiu (*vàgeu*)	haver	anat
vagin (*vagen*)	anar	vagin (*vagen*)	haver	anat

IMPERATIU

–
vés
vagi (*vaja*)
anem
aneu
vagin (*vagen*)

FORMES NO PERSONALS

Infinitiu	anar
Infinitiu perfet	haver anat
Gerundi	anant
Gerundi perfet	havent anat
Participi	anat, anada anats, anades

VARIANTS DIALECTALS

pr ind pl	1 i 2 BAL anam, anau.
imperf subj	BAL anàs, anassis (*anasses*), etc.; VAL anara (*anàs*), anares (*anasses*), etc.
imper pl	2 BAL anau.

7 beure

INDICATIU

Present	Perfet	
bec	he	begut
beus	has	begut
beu	ha	begut
bevem	hem	begut
beveu	heu	begut
beuen	han	begut

Imperfet	Plusquamperfet	
bevia	havia	begut
bevies	havies	begut
bevia	havia	begut
bevíem	havíem	begut
bevíeu	havíeu	begut
bevien	havien	begut

Passat (simple)	Passat anterior (simple)	
beguí	haguí	begut
begueres	hagueres	begut
begué	hagué	begut
beguérem	haguérem	begut
beguéreu	haguéreu	begut
begueren	hagueren	begut

Passat (perifràstic)		Passat anterior (perifràstic)		
vaig	beure	vaig	haver	begut
vas (*vares*)	beure	vas (*vares*)	haver	begut
va	beure	va	haver	begut
vam (*vàrem*)	beure	vam (*vàrem*)	haver	begut
vau (*vàreu*)	beure	vau (*vàreu*)	haver	begut
van (*varen*)	beure	van (*varen*)	haver	begut

Futur	Futur perfet	
beuré	hauré	begut
beuràs	hauràs	begut
beurà	haurà	begut
beurem	haurem	begut
beureu	haureu	begut
beuran	hauran	begut

Condicional	Condicional perfet	
beuria	hauria (*haguera*)	begut
beuries	hauries (*hagueres*)	begut
beuria	hauria (*haguera*)	begut
beuríem	hauríem (*haguérem*)	begut
beuríeu	hauríeu (*haguéreu*)	begut
beurien	haurien (*hagueren*)	begut

SUBJUNTIU

Present
begui (*bega*)
beguis (*begues*)
begui (*bega*)
beguem
begueu
beguin (*beguen*)

Imperfet
begués
beguessis (*beguesses*)
begués
beguéssim (*beguéssem*)
beguéssiu (*beguésseu*)
beguessin (*beguessen*)

Passat (perifràstic)
vagi (*vaja*)	beure
vagis (*vages*)	beure
vagi (*vaja*)	beure
vàgim (*vàgem*)	beure
vàgiu (*vàgeu*)	beure
vagin (*vagen*)	beure

Perfet
hagi (*haja*)	begut
hagis (*hages*)	begut
hagi (*haja*)	begut
hàgim (*hàgem*)	begut
hàgiu (*hàgeu*)	begut
hagin (*hagen*)	begut

Plusquamperfet
hagués	begut
haguessis (*haguesses*)	begut
hagués	begut
haguéssim (*haguéssem*)	begut
haguéssiu (*haguésseu*)	begut
haguessin (*haguessen*)	begut

Passat anterior (perifràstic)
vagi (*vaja*)	haver	begut
vagis (*vages*)	haver	begut
vagi (*vaja*)	haver	begut
vàgim (*vàgem*)	haver	begut
vàgiu (*vàgeu*)	haver	begut
vagin (*vagen*)	haver	begut

IMPERATIU

–
beu
begui (*bega*)
beguem
beveu
beguin (*beguen*)

FORMES NO PERSONALS

Infinitiu	beure
Infinitiu perfet	haver begut
Gerundi	bevent
Gerundi perfet	havent begut
Participi	begut, beguda beguts, begudes

VARIANTS DIALECTALS
imperf subj VAL beguera, begueres, etc.

8 cabre (caber)

INDICATIU

Present
cabo
caps
cap
cabem
cabeu
caben

Imperfet
cabia
cabies
cabia
cabíem
cabíeu
cabien

Passat (simple)
cabí
caberes
cabé
cabérem
cabéreu
caberen

Passat (perifràstic)

vaig	cabre
vas (*vares*)	cabre
va	cabre
vam (*vàrem*)	cabre
vau (*vàreu*)	cabre
van (*varen*)	cabre

Futur
cabré
cabràs
cabrà
cabrem
cabreu
cabran

Condicional
cabria
cabries
cabria
cabríem
cabríeu
cabrien

Perfet

he	cabut
has	cabut
ha	cabut
hem	cabut
heu	cabut
han	cabut

Plusquamperfet

havia	cabut
havies	cabut
havia	cabut
havíem	cabut
havíeu	cabut
havien	cabut

Passat anterior (simple)

haguí	cabut
hagueres	cabut
hagué	cabut
haguérem	cabut
haguéreu	cabut
hagueren	cabut

Passat anterior (perifràstic)

vaig	haver	cabut
vas (*vares*)	haver	cabut
va	haver	cabut
vam (*vàrem*)	haver	cabut
vau (*vàreu*)	haver	cabut
van (*varen*)	haver	cabut

Futur perfet

hauré	cabut
hauràs	cabut
haurà	cabut
haurem	cabut
haureu	cabut
hauran	cabut

Condicional perfet

hauria (*haguera*)	cabut
hauries (*hagueres*)	cabut
hauria (*haguera*)	cabut
hauríem (*haguérem*)	cabut
hauríeu (*haguéreu*)	cabut
haurien (*hagueren*)	cabut

SUBJUNTIU

Present
càpiga
càpigues
càpiga
capiguem
capigueu
càpiguen

Imperfet
cabés
cabessis (*cabesses*)
cabés
cabéssim (*cabéssem*)
cabéssiu (*cabésseu*)
cabessin (*cabessen*)

Passat (perifràstic)

vagi (*vaja*)	cabre
vagis (*vages*)	cabre
vagi (*vaja*)	cabre
vàgim (*vàgem*)	cabre
vàgiu (*vàgeu*)	cabre
vagin (*vagen*)	cabre

Perfet

hagi (*haja*)	cabut
hagis (*hages*)	cabut
hagi (*haja*)	cabut
hàgim (*hàgem*)	cabut
hàgiu (*hàgeu*)	cabut
hagin (*hagen*)	cabut

Plusquamperfet

hagués	cabut
haguessis (*haguesses*)	cabut
hagués	cabut
haguéssim (*haguéssem*)	cabut
haguéssiu (*haguésseu*)	cabut
haguessin (*haguessen*)	cabut

Passat anterior (perifràstic)

vagi (*vaja*)	haver	cabut
vagis (*vages*)	haver	cabut
vagi (*vaja*)	haver	cabut
vàgim (*vàgem*)	haver	cabut
vàgiu (*vàgeu*)	haver	cabut
vagin (*vagen*)	haver	cabut

IMPERATIU

–
cap
càpiga
capiguem
cabeu
càpiguen

FORMES NO PERSONALS

Infinitiu	cabre (*caber*)
Infinitiu perfet	haver cabut
Gerundi	cabent
Gerundi perfet	havent cabut
Participi	cabut, cabuda cabuts, cabudes

VARIANTS DIALECTALS

pr ind sing	1 BAL cab; VAL cap; ROSS cabi.
pr subj	VAL càpia, càpies, etc.
imperf subj	VAL cabera, caberes, etc.
imper sing	3 VAL càpia.
imper pl	1 i 3 VAL capiem, capien.

9 cantar

INDICATIU

Present[1]

canto
cantes
canta
cantem
canteu
canten

Imperfet

cantava
cantaves
cantava
cantàvem
cantàveu
cantaven

Passat (simple)

cantí
cantares
cantà
cantàrem
cantàreu
cantaren

Passat (perifràstic)

vaig	cantar
vas (*vares*)	cantar
va	cantar
vam (*vàrem*)	cantar
vau (*vàreu*)	cantar
van (*varen*)	cantar

Futur

cantaré
cantaràs
cantarà
cantarem
cantareu
cantaran

Condicional

cantaria
cantaries
cantaria
cantaríem
cantaríeu
cantarien

Perfet

he	cantat
has	cantat
ha	cantat
hem	cantat
heu	cantat
han	cantat

Plusquamperfet

havia	cantat
havies	cantat
havia	cantat
havíem	cantat
havíeu	cantat
havien	cantat

Passat anterior (simple)

haguí	cantat
hagueres	cantat
hagué	cantat
haguérem	cantat
haguéreu	cantat
hagueren	cantat

Passat anterior (perifràstic)

vaig	haver	cantat
vas (*vares*)	haver	cantat
va	haver	cantat
vam (*vàrem*)	haver	cantat
vau (*vàreu*)	haver	cantat
van (*varen*)	haver	cantat

Futur perfet

hauré	cantat
hauràs	cantat
haurà	cantat
haurem	cantat
haureu	cantat
hauran	cantat

Condicional perfet

hauria (*haguera*)	cantat
hauries (*hagueres*)	cantat
hauria (*haguera*)	cantat
hauríem (*haguérem*)	cantat
hauríeu (*haguéreu*)	cantat
haurien (*hagueren*)	cantat

SUBJUNTIU

Present
canti (*cante*)
cantis (*cantes*)
canti (*cante*)
cantem
canteu
cantin (*canten*)

Imperfet
cantés
cantessis (*cantesses*)
cantés
cantéssim (*cantéssem*)
cantéssiu (*cantésseu*)
cantessin (*cantessen*)

Passat (perifràstic)
vagi (*vaja*) cantar
vagis (*vages*) cantar
vagi (*vaja*) cantar
vàgim (*vàgem*) cantar
vàgiu (*vàgeu*) cantar
vagin (*vagen*) cantar

Perfet
hagi (*haja*) cantat
hagis (*hages*) cantat
hagi (*haja*) cantat
hàgim (*hàgem*) cantat
hàgiu (*hàgeu*) cantat
hagin (*hagen*) cantat

Plusquamperfet
hagués cantat
haguessis (*haguesses*) cantat
hagués cantat
haguéssim (*haguéssem*) cantat
haguéssiu (*haguésseu*) cantat
haguessin (*haguessen*) cantat

Passat anterior (perifràstic)
vagi (*vaja*) haver cantat
vagis (*vages*) haver cantat
vagi (*vaja*) haver cantat
vàgim (*vàgem*) haver cantat
vàgiu (*vàgeu*) haver cantat
vagin (*vagen*) haver cantat

IMPERATIU

–
canta
canti (*cante*)
cantem
canteu
cantin (*canten*)

FORMES NO PERSONALS

Infinitiu cantar
Infinitiu perfet haver cantat
Gerundi cantant
Gerundi perfet havent cantat
Participi[2] cantat, cantada
cantats, cantades

VARIANTS DIALECTALS
pr ind sing 1 BAL cant; VAL cante; ROSS canti.
pr ind pl 1 i 2 BAL cantam, cantau.
imperf subj BAL cantàs, cantassis (*cantasses*), etc.;
VAL cantara (*cantàs*), cantares (*cantasses*), etc.
imper pl 2 BAL cantau.
↗ **despertar** (en BAL) fa el participi (i els temps compostos) despert -a.

1. **donar** fa el *pr ind sing* 2 dónes, 3 dóna i l'*imper sing* 2 dóna.
2. **matar** fa el participi (i els temps compostos) mort -a (*matat -ada*).

10 canviar

INDICATIU

Present
canvio
canvies
canvia
canviem
canvieu
canvien

Perfet

he	canviat
has	canviat
ha	canviat
hem	canviat
heu	canviat
han	canviat

Imperfet
canviava
canviaves
canviava
canviàvem
canviàveu
canviaven

Plusquamperfet

havia	canviat
havies	canviat
havia	canviat
havíem	canviat
havíeu	canviat
havien	canviat

Passat (simple)
canvií
canviares
canvià
canviàrem
canviàreu
canviaren

Passat anterior (simple)

haguí	canviat
hagueres	canviat
hagué	canviat
haguérem	canviat
haguéreu	canviat
hagueren	canviat

Passat (perifràstic)

vaig	canviar
vas (*vares*)	canviar
va	canviar
vam (*vàrem*)	canviar
vau (*vàreu*)	canviar
van (*varen*)	canviar

Passat anterior (perifràstic)

vaig	haver	canviat
vas (*vares*)	haver	canviat
va	haver	canviat
vam (*vàrem*)	haver	canviat
vau (*vàreu*)	haver	canviat
van (*varen*)	haver	canviat

Futur
canviaré
canviaràs
canviarà
canviarem
canviareu
canviaran

Futur perfet

hauré	canviat
hauràs	canviat
haurà	canviat
haurem	canviat
haureu	canviat
hauran	canviat

Condicional
canviaria
canviaries
canviaria
canviaríem
canviaríeu
canviarien

Condicional perfet

hauria (*haguera*)	canviat
hauries (*hagueres*)	canviat
hauria (*haguera*)	canviat
hauríem (*haguérem*)	canviat
hauríeu (*haguéreu*)	canviat
haurien (*hagueren*)	canviat

SUBJUNTIU

Present
canviï (*canvie*)
canviïs (*canvies*)
canviï (*canvie*)
canviem
canvieu
canviïn (*canvien*)

Imperfet
canviés
canviessis (*canviesses*)
canviés
canviéssim (*canviéssem*)
canviéssiu (*canviésseu*)
canviessin (*canviessen*)

Passat (perifràstic)
vagi (*vaja*) canviar
vagis (*vages*) canviar
vagi (*vaja*) canviar
vàgim (*vàgem*) canviar
vàgiu (*vàgeu*) canviar
vagin (*vagen*) canviar

Perfet
hagi (*haja*) canviat
hagis (*hages*) canviat
hagi (*haja*) canviat
hàgim (*hàgem*) canviat
hàgiu (*hàgeu*) canviat
hagin (*hagen*) canviat

Plusquamperfet
hagués canviat
haguessis (*haguesses*) canviat
hagués canviat
haguéssim (*haguéssem*) canviat
haguéssiu (*haguésseu*) canviat
haguessin (*haguessen*) canviat

Passat anterior (perifràstic)
vagi (*vaja*) haver canviat
vagis (*vages*) haver canviat
vagi (*vaja*) haver canviat
vàgim (*vàgem*) haver canviat
vàgiu (*vàgeu*) haver canviat
vagin (*vagen*) haver canviat

IMPERATIU

–
canvia
canviï (*canvie*)
canviem
canvieu
canviïn (*canvien*)

FORMES NO PERSONALS

Infinitiu	canviar
Infinitiu perfet	haver canviat
Gerundi	canviant
Gerundi perfet	havent canviat
Participi	canviat, canviada canviats, canviades

VARIANTS DIALECTALS

pr ind sing	1 BAL canvii; VAL canvie; ROSS canviï.
pr ind pl	1 i 2 BAL canviam, canviau.
imperf subj	BAL canviàs, canviassis (*canviasses*), etc.; VAL canviara (*canviàs*), canviares (*canviasses*), etc.
imper pl	2 BAL canviau.

11 caure

INDICATIU

Present
caic
caus
cau
caiem
caieu
cauen

Perfet
he caigut
has caigut
ha caigut
hem caigut
heu caigut
han caigut

Imperfet
queia
queies
queia
quèiem
quèieu
queien

Plusquamperfet
havia caigut
havies caigut
havia caigut
havíem caigut
havíeu caigut
havien caigut

Passat (simple)
caiguí
caigueres
caigué
caiguérem
caiguéreu
caigueren

Passat anterior (simple)
haguí caigut
hagueres caigut
hagué caigut
haguérem caigut
haguéreu caigut
hagueren caigut

Passat (perifràstic)
vaig caure
vas (*vares*) caure
va caure
vam (*vàrem*) caure
vau (*vàreu*) caure
van (*varen*) caure

Passat anterior (perifràstic)
vaig haver caigut
vas (*vares*) haver caigut
va haver caigut
vam (*vàrem*) haver caigut
vau (*vàreu*) haver caigut
van (*varen*) haver caigut

Futur
cauré
cauràs
caurà
caurem
caureu
cauran

Futur perfet
hauré caigut
hauràs caigut
haurà caigut
haurem caigut
haureu caigut
hauran caigut

Condicional
cauria
cauries
cauria
cauríem
caurieu
caurien

Condicional perfet
hauria (*haguera*) caigut
hauries (*hagueres*) caigut
hauria (*haguera*) caigut
hauríem (*haguérem*) caigut
hauríeu (*haguéreu*) caigut
haurien (*hagueren*) caigut

SUBJUNTIU

Present
caigui (*caiga*)
caiguis (*caigues*)
caigui (*caiga*)
caiguem
caigueu
caiguin (*caiguen*)

Imperfet
caigués
caiguessis (*caiguesses*)
caigués
caiguéssim (*caiguéssem*)
caiguéssiu (*caiguésseu*)
caiguessin (*caiguessen*)

Passat (perifràstic)
vagi (*vaja*) caure
vagis (*vages*) caure
vagi (*vaja*) caure
vàgim (*vàgem*) caure
vàgiu (*vàgeu*) caure
vagin (*vagen*) caure

Perfet
hagi (*haja*) caigut
hagis (*hages*) caigut
hagi (*haja*) caigut
hàgim (*hàgem*) caigut
hàgiu (*hàgeu*) caigut
hagin (*hagen*) caigut

Plusquamperfet
hagués caigut
haguessis (*haguesses*) caigut
hagués caigut
haguéssim (*haguéssem*) caigut
haguéssiu (*haguésseu*) caigut
haguessin (*haguessen*) caigut

Passat anterior (perifràstic)
vagi (*vaja*) haver caigut
vagis (*vages*) haver caigut
vagi (*vaja*) haver caigut
vàgim (*vàgem*) haver caigut
vàgiu (*vàgeu*) haver caigut
vagin (*vagen*) haver caigut

IMPERATIU

–
cau
caigui (*caiga*)
caiguem
caieu
caiguin (*caiguen*)

FORMES NO PERSONALS

Infinitiu caure
Infinitiu perfet haver caigut
Gerundi caient
Gerundi perfet havent caigut
Participi caigut, caiguda
caiguts, caigudes

VARIANTS DIALECTALS

pr ind pl	1 BAL queim; VAL caem. 2 BAL queis; VAL caeu.
imperf subj	VAL caiguera, caigueres, etc.
imper pl	2 BAL queis; VAL caeu.
gerundi	VAL caent.

12 cerndre

INDICATIU

Present
cerno (*cern*)
cerns
cern
cernem
cerneu
cernen

Perfet
he cernut
has cernut
ha cernut
hem cernut
heu cernut
han cernut

Imperfet
cernia
cernies
cernia
cerníem
cerníeu
cernien

Plusquamperfet
havia cernut
havies cernut
havia cernut
havíem cernut
havíeu cernut
havien cernut

Passat (simple)
cerní
cerneres
cerné
cernérem
cernéreu
cerneren

Passat anterior (simple)
haguí cernut
hagueres cernut
hagué cernut
haguérem cernut
haguéreu cernut
hagueren cernut

Passat (perifràstic)
vaig cerndre
vas (*vares*) cerndre
va cerndre
vam (*vàrem*) cerndre
vau (*vàreu*) cerndre
van (*varen*) cerndre

Passat anterior (perifràstic)
vaig haver cernut
vas (*vares*) haver cernut
va haver cernut
vam (*vàrem*) haver cernut
vau (*vàreu*) haver cernut
van (*varen*) haver cernut

Futur
cerndré
cerndràs
cerndrà
cerndrem
cerndreu
cerndran

Futur perfet
hauré cernut
hauràs cernut
haurà cernut
haurem cernut
haureu cernut
hauran cernut

Condicional
cerndria
cerndries
cerndria
cerndríem
cerndríeu
cerndrien

Condicional perfet
hauria (*haguera*) cernut
hauries (*hagueres*) cernut
hauria (*haguera*) cernut
hauríem (*haguérem*) cernut
hauríeu (*haguéreu*) cernut
haurien (*hagueren*) cernut

SUBJUNTIU

Present
cerni (*cerna*)
cernis (*cernes*)
cerni (*cerna*)
cernem
cerneu
cernin (*cernen*)

Perfet
hagi (*haja*) cernut
hagis (*hages*) cernut
hagi (*haja*) cernut
hàgim (*hàgem*) cernut
hàgiu (*hàgeu*) cernut
hagin (*hagen*) cernut

Imperfet
cernés
cernessis (*cernesses*)
cernés
cernéssim (*cernéssem*)
cernéssiu (*cernésseu*)
cernessin (*cernessen*)

Plusquamperfet
hagués cernut
haguessis (*haguesses*) cernut
hagués cernut
haguéssim (*haguéssem*) cernut
haguéssiu (*haguésseu*) cernut
haguessin (*haguessen*) cernut

Passat (perifràstic)
vagi (*vaja*) cerndre
vagis (*vages*) cerndre
vagi (*vaja*) cerndre
vàgim (*vàgem*) cerndre
vàgiu (*vàgeu*) cerndre
vagin (*vagen*) cerndre

Passat anterior (perifràstic)
vagi (*vaja*) haver cernut
vagis (*vages*) haver cernut
vagi (*vaja*) haver cernut
vàgim (*vàgem*) haver cernut
vàgiu (*vàgeu*) haver cernut
vagin (*vagen*) haver cernut

IMPERATIU

–
cern
cerni (*cerna*)
cernem
cerneu
cernin (*cernen*)

FORMES NO PERSONALS

Infinitiu cerndre
Infinitiu perfet haver cernut
Gerundi cernent
Gerundi perfet havent cernut
Participi cernut, cernuda
cernuts, cernudes

VARIANTS DIALECTALS
pr ind sing 1 ROSS cerni.
pr subj pl 1 i 2 BAL cerniguem, cernigueu.
imperf subj VAL cernera, cerneres, etc.
imper pl 1 BAL cerniguem.

13 collir

INDICATIU

Present[1]
cullo (*cull*)
culls
cull
collim
colliu
cullen

Perfet
he collit
has collit
ha collit
hem collit
heu collit
han collit

Imperfet
collia
collies
collia
collíem
collíeu
collien

Plusquamperfet
havia collit
havies collit
havia collit
havíem collit
havíeu collit
havien collit

Passat (simple)
collí
collires
collí
collírem
collíreu
colliren

Passat anterior (simple)
haguí collit
hagueres collit
hagué collit
haguérem collit
haguéreu collit
hagueren collit

Passat (perifràstic)
vaig collir
vas (*vares*) collir
va collir
vam (*vàrem*) collir
vau (*vàreu*) collir
van (*varen*) collir

Passat anterior (perifràstic)
vaig haver collit
vas (*vares*) haver collit
va haver collit
vam (*vàrem*) haver collit
vau (*vàreu*) haver collit
van (*varen*) haver collit

Futur
colliré
colliràs
collirà
collirem
collireu
colliran

Futur perfet
hauré collit
hauràs collit
haurà collit
haurem collit
haureu collit
hauran collit

Condicional
colliria
colliries
colliria
collirίem
collirieu
collirien

Condicional perfet
hauria (*haguera*) collit
hauries (*hagueres*) collit
hauria (*haguera*) collit
hauríem (*haguérem*) collit
hauríeu (*haguéreu*) collit
haurien (*hagueren*) collit

SUBJUNTIU

Present
culli (*culla*)
cullis (*culles*)
culli (*culla*)
collim
colliu
cullin (*cullen*)

Imperfet
collís
collissis (*collisses*)
collís
collíssim (*collíssem*)
collíssiu (*collísseu*)
collissin (*collissen*)

Passat (perifràstic)
vagi (*vaja*) collir
vagis (*vages*) collir
vagi (*vaja*) collir
vàgim (*vàgem*) collir
vàgiu (*vàgeu*) collir
vagin (*vagen*) collir

Perfet
hagi (*haja*) collit
hagis (*hages*) collit
hagi (*haja*) collit
hàgim (*hàgem*) collit
hàgiu (*hàgeu*) collit
hagin (*hagen*) collit

Plusquamperfet
hagués collit
haguessis (*haguesses*) collit
hagués collit
haguéssim (*haguéssem*) collit
haguéssiu (*haguésseu*) collit
haguessin (*haguessen*) collit

Passat anterior (perifràstic)
vagi (*vaja*) haver collit
vagis (*vages*) haver collit
vagi (*vaja*) haver collit
vàgim (*vàgem*) haver collit
vàgiu (*vàgeu*) haver collit
vagin (*vagen*) haver collit

IMPERATIU[2]

–
cull
culli (*culla*)
collim
colliu
cullin (*cullen*)

FORMES NO PERSONALS

Infinitiu collir
Infinitiu perfet haver collit
Gerundi collint
Gerundi perfet havent collit
Participi collit, collida
collits, collides

VARIANTS DIALECTALS
pr ind sing 1 ROSS culli.
pr subj pl 1 i 2 BAL colliguem, colligueu.
imperf subj VAL collira, collires, etc.
imper pl 1 BAL colliguem.

1. **cosir** fa el *pr ind sing* 2 cuses; **descosir**, **recosir** i **tossir** fan el *pr ind sing* 2 descuses, recuses i tusses i el *pr ind sing* 3 descús, recús i tus.
2. **descosir**, **recosir** i **tossir** fan l'*imper sing* 2 descús, recús i tus.

14 començar

INDICATIU

Present
començo
comences
comença
comencem
comenceu
comencen

Imperfet
començava
començaves
començava
començàvem
començàveu
començaven

Passat (simple)
comencí
començares
començà
començàrem
començàreu
començaren

Passat (perifràstic)

vaig	començar
vas (*vares*)	començar
va	començar
vam (*vàrem*)	començar
vau (*vàreu*)	començar
van (*varen*)	començar

Futur
començaré
començaràs
començarà
començarem
començareu
començaran

Condicional
començaria
començaries
començaria
començaríem
començaríeu
començarien

Perfet

he	començat
has	començat
ha	començat
hem	començat
heu	començat
han	començat

Plusquamperfet

havia	començat
havies	començat
havia	començat
havíem	començat
havíeu	començat
havien	començat

Passat anterior (simple)

haguí	començat
hagueres	començat
hagué	començat
haguérem	començat
haguéreu	començat
hagueren	començat

Passat anterior (perifràstic)

vaig	haver	començat
vas (*vares*)	haver	començat
va	haver	començat
vam (*vàrem*)	haver	començat
vau (*vàreu*)	haver	començat
van (*varen*)	haver	començat

Futur perfet

hauré	començat
hauràs	començat
haurà	començat
haurem	començat
haureu	començat
hauran	començat

Condicional perfet

hauria (*haguera*)	començat
hauries (*hagueres*)	començat
hauria (*haguera*)	començat
hauríem (*haguérem*)	començat
hauríeu (*haguéreu*)	començat
haurien (*hagueren*)	començat

SUBJUNTIU

Present
comenci (*comence*)
comencis (*comences*)
comenci (*comence*)
comencem
comenceu
comencin (*comencen*)

Perfet
hagi (*haja*) començat
hagis (*hages*) començat
hagi (*haja*) començat
hàgim (*hàgem*) començat
hàgiu (*hàgeu*) començat
hagin (*hagen*) començat

Imperfet
comencés
comencessis (*comencesses*)
comencés
comencéssim (*comencéssem*)
comencéssiu (*comencésseu*)
comencessin (*comencessen*)

Plusquamperfet
hagués començat
haguessis (*haguesses*) començat
hagués començat
haguéssim (*haguéssem*) començat
haguéssiu (*haguésseu*) començat
haguessin (*haguessen*) començat

Passat (perifràstic)
vagi (*vaja*) començar
vagis (*vages*) començar
vagi (*vaja*) començar
vàgim (*vàgem*) començar
vàgiu (*vàgeu*) començar
vagin (*vagen*) començar

Passat anterior (perifràstic)
vagi (*vaja*) haver començat
vagis (*vages*) haver començat
vagi (*vaja*) haver començat
vàgim (*vàgem*) haver començat
vàgiu (*vàgeu*) haver començat
vagin (*vagen*) haver començat

IMPERATIU

–
comença
comenci (*comence*)
comencem
comenceu
comencin (*comencen*)

FORMES NO PERSONALS

Infinitiu començar
Infinitiu perfet haver començat

Gerundi començant
Gerundi perfet havent començat

Participi començat, començada
començats, començades

VARIANTS DIALECTALS

pr ind sing	1 BAL començ; VAL comence; ROSS comenci.
pr ind pl	1 i 2 BAL començam, començau.
imperf subj	BAL començàs, començassis (*començasses*), etc.; VAL començara (*començàs*), començares (*començasses*), etc.
imper pl	2 BAL començau.

15 complaure

INDICATIU

Present	Perfet	
complac	he	complagut
complaus	has	complagut
complau	ha	complagut
complaem	hem	complagut
complaeu	heu	complagut
complauen	han	complagut

Imperfet[1]	Plusquamperfet	
complaïa	havia	complagut
complaïes	havies	complagut
complaïa	havia	complagut
complaíem	havíem	complagut
complaíeu	havíeu	complagut
complaïen	havien	complagut

Passat (simple)	Passat anterior (simple)	
complaguí	haguí	complagut
complagueres	hagueres	complagut
complagué	hagué	complagut
complaguérem	haguérem	complagut
complaguéreu	haguéreu	complagut
complagueren	hagueren	complagut

Passat (perifràstic)		Passat anterior (perifràstic)		
vaig	complaure	vaig	haver	complagut
vas (*vares*)	complaure	vas (*vares*)	haver	complagut
va	complaure	va	haver	complagut
vam (*vàrem*)	complaure	vam (*vàrem*)	haver	complagut
vau (*vàreu*)	complaure	vau (*vàreu*)	haver	complagut
van (*varen*)	complaure	van (*varen*)	haver	complagut

Futur	Futur perfet	
complauré	hauré	complagut
complauràs	hauràs	complagut
complaurà	haurà	complagut
complaurem	haurem	complagut
complaureu	haureu	complagut
complauran	hauran	complagut

Condicional	Condicional perfet	
complauria	hauria (*haguera*)	complagut
complauries	hauries (*hagueres*)	complagut
complauria	hauria (*haguera*)	complagut
complauríem	hauríem (*haguérem*)	complagut
complauríeu	hauríeu (*haguéreu*)	complagut
complaurien	haurien (*hagueren*)	complagut

SUBJUNTIU

Present
complagui (*complaga*)
complaguis (*complagues*)
complagui (*complaga*)
complaguem
complagueu
complaguin (*complaguen*)

Imperfet
complagués
complaguessis (*complaguesses*)
complagués
complaguéssim (*complaguéssem*)
complaguéssiu (*complaguésseu*)
complaguessin (*complaguessen*)

Passat (perifràstic)
vagi (*vaja*) complaure
vagis (*vages*) complaure
vagi (*vaja*) complaure
vàgim (*vàgem*) complaure
vàgiu (*vàgeu*) complaure
vagin (*vagen*) complaure

Perfet
hagi (*haja*) complagut
hagis (*hages*) complagut
hagi (*haja*) complagut
hàgim (*hàgem*) complagut
hàgiu (*hàgeu*) complagut
hagin (*hagen*) complagut

Plusquamperfet
hagués complagut
haguessis (*haguesses*) complagut
hagués complagut
haguéssim (*haguéssem*) complagut
haguéssiu (*haguésseu*) complagut
haguessin (*haguessen*) complagut

Passat anterior (perifràstic)
vagi (*vaja*) haver complagut
vagis (*vages*) haver complagut
vagi (*vaja*) haver complagut
vàgim (*vàgem*) haver complagut
vàgiu (*vàgeu*) haver complagut
vagin (*vagen*) haver complagut

IMPERATIU

–
complau
complagui (*complaga*)
complaguem
complaeu
complaguin (*complaguen*)

FORMES NO PERSONALS

Infinitiu complaure
Infinitiu perfet haver complagut
Gerundi complaent
Gerundi perfet havent complaqut
Participi[2] complagut, complaguda
complaguts, complagudes

VARIANTS DIALECTALS
imperf subj VAL complaguera, complagueres, etc.
♬ **riure** (i **somriure**) admeten també, en BAL, les formes del *pr ind pl* 1 reim, 2 reis, i de l'*imper pl* 2 reis.

1. **riure** i **somriure** fan l'*imperf ind* reia, reies, reia, rèiem, rèieu, reien i somreia, somreies, somreia, somrèiem, somrèieu, somreien.
2. **cloure**, **concloure**, **coure**, **descloure**, **encloure**, **excloure**, **incloure**, **ocloure**, **raure**, **recloure**, **recoure** i **riure** fan els participis (i els temps compostos) clos closa, conclòs -osa, cuit -a [*de cocció*] o cogut -uda [*sensació*], desclòs -osa, enclòs -osa, exclòs -osa, inclòs -osa, oclòs -osa, ras rasa (*ragut -uda*), reclòs -osa, recuit -a i rigut -uda (*rist rista*).

16 conèixer

INDICATIU

Present[1]
conec
coneixes
coneix
coneixem
coneixeu
coneixen

Perfet

he	conegut
has	conegut
ha	conegut
hem	conegut
heu	conegut
han	conegut

Imperfet
coneixia
coneixies
coneixia
coneixíem
coneixíeu
coneixien

Plusquamperfet

havia	conegut
havies	conegut
havia	conegut
havíem	conegut
havíeu	conegut
havien	conegut

Passat (simple)
coneguí
conegueres
conegué
coneguérem
coneguéreu
conegueren

Passat anterior (simple)

haguí	conegut
hagueres	conegut
hagué	conegut
haguérem	conegut
haguéreu	conegut
hagueren	conegut

Passat (perifràstic)

vaig	conèixer
vas (*vares*)	conèixer
va	conèixer
vam (*vàrem*)	conèixer
vau (*vàreu*)	conèixer
van (*varen*)	conèixer

Passat anterior (perifràstic)

vaig	haver	conegut
vas (*vares*)	haver	conegut
va	haver	conegut
vam (*vàrem*)	haver	conegut
vau (*vàreu*)	haver	conegut
van (*varen*)	haver	conegut

Futur
coneixeré
coneixeràs
coneixerà
coneixerem
coneixereu
coneixeran

Futur perfet

hauré	conegut
hauràs	conegut
haurà	conegut
haurem	conegut
haureu	conegut
hauran	conegut

Condicional
coneixeria
coneixeries
coneixeria
coneixeríem
coneixeríeu
coneixerien

Condicional perfet

hauria (*haguera*)	conegut
hauries (*hagueres*)	conegut
hauria (*haguera*)	conegut
hauríem (*haguérem*)	conegut
hauríeu (*haguéreu*)	conegut
haurien (*hagueren*)	conegut

SUBJUNTIU

Present	Perfet	
conegui (*conega*)	hagi (*haja*)	conegut
coneguis (*conegues*)	hagis (*hages*)	conegut
conegui (*conega*)	hagi (*haja*)	conegut
coneguem	hàgim (*hàgem*)	conegut
conegueu	hàgiu (*hàgeu*)	conegut
coneguin (*coneguen*)	hagin (*hagen*)	conegut

Imperfet	Plusquamperfet	
conegués	hagués	conegut
coneguessis (*coneguesses*)	haguessis (*haguesses*)	conegut
conegués	hagués	conegut
coneguéssim (*coneguéssem*)	haguéssim (*haguéssem*)	conegut
coneguéssiu (*coneguésseu*)	haguéssiu (*haguésseu*)	conegut
coneguessin (*coneguessen*)	haguessin (*haguessen*)	conegut

Passat (perifràstic)		Passat anterior (perifràstic)		
vagi (*vaja*)	conèixer	vagi (*vaja*)	haver	conegut
vagis (*vages*)	conèixer	vagis (*vages*)	haver	conegut
vagi (*vaja*)	conèixer	vagi (*vaja*)	haver	conegut
vàgim (*vàgem*)	conèixer	vàgim (*vàgem*)	haver	conegut
vàgiu (*vàgeu*)	conèixer	vàgiu (*vàgeu*)	haver	conegut
vagin (*vagen*)	conèixer	vagin (*vagen*)	haver	conegut

IMPERATIU

–
coneix
conegui (*conega*)
coneguem
coneixeu
coneguin (*coneguen*)

FORMES NO PERSONALS

Infinitiu conèixer
Infinitiu perfet haver conegut
Gerundi coneixent
Gerundi perfet havent conegut
Participi conegut, coneguda
coneguts, conegudes

VARIANTS DIALECTALS
imperf subj VAL coneguera, conegueres, etc.
infinitiu VAL conéixer.
☞ **aparèixer** (i **comparèixer**, **desaparèixer**, **parèixer** i **reaparèixer**) es conjuguen també, en BAL, com **créixer**.

1. **aparèixer**, **comparèixer**, **desaparèixer**, **parèixer** i **reaparèixer** fan el *pr ind sing* 1 aparec (*apareixo*), comparec (*compareixo*), desaparec (*desapareixo*), parec (*pareixo*) i reaparec (*reapareixo*).

17 confondre

INDICATIU

Present
confonc
confons
confon
confonem
confoneu
confonen

Imperfet
confonia
confonies
confonia
confoníem
confoníeu
confonien

Passat (simple)
confonguí
confongueres
confongué
confonguérem
confonguéreu
confongueren

Passat (perifràstic)
vaig confondre
vas (*vares*) confondre
va confondre
vam (*vàrem*) confondre
vau (*vàreu*) confondre
van (*varcn*) confondre

Futur
confondré
confondràs
confondrà
confondrem
confondreu
confondran

Condicional
confondria
confondries
confondria
confondríem
confondríeu
confondrien

Perfet
he confós
has confós
ha confós
hem confós
heu confós
han confós

Plusquamperfet
havia confós
havies confós
havia confós
havíem confós
havíeu confós
havien confós

Passat anterior (simple)
haguí confós
hagueres confós
hagué confós
haguérem confós
haguéreu confós
hagueren confós

Passat anterior (perifràstic)
vaig haver confós
vas (*vares*) haver confós
va haver confós
vam (*vàrem*) haver confós
vau (*vàreu*) haver confós
van (*varen*) haver confós

Futur perfet
hauré confós
hauràs confós
haurà confós
haurem confós
haureu confós
hauran confós

Condicional perfet
hauria (*haguera*) confós
hauries (*hagueres*) confós
hauria (*haguera*) confós
hauríem (*haguérem*) confós
hauríeu (*haguéreu*) confós
haurien (*hagueren*) confós

SUBJUNTIU

Present
confongui (*confonga*)
confonguis (*confongues*)
confongui (*confonga*)
confonguem
confongueu
confonguin (*confonguen*)

Perfet
hagi (*haja*) confós
hagis (*hages*) confós
hagi (*haja*) confós
hàgim (*hàgem*) confós
hàgiu (*hàgeu*) confós
hagin (*hagen*) confós

Imperfet
confongués
confonguessis (*confonguesses*)
confongués
confonguéssim (*confonguéssem*)
confonguéssiu (*confonguésseu*)
confonguessin (*confonguessen*)

Plusquamperfet
hagués confós
haguessis (*haguesses*) confós
hagués confós
haguéssim (*haguéssem*) confós
haguéssiu (*haguésseu*) confós
haguessin (*haguessen*) confós

Passat (perifràstic)
vagi (*vaja*) confondre
vagis (*vages*) confondre
vagi (*vaja*) confondre
vàgim (*vàgem*) confondre
vàgiu (*vàgeu*) confondre
vagin (*vagen*) confondre

Passat anterior (perifràstic)
vagi (*vaja*) haver confós
vagis (*vages*) haver confós
vagi (*vaja*) haver confós
vàgim (*vàgem*) haver confós
vàgiu (*vàgeu*) haver confós
vagin (*vagen*) haver confós

IMPERATIU

–
confon
confongui (*confonga*)
confonguem
confoneu
confonguin (*confonguen*)

FORMES NO PERSONALS

Infinitiu confondre
Infinitiu perfet haver confós
Gerundi confonent
Gerundi perfet havent confós
Participi confós (*confús*)
confosa (*confusa*)
confosos (*confusos*)
confoses (*confuses*)

VARIANTS DIALECTALS
imperf subj VAL confonguera, confongueres, etc.

18 córrer

INDICATIU

Present		Perfet		
corro		he	corregut	
corres		has	corregut	
corre		ha	corregut	
correm		hem	corregut	
correu		heu	corregut	
corren		han	corregut	

Imperfet		Plusquamperfet		
corria		havia	corregut	
corries		havies	corregut	
corria		havia	corregut	
corríem		havíem	corregut	
corríeu		havíeu	corregut	
corrien		havien	corregut	

Passat (simple)		Passat anterior (simple)		
correguí		haguí	corregut	
corregueres		hagueres	corregut	
corregué		hagué	corregut	
correguérem		haguérem	corregut	
correguéreu		haguéreu	corregut	
corregueren		hagueren	corregut	

Passat (perifràstic)		Passat anterior (perifràstic)		
vaig	córrer	vaig	haver	corregut
vas (*vares*)	córrer	vas (*vares*)	haver	corregut
va	córrer	va	haver	corregut
vam (*vàrem*)	córrer	vam (*vàrem*)	haver	corregut
vau (*vàreu*)	córrer	vau (*vàreu*)	haver	corregut
van (*varen*)	córrer	van (*varen*)	haver	corregut

Futur		Futur perfet		
correré		hauré	corregut	
correràs		hauràs	corregut	
correrà		haurà	corregut	
correrem		haurem	corregut	
correreu		haureu	corregut	
correran		hauran	corregut	

Condicional		Condicional perfet		
correria		hauria (*haguera*)		corregut
correries		hauries (*hagueres*)		corregut
correria		hauria (*haguera*)		corregut
correríem		hauríem (*haguérem*)		corregut
correríeu		hauríeu (*haguéreu*)		corregut
correrien		haurien (*hagueren*)		corregut

SUBJUNTIU

Present
corri (*córrega*)
corris (*córregues*)
corri (*córrega*)
correm (*correguem*)
correu (*correguеu*)
corrin (*córreguen*)

Imperfet
corregués
correguessis (*correguesses*)
corregués
correguéssim (*correguéssem*)
correguéssiu (*correguésseu*)
correguessin (*correguessen*)

Passat (perifràstic)
vagi (*vaja*) córrer
vagis (*vages*) córrer
vagi (*vaja*) córrer
vàgim (*vàgem*) córrer
vàgiu (*vàgeu*) córrer
vagin (*vagen*) córrer

Perfet
hagi (*haja*) corregut
hagis (*hages*) corregut
hagi (*haja*) corregut
hàgim (*hàgem*) corregut
hàgiu (*hàgeu*) corregut
hagin (*hagen*) corregut

Plusquamperfet
hagués corregut
haguessis (*haguesses*) corregut
hagués corregut
haguéssim (*haguéssem*) corregut
haguéssiu (*haguésseu*) corregut
haguessin (*haguessen*) corregut

Passat anterior (perifràstic)
vagi (*vaja*) haver corregut
vagis (*vages*) haver corregut
vagi (*vaja*) haver corregut
vàgim (*vàgem*) haver corregut
vàgiu (*vàgeu*) haver corregut
vagin (*vagen*) haver corregut

IMPERATIU

–
corre
corri (*córrega*)
correm (*correguem*)
correu
corrin (*córreguen*)

FORMES NO PERSONALS

Infinitiu córrer
Infinitiu perfet haver corregut
Gerundi corrent
Gerundi perfet havent corregut
Participi corregut, correguda
correguts, corregudes

VARIANTS DIALECTALS
pr ind sing 1 BAL corr; VAL córrec; ROSS corri.
2 BAL corrs.
imperf subj VAL correguera, corregueres, etc.
imper sing 2 BAL corr.

19 crear

INDICATIU

Present	Perfet	
creo	he	creat
crees	has	creat
crea	ha	creat
creem	hem	creat
creeu	heu	creat
creen	han	creat

Imperfet	Plusquamperfet	
creava	havia	creat
creaves	havies	creat
creava	havia	creat
creàvem	havíem	creat
creàveu	havíeu	creat
creaven	havien	creat

Passat (simple)	Passat anterior (simple)	
creí	haguí	creat
creares	hagueres	creat
creà	hagué	creat
creàrem	haguérem	creat
creàreu	haguéreu	creat
crearen	hagueren	creat

Passat (perifràstic)		Passat anterior (perifràstic)		
vaig	crear	vaig	haver	creat
vas (*vares*)	crear	vas (*vares*)	haver	creat
va	crear	va	haver	creat
vam (*vàrem*)	crear	vam (*vàrem*)	haver	creat
vau (*vàreu*)	crear	vau (*vàreu*)	haver	creat
van (*varen*)	crear	van (*varen*)	haver	creat

Futur	Futur perfet	
crearé	hauré	creat
crearàs	hauràs	creat
crearà	haurà	creat
crearem	haurem	creat
creareu	haureu	creat
crearan	hauran	creat

Condicional	Condicional perfet	
crearia	hauria (*haguera*)	creat
crearies	hauries (*hagueres*)	creat
crearia	hauria (*haguera*)	creat
crearíem	hauríem (*haguérem*)	creat
crearíeu	hauríeu (*haguéreu*)	creat
crearien	haurien (*hagueren*)	creat

SUBJUNTIU

Present
creï (*cree*)
creïs (*crees*)
creï (*cree*)
creem
creeu
creïn (*creen*)

Perfet
hagi (*haja*)	creat
hagis (*hages*)	creat
hagi (*haja*)	creat
hàgim (*hàgem*)	creat
hàgiu (*hàgeu*)	creat
hagin (*hagen*)	creat

Imperfet
creés
creessis (*creesses*)
creés
creéssim (*creéssem*)
creéssiu (*creésseu*)
creessin (*creessen*)

Plusquamperfet
hagués	creat
haguessis (*haguesses*)	creat
hagués	creat
haguéssim (*haguéssem*)	creat
haguéssiu (*haguésseu*)	creat
haguessin (*haguessen*)	creat

Passat (perifràstic)
vagi (*vaja*)	crear
vagis (*vages*)	crear
vagi (*vaja*)	crear
vàgim (*vàgem*)	crear
vàgiu (*vàgeu*)	crear
vagin (*vagen*)	crear

Passat anterior (perifràstic)
vagi (*vaja*)	haver	creat
vagis (*vages*)	haver	creat
vagi (*vaja*)	haver	creat
vàgim (*vàgem*)	haver	creat
vàgiu (*vàgeu*)	haver	creat
vagin (*vagen*)	haver	creat

IMPERATIU

–
crea
creï (*cree*)
creem
creeu
creïn (*creen*)

FORMES NO PERSONALS

Infinitiu	crear
Infinitiu perfet	haver creat
Gerundi	creant
Gerundi perfet	havent creat
Participi	creat, creada creats, creades

VARIANTS DIALECTALS

pr ind sing	1 BAL crei; VAL cree; ROSS creï.
pr ind pl	1 i 2 BAL cream, creau.
imperf subj	BAL creàs, creassis (*creasses*), etc.; VAL creara (*creàs*), creares (*creasses*), etc.
imper pl	2 BAL creau.

20 créixer

INDICATIU

Present
creixo (*cresc*)
creixes
creix
creixem
creixeu
creixen

Imperfet
creixia
creixies
creixia
creixíem
creixíeu
creixien

Passat (simple)
creixí (*cresquí*)
creixeres (*cresqueres*)
creixé (*cresqué*)
creixérem (*cresquérem*)
creixéreu (*cresquéreu*)
creixeren (*cresqueren*)

Passat (perifràstic)

vaig	créixer
vas (*vares*)	créixer
va	créixer
vam (*vàrem*)	créixer
vau (*vàreu*)	créixer
van (*varen*)	créixer

Futur
creixeré
creixeràs
creixerà
creixerem
creixereu
creixeran

Condicional
creixeria
creixeries
creixeria
creixeríem
creixeríeu
creixerien

Perfet

he	crescut
has	crescut
ha	crescut
hem	crescut
heu	crescut
han	crescut

Plusquamperfet

havia	crescut
havies	crescut
havia	crescut
havíem	crescut
havíeu	crescut
havien	crescut

Passat anterior (simple)

haguí	crescut
hagueres	crescut
hagué	crescut
haguérem	crescut
haguéreu	crescut
hagueren	crescut

Passat anterior (perifràstic)

vaig	haver	crescut
vas (*vares*)	haver	crescut
va	haver	crescut
vam (*vàrem*)	haver	crescut
vau (*vàreu*)	haver	crescut
van (*varen*)	haver	crescut

Futur perfet

hauré	crescut
hauràs	crescut
haurà	crescut
haurem	crescut
haureu	crescut
hauran	crescut

Condicional perfet

hauria (*haguera*)	crescut
hauries (*hagueres*)	crescut
hauria (*haguera*)	crescut
hauríem (*haguérem*)	crescut
hauríeu (*haguéreu*)	crescut
haurien (*hagueren*)	crescut

SUBJUNTIU

Present
creixi (*cresca*)
creixis (*cresques*)
creixi (*cresca*)
creixem (*cresquem*)
creixeu (*cresqueu*)
creixin (*cresquen*)

Imperfet (1)
creixés
creixessis (*creixesses*)
creixés
creixéssim (*creixéssem*)
creixéssiu (*creixésseu*)
creixessin (*creixessen*)

Imperfet (2)
cresqués
cresquessis (*cresquesses*)
cresqués
cresquéssim (*cresquéssem*)
cresquéssiu (*cresquésseu*)
cresquessin (*cresquessen*)

Passat (perifràstic)
vagi (*vaja*) créixer
vagis (*vages*) créixer
vagi (*vaja*) créixer
vàgim (*vàgem*) créixer
vàgiu (*vàgeu*) créixer
vagin (*vagen*) créixer

IMPERATIU

–
creix
creixi (*cresca*)
creixem (*cresquem*)
creixeu
creixin (*cresquen*)

Perfet
hagi (*haja*) crescut
hagis (*hages*) crescut
hagi (*haja*) crescut
hàgim (*hàgem*) crescut
hàgiu (*hàgeu*) crescut
hagin (*hagen*) crescut

Plusquamperfet
hagués crescut
haguessis (*haguesses*) crescut
hagués crescut
haguéssim (*haguéssem*) crescut
haguéssiu (*haguésseu*) crescut
haguessin (*haguessen*) crescut

Passat anterior (perifràstic)
vagi (*vaja*) haver crescut
vagis (*vages*) haver crescut
vagi (*vaja*) haver crescut
vàgim (*vàgem*) haver crescut
vàgiu (*vàgeu*) haver crescut
vagin (*vagen*) haver crescut

FORMES NO PERSONALS

Infinitiu créixer
Infinitiu perfet haver crescut
Gerundi creixent
Gerundi perfet havent crescut
Participi crescut, crescuda
crescuts, crescudes

VARIANTS DIALECTALS
pr ind sing 1 ROSS creixi.
imperf subj VAL cresquera, cresqueres, etc.

21 creuar

INDICATIU

Present	Perfet	
creuo	he	creuat
creues	has	creuat
creua	ha	creuat
creuem	hem	creuat
creueu	heu	creuat
creuen	han	creuat

Imperfet	Plusquamperfet	
creuava	havia	creuat
creuaves	havies	creuat
creuava	havia	creuat
creuàvem	havíem	creuat
creuàveu	havíeu	creuat
creuaven	havien	creuat

Passat (simple)	Passat anterior (simple)	
creuí	haguí	creuat
creuares	hagueres	creuat
creuà	hagué	creuat
creuàrem	haguérem	creuat
creuàreu	haguéreu	creuat
creuaren	hagueren	creuat

Passat (perifràstic)		Passat anterior (perifràstic)		
vaig	creuar	vaig	haver	creuat
vas (*vares*)	creuar	vas (*vares*)	haver	creuat
va	creuar	va	haver	creuat
vam (*vàrem*)	creuar	vam (*vàrem*)	haver	creuat
vau (*vàreu*)	creuar	vau (*vàreu*)	haver	creuat
van (*varen*)	creuar	van (*varen*)	haver	creuat

Futur	Futur perfet	
creuaré	hauré	creuat
creuràs	hauràs	creuat
creuarà	haurà	creuat
creuarem	haurem	creuat
creuareu	haureu	creuat
creuaran	hauran	creuat

Condicional	Condicional perfet	
creuaria	hauria (*haguera*)	creuat
creuaries	hauries (*hagueres*)	creuat
creuaria	hauria (*haguera*)	creuat
creuaríem	hauríem (*haguérem*)	creuat
creuaríeu	hauríeu (*haguéreu*)	creuat
creuarien	haurien (*hagueren*)	creuat

SUBJUNTIU

Present
creui (*creue*)
creuis (*creues*)
creui (*creue*)
creuem
creueu
creuin (*creuen*)

Imperfet
creués
creuessis (*creuesses*)
creués
creuéssim (*creuéssem*)
creuéssiu (*creuésseu*)
creuessin (*creuessen*)

Passat (perifràstic)
vagi (*vaja*) creuar
vagis (*vages*) creuar
vagi (*vaja*) creuar
vàgim (*vàgem*) creuar
vàgiu (*vàgeu*) creuar
vagin (*vagen*) creuar

Perfet
hagi (*haja*) creuat
hagis (*hages*) creuat
hagi (*haja*) creuat
hàgim (*hàgem*) creuat
hàgiu (*hàgeu*) creuat
hagin (*hagen*) creuat

Plusquamperfet
hagués creuat
haguessis (*haguesses*) creuat
hagués creuat
haguéssim (*haguéssem*) creuat
haguéssiu (*haguésseu*) creuat
haguessin (*haguessen*) creuat

Passat anterior (perifràstic)
vagi (*vaja*) haver creuat
vagis (*vages*) haver creuat
vagi (*vaja*) haver creuat
vàgim (*vàgem*) haver creuat
vàgiu (*vàgeu*) haver creuat
vagin (*vagen*) haver creuat

IMPERATIU

–
creua
creui (*creue*)
creuem
creueu
creuin (*creuen*)

FORMES NO PERSONALS

Infinitiu creuar
Infinitiu perfet haver creuat
Gerundi creuant
Gerundi perfet havent creuat
Participi creuat, creuada
creuats, creuades

VARIANTS DIALECTALS

pr ind sing 1 BAL creu; VAL creue; ROSS creui.
pr ind pl 1 i 2 BAL creuam, creuau.
imperf subj BAL creuàs, creuassis (*creuasses*), etc.;
VAL creuara (*creuàs*), creuares (*creuasses*), etc.
imper pl 2 BAL creuau.

22 dar

INDICATIU

Present
–
–
–
dem (*dam*)
deu (*dau*)
–

Perfet
he dat
has dat
ha dat
hem dat
heu dat
han dat

Imperfet
dava
daves
dava
dàvem
dàveu
daven

Plusquamperfet
havia dat
havies dat
havia dat
havíem dat
havíeu dat
havien dat

Passat (simple)
di
dares
da
dàrem
dàreu
daren

Passat anterior (simple)
haguí dat
hagueres dat
hagué dat
haguérem dat
haguéreu dat
hagueren dat

Passat (perifràstic)
vaig dar
vas (*vares*) dar
va dar
vam (*vàrem*) dar
vau (*vàreu*) dar
van (*varen*) dar

Passat anterior (perifràstic)
vaig haver dat
vas (*vares*) haver dat
va haver dat
vam (*vàrem*) haver dat
vau (*vàreu*) haver dat
van (*varen*) haver dat

Futur
daré
daràs
darà
darem
dareu
daran

Futur perfet
hauré dat
hauràs dat
haurà dat
haurem dat
haureu dat
hauran dat

Condicional
daria
daries
daria
daríem
daríeu
darien

Condicional perfet
hauria (*haguera*) dat
hauries (*hagueres*) dat
hauria (*haguera*) dat
hauríem (*haguérem*) dat
hauríeu (*haguéreu*) dat
haurien (*hagueren*) dat

SUBJUNTIU

Present

–
–
–
dem
deu
–

Perfet

hagi (*haja*)	dat
hagis (*hages*)	dat
hagi (*haja*)	dat
hàgim (*hàgem*)	dat
hàgiu (*hàgeu*)	dat
hagin (*hagen*)	dat

Imperfet

des
dessis (*desses*)
des
déssim (*déssem*)
déssiu (*désseu*)
dessin (*dessen*)

Plusquamperfet

hagués	dat
haguessis (*haguesses*)	dat
hagués	dat
haguéssim (*haguéssem*)	dat
haguéssiu (*haguésseu*)	dat
haguessin (*haguessen*)	dat

Passat (perifràstic)

vagi (*vaja*)	dar
vagis (*vages*)	dar
vagi (*vaja*)	dar
vàgim (*vàgem*)	dar
vàgiu (*vàgeu*)	dar
vagin (*vagen*)	dar

Passat anterior (perifràstic)

vagi (*vaja*)	haver	dat
vagis (*vages*)	haver	dat
vagi (*vaja*)	haver	dat
vàgim (*vàgem*)	haver	dat
vàgiu (*vàgeu*)	haver	dat
vagin (*vagen*)	haver	dat

IMPERATIU

–
–
–
dem
deu (*dau*)
–

FORMES NO PERSONALS

Infinitiu	dar
Infinitiu perfet	haver dat
Gerundi	dant
Gerundi perfet	havent dat
Participi	dat, dada dats, dades

VARIANTS DIALECTALS

pr ind	ROSS do, das, da, -, -, dan.
imperf subj	BAL das, dassis (*dasses*), das, dàssim (*dàssem*), dàssiu (*dàsseu*), dassin (*dassen*); VAL dara, dares, etc.

23 desfer

INDICATIU

Present	Perfet	
desfaig	he	desfet
desfàs	has	desfet
desfà	ha	desfet
desfem	hem	desfet
desfeu	heu	desfet
desfan	han	desfet

Imperfet	Plusquamperfet	
desfeia	havia	desfet
desfeies	havies	desfet
desfeia	havia	desfet
desfèiem	havíem	desfet
desfèieu	havíeu	desfet
desfeien	havien	desfet

Passat (simple)	Passat anterior (simple)	
desfiu	haguí	desfet
desferes	hagueres	desfet
desféu	hagué	desfet
desférem	haguérem	desfet
desféreu	haguéreu	desfet
desferen	hagueren	desfet

Passat (perifràstic)		Passat anterior (perifràstic)		
vaig	desfer	vaig	haver	desfet
vas (*vares*)	desfer	vas (*vares*)	haver	desfet
va	desfer	va	haver	desfet
vam (*vàrem*)	desfer	vam (*vàrem*)	haver	desfet
vau (*vàreu*)	desfer	vau (*vàreu*)	haver	desfet
van (*varen*)	desfer	van (*varen*)	haver	desfet

Futur	Futur perfet	
desfaré	hauré	desfet
desfaràs	hauràs	desfet
desfarà	haurà	desfet
desfarem	haurem	desfet
desfareu	haureu	desfet
desfaran	hauran	desfet

Condicional	Condicional perfet	
desfaria	hauria (*haguera*)	desfet
desfaries	hauries (*hagueres*)	desfet
desfaria	hauria (*haguera*)	desfet
desfaríem	hauríem (*haguérem*)	desfet
desfaríeu	hauríeu (*haguéreu*)	desfet
desfarien	haurien (*hagueren*)	desfet

SUBJUNTIU

Present
desfaci (*desfaça*)
desfacis (*desfaces*)
desfaci (*desfaça*)
desfem
desfeu
desfacin (*desfacen*)

Perfet
hagi (*haja*) desfet
hagis (*hages*) desfet
hagi (*haja*) desfet
hàgim (*hàgem*) desfet
hàgiu (*hàgeu*) desfet
hagin (*hagen*) desfet

Imperfet
desfés
desfessis (*desfesses*)
desfés
desféssim (*desféssem*)
desféssiu (*desfésseu*)
desfessin (*desfessen*)

Plusquamperfet
hagués desfet
haguessis (*haguesses*) desfet
hagués desfet
haguéssim (*haguéssem*) desfet
haguéssiu (*haguésseu*) desfet
haguessin (*haguessen*) desfet

Passat (perifràstic)
vagi (*vaja*) desfer
vagis (*vages*) desfer
vagi (*vaja*) desfer
vàgim (*vàgem*) desfer
vàgiu (*vàgeu*) desfer
vagin (*vagen*) desfer

Passat anterior (perifràstic)
vagi (*vaja*) haver desfet
vagis (*vages*) haver desfet
vagi (*vaja*) haver desfet
vàgim (*vàgem*) haver desfet
vàgiu (*vàgeu*) haver desfet
vagin (*vagen*) haver desfet

IMPERATIU

–
desfés
desfaci (*desfaça*)
desfem
desfeu
desfacin (*desfacen*)

FORMES NO PERSONALS

Infinitiu desfer
Infinitiu perfet haver desfet
Gerundi desfent
Gerundi perfet havent desfet
Participi desfet, desfeta
desfets, desfetes

VARIANTS DIALECTALS

pr ind sing	1 BAL desfaç.
pr ind pl	1 i 2 BAL desfeim, desfeis.
pr subj pl	1 i 2 BAL desfacem, desfaceu.
imperf subj	VAL desfera, desferes, etc.
imper sing	2 BAL desfé.
imper pl	1 i 2 BAL desfacem, desfeis.

24 dir

INDICATIU

Present	Perfet
dic	he dit
dius	has dit
diu	ha dit
diem	hem dit
dieu	heu dit
diuen	han dit

Imperfet	Plusquamperfet
deia	havia dit
deies	havies dit
deia	havia dit
dèiem	havíem dit
dèieu	havíeu dit
deien	havien dit

Passat (simple)	Passat anterior (simple)
diguí	haguí dit
digueres	hagueres dit
digué	hagué dit
diguérem	haguérem dit
diguéreu	haguéreu dit
digueren	hagueren dit

Passat (perifràstic)	Passat anterior (perifràstic)
vaig dir	vaig haver dit
vas (*vares*) dir	vas (*vares*) haver dit
va dir	va haver dit
vam (*vàrem*) dir	vam (*vàrem*) haver dit
vau (*vàreu*) dir	vau (*vàreu*) haver dit
van (*varen*) dir	van (*varen*) haver dit

Futur	Futur perfet
diré	hauré dit
diràs	hauràs dit
dirà	haurà dit
direm	haurem dit
direu	haureu dit
diran	hauran dit

Condicional	Condicional perfet
diria	hauria (*haguera*) dit
diries	hauries (*hagueres*) dit
diria	hauria (*haguera*) dit
diríem	hauríem (*haguérem*) dit
diríeu	hauríeu (*haguéreu*) dit
dirien	haurien (*hagueren*) dit

SUBJUNTIU

Present
digui (*diga*)
diguis (*digues*)
digui (*diga*)
diguem
digueu
diguin (*diguen*)

Imperfet
digués
diguessis (*diguesses*)
digués
diguéssim (*diguéssem*)
diguéssiu (*diguésseu*)
diguessin (*diguessen*)

Passat (perifràstic)
vagi (*vaja*) dir
vagis (*vages*) dir
vagi (*vaja*) dir
vàgim (*vàgem*) dir
vàgiu (*vàgeu*) dir
vagin (*vagen*) dir

Perfet
hagi (*haja*) dit
hagis (*hages*) dit
hagi (*haja*) dit
hàgim (*hàgem*) dit
hàgiu (*hàgeu*) dit
hagin (*hagen*) dit

Plusquamperfet
hagués dit
haguessis (*haguesses*) dit
hagués dit
haguéssim (*haguéssem*) dit
haguéssiu (*haguésseu*) dit
haguessin (*haguessen*) dit

Passat anterior (perifràstic)
vagi (*vaja*) haver dit
vagis (*vages*) haver dit
vagi (*vaja*) haver dit
vàgim (*vàgem*) haver dit
vàgiu (*vàgeu*) haver dit
vagin (*vagen*) haver dit

IMPERATIU[1]

–
digues
digui (*diga*)
diguem
digueu
diguin (*diguen*)

FORMES NO PERSONALS

Infinitiu dir
Infinitiu perfet haver dit
Gerundi dient
Gerundi perfet havent dit
Participi dit, dita
dits, dites

VARIANTS DIALECTALS

pr Ind pl	1 i 2 BAL deim, deis.
imperf subj	VAL diguera, digueres, etc.
imper sing	2 VAL [*col·loquial*] dis.
imper pl	2 BAL deis.

1. **contradir**, **desdir**, **interdir**, **maldir** i **predir** fan l'*imper sing* 2 contradigues (*contradiu*), desdigues (*desdiu*), interdigues (*interdiu*), maldigues (*maldiu*) i predigues (*prediu*).

25 dormir

INDICATIU

Present[1]
dormo (*dorm*)
dorms
dorm
dormim
dormiu
dormen

Imperfet
dormia
dormies
dormia
dormíem
dormíeu
dormien

Passat (simple)
dormí
dormires
dormí
dormírem
dormíreu
dormiren

Passat (perifràstic)
vaig dormir
vas dormir
va dormir
vam (*vàrem*) dormir
vau (*vàreu*) dormir
van (*varen*) dormir

Futur
dormiré
dormiràs
dormirà
dormirem
dormireu
dormiran

Condicional
dormiria
dormiries
dormiria
dormiríem
dormiríeu
dormirien

Perfet
he dormit
has dormit
ha dormit
hem dormit
heu dormit
han dormit

Plusquamperfet
havia dormit
havies dormit
havia dormit
havíem dormit
havíeu dormit
havien dormit

Passat anterior (simple)
haguí dormit
hagueres dormit
hagué dormit
haguérem dormit
haguéreu dormit
hagueren dormit

Passat anterior (perifràstic)
vaig haver dormit
vas haver dormit
va haver dormit
vam (*vàrem*) haver dormit
vau (*vàreu*) haver dormit
van (*varen*) haver dormit

Futur perfet
hauré dormit
hauràs dormit
haurà dormit
haurem dormit
haureu dormit
hauran dormit

Condicional perfet
hauria (*haguera*) dormit
hauries (*hagueres*) dormit
hauria (*haguera*) dormit
hauríem (*haguérem*) dormit
hauríeu (*haguéreu*) dormit
haurien (*hagueren*) dormit

SUBJUNTIU

Present	Perfet	
dormi (*dorma*)	hagi (*haja*)	dormit
dormis (*dormes*)	hagis (*hages*)	dormit
dormi (*dorma*)	hagi (*haja*)	dormit
dormim	hàgim (*hàgem*)	dormit
dormiu	hàgiu (*hàgeu*)	dormit
dormin (*dormen*)	hagin (*hagen*)	dormit

Imperfet	Plusquamperfet	
dormís	hagués	dormit
dormissis (*dormisses*)	haguessis (*haguesses*)	dormit
dormís	hagués	dormit
dormíssim (*dormíssem*)	haguéssim (*haguéssem*)	dormit
dormíssiu (*dormísseu*)	haguéssiu (*haguésseu*)	dormit
dormissin (*dormissen*)	haguessin (*haguessen*)	dormit

Passat (perifràstic)		Passat anterior (perifràstic)		
vagi (*vaja*)	dormir	vagi (*vaja*)	haver	dormit
vagis (*vages*)	dormir	vagis (*vages*)	haver	dormit
vagi (*vaja*)	dormir	vagi (*vaja*)	haver	dormit
vàgim (*vàgem*)	dormir	vàgim (*vàgem*)	haver	dormit
vàgiu (*vàgeu*)	dormir	vàgiu (*vàgeu*)	haver	dormit
vagin (*vagen*)	dormir	vagin (*vagen*)	haver	dormit

IMPERATIU[2]

–
dorm
dormi (*dorma*)
dormim
dormiu
dormin (*dormen*)

FORMES NO PERSONALS

Infinitiu dormir
Infinitiu perfet haver dormit
Gerundi dormint
Gerundi perfet havent dormint
Participi[3] dormit, dormida
dormits, dormides

VARIANTS DIALECTALS
pr ind sing 1 ROSS dormi.
pr subj pl 1 i 2 BAL dormiguem, dormigueu.
imperf subj VAL dormira, dormires, etc.
imper pl 1 BAL dormiguem.
☞ **morir**, en VAL, fa el *pr ind sing* 1 muir; el *pr subj* muira, muires, muira, , , muiren; l'*imper* –, muir, muira, –, –, muiren.

1. **cruixir** fa el *pr ind sing* 2 cruixes; **acudir**, **percudir** i **pudir** fan el *pr ind sing* 2 acuts, percuts i puts i el *pr ind sing* 3 acut, percut i put.
2. **acudir**, **percudir** i **pudir** fan l'*imper sing* 2 acut, percut i put.
3. **morir** i **premorir** fan els participis (i temps compostos) mort -a i premort -a.

26 dur

INDICATIU

Present[1]
duc
duus (*dus*)
duu (*du*)
duem
dueu
duen

Perfet
he dut
has dut
ha dut
hem dut
heu dut
han dut

Imperfet
duia
duies
duia
dúiem
dúieu
duien

Plusquamperfet
havia dut
havies dut
havia dut
havíem dut
havíeu dut
havien dut

Passat (simple)
duguí
dugueres
dugué
duguérem
duguéreu
dugueren

Passat anterior (simple)
haguí dut
hagueres dut
hagué dut
haguérem dut
haguéreu dut
hagueren dut

Passat (perifràstic)
vaig dur
vas (*vares*) dur
va dur
vam (*vàrem*) dur
vau (*vàreu*) dur
van (*varen*) dur

Passat anterior (perifràstic)
vaig haver dut
vas (*vares*) haver dut
va haver dut
vam (*vàrem*) haver dut
vau (*vàreu*) haver dut
van (*varen*) haver dut

Futur
duré
duràs
durà
durem
dureu
duran

Futur perfet
hauré dut
hauràs dut
haurà dut
haurem dut
haureu dut
hauran dut

Condicional
duria
duries
duria
duríem
duríeu
durien

Condicional perfet
hauria (*haguera*) dut
hauries (*hagueres*) dut
hauria (*haguera*) dut
hauríem (*haguérem*) dut
hauríeu (*haguéreu*) dut
haurien (*hagueren*) dut

SUBJUNTIU

Present

dugui (*duga*)
duguis (*dugues*)
dugui (*duga*)
duguem
dugueu
duguin (*duguen*)

Imperfet

dugués
duguessis (*duguesses*)
dugués
duguéssim (*duguéssem*)
duguéssiu (*duguésseu*)
duguessin (*duguessen*)

Passat (perifràstic)

vagi (*vaja*)	dur
vagis (*vages*)	dur
vagi (*vaja*)	dur
vàgim (*vàgem*)	dur
vàgiu (*vàgeu*)	dur
vagin (*vagen*)	dur

Perfet

hagi (*haja*)	dut
hagis (*hages*)	dut
hagi (*haja*)	dut
hàgim (*hàgem*)	dut
hàgiu (*hàgeu*)	dut
hagin (*hagen*)	dut

Plusquamperfet

hagués	dut
haguessis (*haguesses*)	dut
hagués	dut
haguéssim (*haguéssem*)	dut
haguéssiu (*haguésseu*)	dut
haguessin (*haguessen*)	dut

Passat anterior (perifràstic)

vagi (*vaja*)	haver	dut
vagis (*vages*)	haver	dut
vagi (*vaja*)	haver	dut
vàgim (*vàgem*)	haver	dut
vàgiu (*vàgeu*)	haver	dut
vagin (*vagen*)	haver	dut

IMPERATIU[2]

–
duu (*du*)
dugui (*duga*)
duguem
dueu
duguin (*duguen*)

FORMES NO PERSONALS

Infinitiu	dur
Infinitiu perfet	haver dut
Gerundi	duent
Gerundi perfet	havent dut
Participi	dut, duta duts, dutes

VARIANTS DIALECTALS

pr ind pl	1 i 2 BAL duim, duis.
imperf subj	VAL duguera, dugueres, etc.
imper sing	2 VAL dus.
imper pl	2 BAL duis.
participi	BAL duit, duita, duits, duites.

1. **endur-se** fa el *pr ind sing* 2 **t'enduus** (*t'endús*), 3 **s'enduu** (*s'endú*).
2. **endur-se** fa l'*imper sing* 2 **enduu-te** (*endú-te*).

27 eixir

INDICATIU

Present
ixo (*isc*)
ixes
ix
eixim
eixiu
ixen

Perfet
he eixit
has eixit
ha eixit
hem eixit
heu eixit
han eixit

Imperfet
eixia
eixies
eixia
eixíem
eixíeu
eixien

Plusquamperfet
havia eixit
havies eixit
havia eixit
havíem eixit
havíeu eixit
havien eixit

Passat (simple)
eixí (*isquí*)
eixires (*isqueres*)
eixí (*isqué*)
eixírem (*isquérem*)
eixíreu (*isquéreu*)
eixiren (*isqueren*)

Passat anterior (simple)
haguí eixit
hagueres eixit
hagué eixit
haguérem eixit
haguéreu eixit
hagueren eixit

Passat (perifràstic)
vaig eixir
vas (*vares*) eixir
va eixir
vam (*vàrem*) eixir
vau (*vàreu*) eixir
van (*varen*) eixir

Passat anterior (perifràstic)
vaig haver eixit
vas (*vares*) haver eixit
va haver eixit
vam (*vàrem*) haver eixit
vau (*vàreu*) haver eixit
van (*varen*) haver eixit

Futur
eixiré
eixiràs
eixirà
eixirem
eixireu
eixiran

Futur perfet
hauré eixit
hauràs eixit
haurà eixit
haurem eixit
haureu eixit
hauran eixit

Condicional
eixiria
eixiries
eixiria
eixiríem
eixiríeu
eixirien

Condicional perfet
hauria (*haguera*) eixit
hauries (*hagueres*) eixit
hauria (*haguera*) eixit
hauríem (*haguérem*) eixit
hauríeu (*haguéreu*) eixit
haurien (*hagueren*) eixit

SUBJUNTIU

Present
ixi (*isca*)
ixis (*isques*)
ixi (*isca*)
eixim (*isquem*)
eixiu (*isqueu*)
ixin (*isquen*)

Perfet
hagi (*haja*)	eixit
hagis (*hages*)	eixit
hagi (*haja*)	eixit
hàgim (*hàgem*)	eixit
hàgiu (*hàgeu*)	eixit
hagin (*hagen*)	eixit

Imperfet
eixís
eixissis (*eixisses*)
eixís
eixíssim (*eixíssem*)
eixíssiu (*eixísseu*)
eixissin (*eixissen*)

Plusquamperfet
hagués	eixit
haguessis (*haguesses*)	eixit
hagués	eixit
haguéssim (*haguéssem*)	eixit
haguéssiu (*haguésseu*)	eixit
haguessin (*haguessen*)	eixit

Passat (perifràstic)
vagi (*vaja*)	eixir
vagis (*vages*)	eixir
vagi (*vaja*)	eixir
vàgim (*vàgem*)	eixir
vàgiu (*vàgeu*)	eixir
vagin (*vagen*)	eixir

Passat anterior (perifràstic)
vagi (*vaja*)	haver	eixit
vagis (*vages*)	haver	eixit
vagi (*vaja*)	haver	eixit
vàgim (*vàgem*)	haver	eixit
vàgiu (*vàgeu*)	haver	eixit
vagin (*vagen*)	haver	eixit

IMPERATIU

–
ix
ixi (*isca*)
eixim
eixiu
ixin (*isquen*)

FORMES NO PERSONALS

Infinitiu	eixir
Infinitiu perfet	haver eixit
Gerundi	eixint
Gerundi perfet	havent eixit
Participi	eixit, eixida
	eixits, eixides

VARIANTS DIALECTALS
imperf subj VAL isquera, isqueres, etc.

28 enaiguar

INDICATIU

Present		Perfet		
enaiguo		he	enaiguat	
enaigües		has	enaiguat	
enaigua		ha	enaiguat	
enaigüem		hem	enaiguat	
enaigüeu		heu	enaiguat	
enaigüen		han	enaiguat	

Imperfet	Plusquamperfet	
enaiguava	havia	enaiguat
enaiguaves	havies	enaiguat
enaiguava	havia	enaiguat
enaiguàvem	havíem	enaiguat
enaiguàveu	havíeu	enaiguat
enaiguaven	havien	enaiguat

Passat (simple)	Passat anterior (simple)	
enaigüí	haguí	enaiguat
enaiguares	hagueres	enaiguat
enaiguà	hagué	enaiguat
enaiguàrem	haguérem	enaiguat
enaiguàreu	haguéreu	enaiguat
enaiguaren	hagueren	enaiguat

Passat (perifràstic)		Passat anterior (perifràstic)		
vaig	enaiguar	vaig	haver	enaiguat
vas (*vares*)	enaiguar	vas (*vares*)	haver	enaiguat
va	enaiguar	va	haver	enaiguat
vam (*vàrem*)	enaiguar	vam (*vàrem*)	haver	enaiguat
vau (*vàreu*)	enaiguar	vau (*vàreu*)	haver	enaiguat
van (*varen*)	enaiguar	van (*varen*)	haver	enaiguat

Futur	Futur perfet	
enaiguaré	hauré	enaiguat
enaiguaràs	hauràs	enaiguat
enaiguarà	haurà	enaiguat
enaiguarem	haurem	enaiguat
enaiguareu	haureu	enaiguat
enaiguaran	hauran	enaiguat

Condicional	Condicional perfet	
enaiguaria	hauria (*haguera*)	enaiguat
enaiguaries	hauries (*hagueres*)	enaiguat
enaiguaria	hauria (*haguera*)	enaiguat
enaiguaríem	hauríem (*haguérem*)	enaiguat
enaiguaríeu	hauríeu (*haguéreu*)	enaiguat
enaiguarien	haurien (*hagueren*)	enaiguat

SUBJUNTIU

Present
enaigüi (*enaigüe*)
enaigüis (*enaigües*)
enaigüi (*enaigüe*)
enaigüem
enaigüeu
enaigüin (*enaigüen*)

Imperfet
enaigüés
enaigüessis (*enaigüesses*)
enaigüés
enaigüéssim (*enaigüéssem*)
enaigüéssiu (*enaigüésseu*)
enaigüessin (*enaigüessen*)

Passat (perifràstic)
vagi (*vaja*) enaiguar
vagis (*vages*) enaiguar
vagi (*vaja*) enaiguar
vàgim (*vàgem*) enaiguar
vàgiu (*vàgeu*) enaiguar
vagin (*vagen*) enaiguar

Perfet
hagi (*haja*) enaiguat
hagis (*hages*) enaiguat
hagi (*haja*) enaiguat
hàgim (*hàgem*) enaiguat
hàgiu (*hàgeu*) enaiguat
hagin (*hagen*) enaiguat

Plusquamperfet
hagués enaiguat
haguessis (*haguesses*) enaiguat
hagués enaiguat
haguéssim (*haguéssem*) enaiguat
haguéssiu (*haguésseu*) enaiguat
haguessin (*haguessen*) enaiguat

Passat anterior (perifràstic)
vagi (*vaja*) haver enaiguat
vagis (*vages*) haver enaiguat
vagi (*vaja*) haver enaiguat
vàgim (*vàgem*) haver enaiguat
vàgiu (*vàgeu*) haver enaiguat
vagin (*vagen*) haver enaiguat

IMPERATIU

–
enaigua
enaigüi (*enaigüe*)
enaigüem
enaigüeu
enaigüin (*enaigüen*)

FORMES NO PERSONALS

Infinitiu enaiguar
Infinitiu perfet haver enaiguat

Gerundi enaiguant
Gerundi perfet havent enaiguat

Participi enaiguat, enaiguada
enaiguats, enaiguades

VARIANTS DIALECTALS

pr ind sing	1 VAL enaigüe; ROSS enaigüi.
pr ind pl	1 i 2 BAL enaiguam, enaiguau.
imperf subj	BAL enaiguàs, enaiguassis (*enaiguasses*), etc.; VAL enaiguara (*enaiguàs*), enaiguares (*enaiguasses*), etc.
imper pl	2 BAL enaiguau.

29 envejar

INDICATIU

Present		Perfet		
envejo		he	envejat	
enveges		has	envejat	
enveja		ha	envejat	
envegem		hem	envejat	
envegeu		heu	envejat	
envegen		han	envejat	

Imperfet		Plusquamperfet		
envejava		havia	envejat	
envejaves		havies	envejat	
envejava		havia	envejat	
envejàvem		havíem	envejat	
envejàveu		havíeu	envejat	
envejaven		havien	envejat	

Passat (simple)		Passat anterior (simple)		
envegí		haguí	envejat	
envejares		hagueres	envejat	
envejà		hagué	envejat	
envejàrem		haguérem	envejat	
envejàreu		haguéreu	envejat	
envejaren		hagueren	envejat	

Passat (perifràstic)		Passat anterior (perifràstic)		
vaig	envejar	vaig	haver	envejat
vas (*vares*)	envejar	vas (*vares*)	haver	envejat
va	envejar	va	haver	envejat
vam (*vàrem*)	envejar	vam (*vàrem*)	haver	envejat
vau (*vàreu*)	envejar	vau (*vàreu*)	haver	envejat
van (*varen*)	envejar	van (*varen*)	haver	envejat

Futur		Futur perfet		
envejaré		hauré	envejat	
envejaràs		hauràs	envejat	
envejarà		haurà	envejat	
envejarem		haurem	envejat	
envejareu		haureu	envejat	
envejaran		hauran	envejat	

Condicional		Condicional perfet		
envejaria		hauria (*haguera*)		envejat
envejaries		hauries (*hagueres*)		envejat
envejaria		hauria (*haguera*)		envejat
envejaríem		hauríem (*haguérem*)		envejat
envejaríeu		hauríeu (*haguéreu*)		envejat
envejarien		haurien (*hagueren*)		envejat

SUBJUNTIU

Present
envegi (*envege*)
envegis (*enveges*)
envegi (*envege*)
envegem
envegeu
envegin (*envegen*)

Imperfet
envegés
envegessis (*envegesses*)
envegés
envegéssim (*envegéssem*)
envegéssiu (*envegésseu*)
envegessin (*envegessen*)

Passat (perifràstic)
vagi (*vaja*) envejar
vagis (*vages*) envejar
vagi (*vaja*) envejar
vàgim (*vàgem*) envejar
vàgiu (*vàgeu*) envejar
vagin (*vagen*) envejar

Perfet
hagi (*haja*) envejat
hagis (*hages*) envejat
hagi (*haja*) envejat
hàgim (*hàgem*) envejat
hàgiu (*hàgeu*) envejat
hagin (*hagen*) envejat

Plusquamperfet
hagués envejat
haguessis (*haguesses*) envejat
hagués envejat
haguéssim (*haguéssem*) envejat
haguéssiu (*haguésseu*) envejat
haguessin (*haguessen*) envejat

Passat anterior (perifràstic)
vagi (*vaja*) haver envejat
vagis (*vages*) haver envejat
vagi (*vaja*) haver envejat
vàgim (*vàgem*) haver envejat
vàgiu (*vàgeu*) haver envejat
vagin (*vagen*) haver envejat

IMPERATIU

–
enveja
envegi (*envege*)
envegem
envegeu
envegin (*envegen*)

FORMES NO PERSONALS

Infinitiu envejar
Infinitiu perfet haver envejat
Gerundi envejant
Gerundi perfet havent envejat
Participi envejat, envejada
envejats, envejades

VARIANTS DIALECTALS
pr ind sing 1 BAL enveig; VAL envege; ROSS envegi.
pr ind pl 1 i 2 BAL envejam, envejau.
imperf subj BAL envejàs, envejassis (*envejasses*), etc.;
VAL envejara (*envejàs*), envejares (*envejasses*), etc.
imper pl 2 BAL envejau.
☞ Els verbs amb l'infinitiu acabat en **-tjar, -njar** i **-rjar** fan el *pr ind sing* 1 BAL acabat en -tj, -nj i -rj, respectivament: viatj, menj, forj.

30 escriure

INDICATIU

Present		Perfet	
escric		he	escrit
escrius		has	escrit
escriu		ha	escrit
escrivim		hem	escrit
escriviu		heu	escrit
escriuen		han	escrit

Imperfet	Plusquamperfet	
escrivia	havia	escrit
escrivies	havies	escrit
escrivia	havia	escrit
escrivíem	havíem	escrit
escrivíeu	havíeu	escrit
escrivien	havien	escrit

Passat (simple)	Passat anterior (simple)	
escriví (*escriguí*)	haguí	escrit
escrivires (*escrigueres*)	hagueres	escrit
escriví (*escrigué*)	hagué	escrit
escrivírem (*escriguérem*)	haguérem	escrit
escrivíreu (*escriguéreu*)	haguéreu	escrit
escriviren (*escrigueren*)	hagueren	escrit

Passat (perifràstic)		Passat anterior (perifràstic)		
vaig	escriure	vaig	haver	escrit
vas (*vares*)	escriure	vas (*vares*)	haver	escrit
va	escriure	va	haver	escrit
vam (*vàrem*)	escriure	vam (*vàrem*)	haver	escrit
vau (*vàreu*)	escriure	vau (*vàreu*)	haver	escrit
van (*varen*)	escriure	van (*varen*)	haver	escrit

Futur	Futur perfet	
escriuré	hauré	escrit
escriuràs	hauràs	escrit
escriurà	haurà	escrit
escriurem	haurem	escrit
escriureu	haureu	escrit
escriuran	hauran	escrit

Condicional	Condicional perfet	
escriuria	hauria (*haguera*)	escrit
escriuries	hauries (*hagueres*)	escrit
escriuria	hauria (*haguera*)	escrit
escriuríem	hauríem (*haguérem*)	escrit
escriuríeu	hauríeu (*haguéreu*)	escrit
escriurien	haurien (*hagueren*)	escrit

SUBJUNTIU

Present
escrigui (*escriga*)
escriguis (*escrigues*)
escrigui (*escriga*)
escriguem
escrigueu
escriguin (*escriguen*)

Imperfet (1)
escrivís
escrivissis (*escrivisses*)
escrivís
escrivíssim (*escrivíssem*)
escrivíssiu (*escrivísseu*)
escrivissin (*escrivissen*)

Imperfet (2)
escrigués
escriguessis (*escriguesses*)
escrigués
escriguéssim (*escriguéssem*)
escriguéssiu (*escriguésseu*)
escriguessin (*escriguessen*)

Passat (perifràstic)
vagi (*vaja*) escriure
vagis (*vages*) escriure
vagi (*vaja*) escriure
vàgim (*vàgem*) escriure
vàgiu (*vàgeu*) escriure
vagin (*vagen*) escriure

Perfet
hagi (*haja*) escrit
hagis (*hages*) escrit
hagi (*haja*) escrit
hàgim (*hàgem*) escrit
hàgiu (*hàgeu*) escrit
hagin (*hagen*) escrit

Plusquamperfet
hagués escrit
haguessis (*haguesses*) escrit
hagués escrit
haguéssim (*haguéssem*) escrit
haguéssiu (*haguésseu*) escrit
haguessin (*haguessen*) escrit

Passat anterior (perifràstic)
vagi (*vaja*) haver escrit
vagis (*vages*) haver escrit
vagi (*vaja*) haver escrit
vàgim (*vàgem*) haver escrit
vàgiu (*vàgeu*) haver escrit
vagin (*vagen*) haver escrit

FORMES NO PERSONALS

Infinitiu escriure
Infinitiu perfet haver escrit

Gerundi escrivint
Gerundi perfet havent escrit

Participi escrit, escrita
escrits, escrites

IMPERATIU

–
escriu
escrigui (*escriga*)
escriguem
escriviu
escriguin (*escriguen*)

VARIANTS DIALECTALS
imperf subj VAL escriguera, escrigueres, etc.

31 esglaiar

INDICATIU

Present
esglaio
esglaies
esglaia
esglaiem
esglaieu
esglaien

Imperfet
esglaiava
esglaiaves
esglaiava
esglaiàvem
esglaiàveu
esglaiaven

Passat (simple)
esglaí
esglaiares
esglaià
esglaiàrem
esglaiàreu
esglaiaren

Passat (perifràstic)
vaig	esglaiar
vas (*vares*)	esglaiar
va	esglaiar
vam (*vàrem*)	esglaiar
vau (*vàreu*)	esglaiar
van (*varen*)	esglaiar

Futur
esglaiaré
esglaiaràs
esglaiarà
esglaiarem
esglaiareu
esglaiaran

Condicional
esglaiaria
esglaiaries
esglaiaria
esglaiaríem
esglaiaríeu
esglaiarien

Perfet
he	esglaiat
has	esglaiat
ha	esglaiat
hem	esglaiat
heu	esglaiat
han	esglaiat

Plusquamperfet
havia	esglaiat
havies	esglaiat
havia	esglaiat
havíem	esglaiat
havíeu	esglaiat
havien	esglaiat

Passat anterior (simple)
haguí	esglaiat
hagueres	esglaiat
hagué	esglaiat
haguérem	esglaiat
haguéreu	esglaiat
hagueren	esglaiat

Passat anterior (perifràstic)
vaig	haver	esglaiat
vas (*vares*)	haver	esglaiat
va	haver	esglaiat
vam (*vàrem*)	haver	esglaiat
vau (*vàreu*)	haver	esglaiat
van (*varen*)	haver	esglaiat

Futur perfet
hauré	esglaiat
hauràs	esglaiat
haurà	esglaiat
haurem	esglaiat
haureu	esglaiat
hauran	esglaiat

Condicional perfet
hauria (*haguera*)	esglaiat
hauries (*hagueres*)	esglaiat
hauria (*haguera*)	esglaiat
hauríem (*haguérem*)	esglaiat
hauríeu (*haguéreu*)	esglaiat
haurien (*hagueren*)	esglaiat

SUBJUNTIU

Present
esglaï (*esglaie*)
esglaïs (*esglaies*)
esglaï (*esglaie*)
esglaiem
esglaieu
esglaïn (*esglaien*)

Imperfet
esglaiés
esglaiessis (*esglaiesses*)
esglaiés
esglaiéssim (*esglaiéssem*)
esglaiéssiu (*esglaiésseu*)
esglaiessin (*esglaiessen*)

Passat (perifràstic)
vagi (*vaja*) esglaiar
vagis (*vages*) esglaiar
vagi (*vaja*) esglaiar
vàgim (*vàgem*) esglaiar
vàgiu (*vàgeu*) esglaiar
vagin (*vagen*) esglaiar

Perfet
hagi (*haja*) esglaiat
hagis (*hages*) esglaiat
hagi (*haja*) esglaiat
hàgim (*hàgem*) esglaiat
hàgiu (*hàgeu*) esglaiat
hagin (*hagen*) esglaiat

Plusquamperfet
hagués esglaiat
haguessis (*haguesses*) esglaiat
hagués esglaiat
haguéssim (*haguéssem*) esglaiat
haguéssiu (*haguésseu*) esglaiat
haguessin (*haguessen*) esglaiat

Passat anterior (perifràstic)
vagi (*vaja*) haver esglaiat
vagis (*vages*) haver esglaiat
vagi (*vaja*) haver esglaiat
vàgim (*vàgem*) haver esglaiat
vàgiu (*vàgeu*) haver esglaiat
vagin (*vagen*) haver esglaiat

IMPERATIU

–
esglaia
esglaï (*esglaie*)
esglaiem
esglaieu
esglaïn (*esglaien*)

FORMES NO PERSONALS

Infinitiu esglaiar
Infinitiu perfet haver esglaiat
Gerundi esglaiant
Gerundi perfet havent esglaiat
Participi esglaiat, esglaiada
esglaiat, esglaiades

VARIANTS DIALECTALS
pr ind sing 1 BAL esglai; VAL esglaie; ROSS esglaï.
pr ind pl 1 i 2 BAL esglaiam, esglaiau.
imperf subj BAL esglaiàs, esglaiassis (*esglaiasses*), etc.;
VAL esglaiara (*esglaiàs*), esglaiares (*esglaiasses*), etc.
imper pl 2 BAL esglaiau.

32 ésser (ser)

INDICATIU

Present		**Perfet**		
sóc		he	estat	
ets		has	estat	
és		ha	estat	
som		hem	estat	
sou		heu	estat	
són		han	estat	
Imperfet		**Plusquamperfet**		
era		havia	estat	
eres		havies	estat	
era		havia	estat	
érem		havíem	estat	
éreu		havíeu	estat	
eren		havien	estat	
Passat (simple)		**Passat anterior (simple)**		
fui		haguí	estat	
fores		hagueres	estat	
fou		hagué	estat	
fórem		haguérem	estat	
fóreu		haguéreu	estat	
foren		hagueren	estat	
Passat (perifràstic)		**Passat anterior (perifràstic)**		
vaig	ésser	vaig	haver	estat
vas (*vares*)	ésser	vas (*vares*)	haver	estat
va	ésser	va	haver	estat
vam (*vàrem*)	ésser	vam (*vàrem*)	haver	estat
vau (*vàreu*)	ésser	vau (*vàreu*)	haver	estat
van (*varen*)	ésser	van (*varen*)	haver	estat
Futur		**Futur perfet**		
seré		hauré	estat	
seràs		hauràs	estat	
serà		haurà	estat	
serem		haurem	estat	
sereu		haureu	estat	
seran		hauran	estat	
Condicional		**Condicional perfet**		
seria (*fóra*)		hauria (*haguera*)	estat	
series (*fores*)		hauries (*hagueres*)	estat	
seria (*fóra*)		hauria (*haguera*)	estat	
seríem (*fórem*)		hauríem (*haguérem*)	estat	
seríeu (*fóreu*)		hauríeu (*haguéreu*)	estat	
serien (*foren*)		haurien (*hagueren*)	estat	

SUBJUNTIU

Present
sigui (*siga*)
siguis (*sigues*)
sigui (*siga*)
siguem
sigueu
siguin (*siguen*)

Imperfet
fos
fossis (*fosses*)
fos
fóssim (*fóssem*)
fóssiu (*fósseu*)
fossin (*fossen*)

Passat (perifràstic)
vagi (*vaja*) ésser
vagis (*vages*) ésser
vagi (*vaja*) ésser
vàgim (*vàgem*) ésser
vàgiu (*vàgeu*) ésser
vagin (*vagen*) ésser

Perfet
hagi (*haja*) estat
hagis (*hages*) estat
hagi (*haja*) estat
hàgim (*hàgem*) estat
hàgiu (*hàgeu*) estat
hagin (*hagen*) estat

Plusquamperfet
hagués estat
haguessis (*haguesses*) estat
hagués estat
haguéssim (*haguéssem*) estat
haguéssiu (*haguésseu*) estat
haguessin (*haguessen*) estat

Passat anterior (perifràstic)
vagi (*vaja*) haver estat
vagis (*vages*) haver estat
vagi (*vaja*) haver estat
vàgim (*vàgem*) haver estat
vàgiu (*vàgeu*) haver estat
vagin (*vagen*) haver estat

IMPERATIU

–
sigues
sigui (*siga*)
siguem
sigueu
siguin (*siguen*)

FORMES NO PERSONALS

Infinitiu ésser (*ser*)
Infinitiu perfet haver estat

Gerundi estant
Gerundi perfet havent estat

Participi estat (*sigut, set*)
estada (*siguda, seta*)
estats (*siguts, sets*)
estades (*sigudes, setes*)

VARIANTS DIALECTALS

pr ind sing	1 BAL som;
	2 VAL [*col·loquial*] eres.
imperf subj	VAL fóra, fores, fóra, fórem, fóreu, foren.
infinitiu	BAL esser.

33 estar

INDICATIU

Present		Perfet		
estic		he	estat	
estàs		has	estat	
està		ha	estat	
estem		hem	estat	
esteu		heu	estat	
estan		han	estat	

Imperfet		Plusquamperfet		
estava		havia	estat	
estaves		havies	estat	
estava		havia	estat	
estàvem		havíem	estat	
estàveu		havíeu	estat	
estaven		havien	estat	

Passat (simple)		Passat anterior (simple)		
estiguí		haguí	estat	
estigueres		hagueres	estat	
estigué		hagué	estat	
estiguérem		haguérem	estat	
estiguéreu		haguéreu	estat	
estigueren		hagueren	estat	

Passat (perifràstic)		Passat anterior (perifràstic)		
vaig	estar	vaig	haver	estat
vas (*vares*)	estar	vas (*vares*)	haver	estat
va	estar	va	haver	estat
vam (*vàrem*)	estar	vam (*vàrem*)	haver	estat
vau (*vàreu*)	estar	vau (*vàreu*)	haver	estat
van (*varen*)	estar	van (*varen*)	haver	estat

Futur		Futur perfet		
estaré		hauré	estat	
estaràs		hauràs	estat	
estarà		haurà	estat	
estarem		haurem	estat	
estareu		haureu	estat	
estaran		hauran	estat	

Condicional		Condicional perfet		
estaria		hauria (*haguera*)		estat
estaries		hauries (*hagueres*)		estat
estaria		hauria (*haguera*)		estat
estaríem		hauríem (*haguérem*)		estat
estaríeu		hauríeu (*haguéreu*)		estat
estarien		haurien (*hagueren*)		estat

SUBJUNTIU

Present	**Perfet**
estigui (*estiga*)	hagi (*haja*) estat
estiguis (*estigues*)	hagis (*hages*) estat
estigui (*estiga*)	hagi (*haja*) estat
estiguem	hàgim (*hàgem*) estat
estigueu	hàgiu (*hàgeu*) estat
estiguin (*estiguen*)	hagin (*hagen*) estat

Imperfet	**Plusquamperfet**
estigués	hagués estat
estiguessis (*estiguesses*)	haguessis (*haguesses*) estat
estigués	hagués estat
estiguéssim (*estiguéssem*)	haguéssim (*haguéssem*) estat
estiguéssiu (*estiguésseu*)	haguéssiu (*haguésseu*) estat
estiguessin (*estiguessen*)	haguessin (*haguessen*) estat

Passat (perifràstic)	**Passat anterior (perifràstic)**
vagi (*vaja*) estar	vagi (*vaja*) haver estat
vagis (*vages*) estar	vagis (*vages*) haver estat
vagi (*vaja*) estar	vagi (*vaja*) haver estat
vàgim (*vàgem*) estar	vàgim (*vàgem*) haver estat
vàgiu (*vàgeu*) estar	vàgiu (*vàgeu*) haver estat
vagin (*vagen*) estar	vagin (*vagen*) haver estat

IMPERATIU

–
estigues
estigui (*estiga*)
estiguem
estigueu
estiguin (*estiguen*)

FORMES NO PERSONALS

Infinitiu estar
Infinitiu perfet haver estat
Gerundi estant
Gerundi perfet havent estat
Participi estat, estada
estats, estades

VARIANTS DIALECTALS

pr ind pl 1 i 2 BAL estam, estau.
imperf subj VAL estiguera, estigueres, etc.
imper sing 2 BAL està.
imper pl 2 BAL estau.

34 evacuar

INDICATIU

Present		Perfet		
evacuo		he	evacuat	
evacues		has	evacuat	
evacua		ha	evacuat	
evacuem		hem	evacuat	
evacueu		heu	evacuat	
evacuen		han	evacuat	
Imperfet		**Plusquamperfet**		
evacuava		havia	evacuat	
evacuaves		havies	evacuat	
evacuava		havia	evacuat	
evacuàvem		havíem	evacuat	
evacuàveu		havíeu	evacuat	
evacuaven		havien	evacuat	
Passat (simple)		**Passat anterior (simple)**		
evacuí		haguí	evacuat	
evacuares		hagueres	evacuat	
evacuà		hagué	evacuat	
evacuàrem		haguérem	evacuat	
evacuàreu		haguéreu	evacuat	
evacuaren		hagueren	evacuat	
Passat (perifràstic)		**Passat anterior (perifràstic)**		
vaig	evacuar	vaig	haver	evacuat
vas (*vares*)	evacuar	vas (*vares*)	haver	evacuat
va	evacuar	va	haver	evacuat
vam (*vàrem*)	evacuar	vam (*vàrem*)	haver	evacuat
vau (*vàreu*)	evacuar	vau (*vàreu*)	haver	evacuat
van (*varen*)	evacuar	van (*varen*)	haver	evacuat
Futur		**Futur perfet**		
evacuaré		hauré	evacuat	
evacuaràs		hauràs	evacuat	
evacuarà		haurà	evacuat	
evacuarem		haurem	evacuat	
evacuareu		haureu	evacuat	
evacuaran		hauran	evacuat	
Condicional		**Condicional perfet**		
evacuaria		hauria (*haguera*)		evacuat
evacuaries		hauries (*hagueres*)		evacuat
evacuaria		hauria (*haguera*)		evacuat
evacuaríem		hauríem (*haguérem*)		evacuat
evacuaríeu		hauríeu (*haguéreu*)		evacuat
evacuarien		haurien (*hagueren*)		evacuat

SUBJUNTIU

Present
evacuï (*evacue*)
evacuïs (*evacues*)
evacuï (*evacue*)
evacuem
evacueu
evacuïn (*evacuen*)

Perfet
hagi (*haja*) evacuat
hagis (*hages*) evacuat
hagi (*haja*) evacuat
hàgim (*hàgem*) evacuat
hàgiu (*hàgeu*) evacuat
hagin (*hagen*) evacuat

Imperfet
evacués
evacuessis (*evacuesses*)
evacués
evacuéssim (*evacuéssem*)
evacuéssiu (*evacuésseu*)
evacuessin (*evacuessen*)

Plusquamperfet
hagués evacuat
haguessis (*haguesses*) evacuat
hagués evacuat
haguéssim (*haguéssem*) evacuat
haguéssiu (*haguésseu*) evacuat
haguessin (*haguessen*) evacuat

Passat (perifràstic)
vagi (*vaja*) evacuar
vagis (*vages*) evacuar
vagi (*vaja*) evacuar
vàgim (*vàgem*) evacuar
vàgiu (*vàgeu*) evacuar
vagin (*vagen*) evacuar

Passat anterior (perifràstic)
vagi (*vaja*) haver evacuat
vagis (*vages*) haver evacuat
vagi (*vaja*) haver evacuat
vàgim (*vàgem*) haver evacuat
vàgiu (*vàgeu*) haver evacuat
vagin (*vagen*) haver evacuat

IMPERATIU

–
evacua
evacuï (*evacue*)
evacuem
evacueu
evacuïn (*evacuen*)

FORMES NO PERSONALS

Infinitiu evacuar
Infinitiu perfet haver evacuat
Gerundi evacuant
Gerundi perfet havent evacuat
Participi evacuat, evacuada
evacuats, evacuades

VARIANTS DIALECTALS

pr ind sing 1 BAL evacuu; VAL evacue; ROSS evacuï.
pr ind pl 1 i 2 BAL evacuam, evacuau.
imperf subj BAL evacuàs, evacuassis (*evacuasses*), etc.;
VAL evacuara (*evacuàs*), evacuares (*evacuasses*), etc.
imper pl 2 BAL evacuau.

35 fer

INDICATIU

Present		Perfet		
faig		he	fet	
fas		has	fet	
fa		ha	fet	
fem		hem	fet	
feu		heu	fet	
fan		han	fet	

Imperfet		Plusquamperfet		
feia		havia	fet	
feies		havies	fet	
feia		havia	fet	
fèiem		havíem	fet	
fèieu		havíeu	fet	
feien		havien	fet	

Passat (simple)		Passat anterior (simple)		
fiu		haguí	fet	
feres		hagueres	fet	
féu		hagué	fet	
férem		haguérem	fet	
féreu		haguéreu	fet	
feren		hagueren	fet	

Passat (perifràstic)		Passat anterior (perifràstic)		
vaig	fer	vaig	haver	fet
vas (*vares*)	fer	vas (*vares*)	haver	fet
va	fer	va	haver	fet
vam (*vàrem*)	fer	vam (*vàrem*)	haver	fet
vau (*vàreu*)	fer	vau (*vàreu*)	haver	fet
van (*varen*)	fer	van (*varen*)	haver	fet

Futur		Futur perfet		
faré		hauré	fet	
faràs		hauràs	fet	
farà		haurà	fet	
farem		haurem	fet	
fareu		haureu	fet	
faran		hauran	fet	

Condicional		Condicional perfet		
faria		hauria (*haguera*)		fet
faries		hauries (*hagueres*)		fet
faria		hauria (*haguera*)		fet
faríem		hauríem (*haguérem*)		fet
faríeu		hauríeu (*haguéreu*)		fet
farien		haurien (*hagueren*)		fet

SUBJUNTIU

Present	**Perfet**	
faci (*faça*)	hagi (*haja*)	fet
facis (*faces*)	hagis (*hages*)	fet
faci (*faça*)	hagi (*haja*)	fet
fem	hàgim (*hàgem*)	fet
feu	hàgiu (*hàgeu*)	fet
facin (*facen*)	hagin (*hagen*)	fet

Imperfet	**Plusquamperfet**	
fes	hagués	fet
fessis (*fesses*)	haguessis (*haguesses*)	fet
fes	hagués	fet
féssim (*féssem*)	haguéssim (*haguéssem*)	fet
féssiu (*fésseu*)	haguéssiu (*haguésseu*)	fet
fessin (*fessen*)	haguessin (*haguessen*)	fet

Passat (perifràstic)		**Passat anterior (perifràstic)**		
vagi (*vaja*)	fer	vagi (*vaja*)	haver	fet
vagis (*vages*)	fer	vagis (*vages*)	haver	fet
vagi (*vaja*)	fer	vagi (*vaja*)	haver	fet
vàgim (*vàgem*)	fer	vàgim (*vàgem*)	haver	fet
vàgiu (*vàgeu*)	fer	vàgiu (*vàgeu*)	haver	fet
vagin (*vagen*)	fer	vagin (*vagen*)	haver	fet

IMPERATIU

–
fes
faci (*faça*)
fem
feu
facin (*facen*)

FORMES NO PERSONALS

Infinitiu	fer
Infinitiu perfet	haver fet
Gerundi	fent
Gerundi perfet	havent fet
Participi	fet, feta fets, fetes

VARIANTS DIALECTALS

pr ind sing	1 BAL faç.
pr ind pl	1 i 2 BAL feim, feis.
pr subj pl	1 i 2 BAL facem, faceu.
imperf subj	VAL fera, feres, etc.
imper sing	2 BAL fé.
imper pl	1 i 2 BAL facem, feis.

36 fondre

INDICATIU

Present		Perfet		
fonc		he	fos	
fons		has	fos	
fon		ha	fos	
fonem		hem	fos	
foneu		heu	fos	
fonen		han	fos	
Imperfet		**Plusquamperfet**		
fonia		havia	fos	
fonies		havies	fos	
fonia		havia	fos	
foníem		havíem	fos	
foníeu		havíeu	fos	
fonien		havien	fos	
Passat (simple)		**Passat anterior (simple)**		
fonguí		haguí	fos	
fongueres		hagueres	fos	
fongué		hagué	fos	
fonguérem		haguérem	fos	
fonguéreu		haguéreu	fos	
fongueren		hagueren	fos	
Passat (perifràstic)		**Passat anterior (perifràstic)**		
vaig	fondre	vaig	haver	fos
vas (*vares*)	fondre	vas (*vares*)	haver	fos
va	fondre	va	haver	fos
vam (*vàrem*)	fondre	vam (*vàrem*)	haver	fos
vau (*vàreu*)	fondre	vau (*vàreu*)	haver	fos
van (*varen*)	fondre	van (*varen*)	haver	fos
Futur		**Futur perfet**		
fondré		hauré	fos	
fondràs		hauràs	fos	
fondrà		haurà	fos	
fondrem		haurem	fos	
fondreu		haureu	fos	
fondran		hauran	fos	
Condicional		**Condicional perfet**		
fondria		hauria (*haguera*)	fos	
fondries		hauries (*hagueres*)	fos	
fondria		hauria (*haguera*)	fos	
fondríem		hauríem (*haguérem*)	fos	
fondríeu		hauríeu (*haguéreu*)	fos	
fondrien		haurien (*hagueren*)	fos	

SUBJUNTIU

Present
fongui (*fonga*)
fonguis (*fongues*)
fongui (*fonga*)
fonguem
fongueu
fonguin (*fonguen*)

Imperfet
fongués
fonguessis (*fonguesses*)
fongués
fonguéssim (*fonguéssem*)
fonguéssiu (*fonguésseu*)
fonguessin (*fonguessen*)

Passat (perifràstic)
vagi (*vaja*) fondre
vagis (*vages*) fondre
vagi (*vaja*) fondre
vàgim (*vàgem*) fondre
vàgiu (*vàgeu*) fondre
vagin (*vagen*) fondre

Perfet
hagi (*haja*) fos
hagis (*hages*) fos
hagi (*haja*) fos
hàgim (*hàgem*) fos
hàgiu (*hàgeu*) fos
hagin (*hagen*) fos

Plusquamperfet
hagués fos
haguessis (*haguesses*) fos
hagués fos
haguéssim (*haguéssem*) fos
haguéssiu (*haguésseu*) fos
haguessin (*haguessen*) fos

Passat anterior (perifràstic)
vagi (*vaja*) haver fos
vagis (*vages*) haver fos
vagi (*vaja*) haver fos
vàgim (*vàgem*) haver fos
vàgiu (*vàgeu*) haver fos
vagin (*vagen*) haver fos

IMPERATIU

–
fon
fongui (*fonga*)
fonguem
foneu
fonguin (*fonguen*)

FORMES NO PERSONALS

Infinitiu fondre
Infinitiu perfet haver fos
Gerundi fonent
Gerundi perfet havent fos
Participi fos (*fus*)
fosa (*fusa*)
fosos (*fusos*)
foses (*fuses*)

VARIANTS DIALECTALS
imperf subj VAL fonguera, fongueres, etc.

37 fugir

INDICATIU

Present
fujo (*fuig*)
fuges
fuig
fugim
fugiu
fugen

Imperfet
fugia
fugies
fugia
fugíem
fugíeu
fugien

Passat (simple)
fugí
fugires
fugí
fugírem
fugíreu
fugiren

Passat (perifràstic)

vaig	fugir
vas (*vares*)	fugir
va	fugir
vam (*vàrem*)	fugir
vau (*vàreu*)	fugir
van (*varen*)	fugir

Futur
fugiré
fugiràs
fugirà
fugirem
fugireu
fugiran

Condicional
fugiria
fugiries
fugiria
fugiríem
fugiríeu
fugirien

Perfet

he	fugit
has	fugit
ha	fugit
hem	fugit
heu	fugit
han	fugit

Plusquamperfet

havia	fugit
havies	fugit
havia	fugit
havíem	fugit
havíeu	fugit
havien	fugit

Passat anterior (simple)

haguí	fugit
hagueres	fugit
hagué	fugit
haguérem	fugit
haguéreu	fugit
hagueren	fugit

Passat anterior (perifràstic)

vaig	haver	fugit
vas (*vares*)	haver	fugit
va	haver	fugit
vam (*vàrem*)	haver	fugit
vau (*vàreu*)	haver	fugit
van (*varen*)	haver	fugit

Futur perfet

hauré	fugit
hauràs	fugit
haurà	fugit
haurem	fugit
haureu	fugit
hauran	fugit

Condicional perfet

hauria (*haguera*)	fugit
hauries (*hagueres*)	fugit
hauria (*haguera*)	fugit
hauríem (*haguérem*)	fugit
hauríeu (*haguéreu*)	fugit
haurien (*hagueren*)	fugit

SUBJUNTIU

Present	Perfet	
fugi (*fuja*)	hagi (*haja*)	fugit
fugis (*fuges*)	hagis (*hages*)	fugit
fugi (*fuja*)	hagi (*haja*)	fugit
fugim	hàgim (*hàgem*)	fugit
fugiu	hàgiu (*hàgeu*)	fugit
fugin (*fugen*)	hagin (*hagen*)	fugit

Imperfet	Plusquamperfet	
fugís	hagués	fugit
fugissis (*fugisses*)	haguessis (*haguesses*)	fugit
fugís	hagués	fugit
fugíssim (*fugíssem*)	haguéssim (*haguéssem*)	fugit
fugíssiu (*fugísseu*)	haguéssiu (*haguésseu*)	fugit
fugissin (*fugissen*)	haguessin (*haguessen*)	fugit

Passat (perifràstic)		Passat anterior (perifràstic)		
vagi (*vaja*)	fugir	vagi (*vaja*)	haver	fugit
vagis (*vages*)	fugir	vagis (*vages*)	haver	fugit
vagi (*vaja*)	fugir	vagi (*vaja*)	haver	fugit
vàgim (*vàgem*)	fugir	vàgim (*vàgem*)	haver	fugit
vàgiu (*vàgeu*)	fugir	vàgiu (*vàgeu*)	haver	fugit
vagin (*vagen*)	fugir	vagin (*vagen*)	haver	fugit

IMPERATIU

–
fuig
fugi (*fuja*)
fugim
fugiu
fugin (*fugen*)

FORMES NO PERSONALS

Infinitiu	fugir
Infinitiu perfet	haver fugit
Gerundi	fugint
Gerundi perfet	havent fugit
Participi	fugit (*fuit*) fugida (*fuita*) fugits (*fuits*) fugides (*fuites*)

VARIANTS DIALECTALS

pr ind sing	1 ROSS fugi.
pr subj pl	1 i 2 BAL fugiguem, fugigueu.
imperf subj	VAL fugira, fugires, etc.
imper pl	1 BAL fugiguem.

38 haver [auxiliar]

INDICATIU

Present	Perfet	
he (per als temps d'obligació, també *haig*)	he	hagut
has	has	hagut
ha	ha	hagut
hem	hem	hagut
heu	heu	hagut
han	han	hagut

Imperfet	Plusquamperfet	
havia	havia	hagut
havies	havies	hagut
havia	havia	hagut
havíem	havíem	hagut
havíeu	havíeu	hagut
havien	havien	hagut

Passat (simple)	Passat anterior (simple)	
haguí	haguí	hagut
hagueres	hagueres	hagut
hagué	hagué	hagut
haguérem	haguérem	hagut
haguéreu	haguéreu	hagut
hagueren	hagueren	hagut

Passat (perifràstic)		Passat anterior (perifràstic)		
vaig	haver	vaig	haver	hagut
vas (*vares*)	haver	vas (*vares*)	haver	hagut
va	haver	va	haver	hagut
vam (*vàrem*)	haver	vam (*vàrem*)	haver	hagut
vau (*vàreu*)	haver	vau (*vàreu*)	haver	hagut
van (*varen*)	haver	van (*varen*)	haver	hagut

Futur	Futur perfet	
hauré	hauré	hagut
hauràs	hauràs	hagut
haurà	haurà	hagut
haurem	haurem	hagut
haureu	haureu	hagut
hauran	hauran	hagut

Condicional	Condicional perfet	
hauria (*haguera*)	hauria (*haguera*)	hagut
hauries (*hagueres*)	hauries (*hagueres*)	hagut
hauria (*haguera*)	hauria (*haguera*)	hagut
hauríem (*haguérem*)	hauríem (*haguérem*)	hagut
hauríeu (*haguéreu*)	hauríeu (*haguéreu*)	hagut
haurien (*hagueren*)	haurien (*hagueren*)	hagut

SUBJUNTIU

Present
hagi (*haja*)
hagis (*hages*)
hagi (*haja*)
hàgim (*hàgem*)
hàgiu (*hàgeu*)
hagin (*hagen*)

Perfet

hagi (*haja*)	hagut
hagis (*hages*)	hagut
hagi (*haja*)	hagut
hàgim (*hàgem*)	hagut
hàgiu (*hàgeu*)	hagut
hagin (*hagen*)	hagut

Imperfet
hagués
haguessis (*haguesses*)
hagués
haguéssim (*haguéssem*)
haguéssiu (*haguésseu*)
haguessin (*haguessen*)

Plusquamperfet

hagués	hagut
haguessis (*haguesses*)	hagut
hagués	hagut
haguéssim (*haguéssem*)	hagut
haguéssiu (*haguésseu*)	hagut
haguessin (*haguessen*)	hagut

Passat (perifràstic)

vagi (*vaja*)	haver
vagis (*vages*)	haver
vagi (*vaja*)	haver
vàgim (*vàgem*)	haver
vàgiu (*vàgeu*)	haver
vagin (*vagen*)	haver

Passat anterior (perifràstic)

vagi (*vaja*)	haver	hagut
vagis (*vages*)	haver	hagut
vagi (*vaja*)	haver	hagut
vàgim (*vàgem*)	haver	hagut
vàgiu (*vàgeu*)	haver	hagut
vagin (*vagen*)	haver	hagut

IMPERATIU

[no existeix]

FORMES NO PERSONALS

Infinitiu	haver
Infinitiu perfet	haver hagut
Gerundi	havent
Gerundi perfet	havent hagut
Participi	hagut, haguda haguts, hagudes

VARIANTS DIALECTALS
imperf subj VAL haguera, hagueres, etc.

39 heure (haver, haure)

INDICATIU

Present		Perfet	
hec (*hac*)		he	hagut
heus (*haus*)		has	hagut
heu (*hac*)		ha	hagut
havem		hem	hagut
haveu		heu	hagut
heuen (*hauen*)		han	hagut

Imperfet	Plusquamperfet	
havia	havia	hagut
havies	havies	hagut
havia	havia	hagut
havíem	havíem	hagut
havíeu	havíeu	hagut
havien	havien	hagut

Passat (simple)	Passat anterior (simple)	
haguí	haguí	hagut
hagueres	hagueres	hagut
hagué	hagué	hagut
haguérem	haguérem	hagut
haguéreu	haguéreu	hagut
hagueren	hagueren	hagut

Passat (perifràstic)		Passat anterior (perifràstic)		
vaig	haver	vaig	haver	hagut
vas (*vares*)	haver	vas (*vares*)	haver	hagut
va	haver	va	haver	hagut
vam (*vàrem*)	haver	vam (*vàrem*)	haver	hagut
vau (*vàreu*)	haver	vau (*vàreu*)	haver	hagut
van (*varen*)	haver	van (*varen*)	haver	hagut

Futur	Futur perfet	
hauré	hauré	hagut
hauràs	hauràs	hagut
haurà	haurà	hagut
haurem	haurem	hagut
haureu	haureu	hagut
hauran	hauran	hagut

Condicional	Condicional perfet	
hauria	hauria (*haguera*)	hagut
hauries	hauries (*hagueres*)	hagut
hauria	hauria (*haguera*)	hagut
hauríem	hauríem (*haguérem*)	hagut
hauríeu	hauríeu (*haguéreu*)	hagut
haurien	haurien (*hagueren*)	hagut

SUBJUNTIU

Present
hegui (*haga*)
heguis (*hagues*)
hegui (*haga*)
haguem
hagueu
heguin (*haguen*)

Perfet
hagi (*haja*) hagut
hagis (*hages*) hagut
hagi (*haja*) hagut
hàgim (*hàgem*) hagut
hàgiu (*hàgeu*) hagut
hagin (*hagen*) hagut

Imperfet
hagués
haguessis (*haguesses*)
hagués
haguéssim (*haguéssem*)
haguéssiu (*haguésseu*)
haguessin (*haguessen*)

Plusquamperfet
hagués hagut
haguessis (*haguesses*) hagut
hagués hagut
haguéssim (*haguéssem*) hagut
haguéssiu (*haguésseu*) hagut
haguessin (*haguessen*) hagut

Passat (perifràstic)
vagi (*vaja*) haver
vagis (*vages*) haver
vagi (*vaja*) haver
vàgim (*vàgem*) haver
vàgiu (*vàgeu*) haver
vagin (*vagen*) haver

Passat anterior (perifràstic)
vagi (*vaja*) haver hagut
vagis (*vages*) haver hagut
vagi (*vaja*) haver hagut
vàgim (*vàgem*) haver hagut
vàgiu (*vàgeu*) haver hagut
vagin (*vagen*) haver hagut

IMPERATIU

–
heu (*hau*)
hegui (*haga*)
haguem
haveu
heguin (*haguen*)

FORMES NO PERSONALS

Infinitiu heure (*haver, haure*)
Infinitiu perfet haver hagut
Gerundi havent
Gerundi perfet havent hagut
Participi hagut, haguda
haguts, hagudes

VARIANTS DIALECTALS
imperf subj VAL haguera, hagueres, etc.

40 jaure

INDICATIU

Present	Perfet	
jac	he	jagut
jaus	has	jagut
jau	ha	jagut
jaiem	hem	jagut
jaieu	heu	jagut
jauen	han	jagut

Imperfet	Plusquamperfet	
jeia	havia	jagut
jeies	havies	jagut
jeia	havia	jagut
jèiem	havíem	jagut
jèieu	havíeu	jagut
jeien	havien	jagut

Passat (simple)	Passat anterior (simple)	
jaguí	haguí	jagut
jagueres	hagueres	jagut
jagué	hagué	jagut
jaguérem	haguérem	jagut
jaguéreu	haguéreu	jagut
jagueren	hagueren	jagut

Passat (perifràstic)		Passat anterior (perifràstic)		
vaig	jaure	vaig	haver	jagut
vas (*vares*)	jaure	vas (*vares*)	haver	jagut
va	jaure	va	haver	jagut
vam (*vàrem*)	jaure	vam (*vàrem*)	haver	jagut
vau (*vàreu*)	jaure	vau (*vàreu*)	haver	jagut
van (*varen*)	jaure	van (*varen*)	haver	jagut

Futur	Futur perfet	
jauré	hauré	jagut
jauràs	hauràs	jagut
jaurà	haurà	jagut
jaurem	haurem	jagut
jaureu	haureu	jagut
jauran	hauran	jagut

Condicional	Condicional perfet	
jauria	hauria (*haguera*)	jagut
jauries	hauries (*hagueres*)	jagut
jauria	hauria (*haguera*)	jagut
jauríem	hauríem (*haguérem*)	jagut
jauríeu	hauríeu (*haguéreu*)	jagut
jaurien	haurien (*hagueren*)	jagut

SUBJUNTIU

Present
jagui (*jaga*)
jaguis (*jagues*)
jagui (*jaga*)
jaguem
jagueu
jaguin (*jaguen*)

Perfet
hagi (*haja*)	jagut
hagis (*hages*)	jagut
hagi (*haja*)	jagut
hàgim (*hàgem*)	jagut
hàgiu (*hàgeu*)	jagut
hagin (*hagen*)	jagut

Imperfet
jagués
jaguessis (*jaguesses*)
jagués
jaguéssim (*jaguéssem*)
jaguéssiu (*jaguésseu*)
jaguessin (*jaguessen*)

Plusquamperfet
hagués	jagut
haguessis (*haguesses*)	jagut
hagués	jagut
haguéssim (*haguéssem*)	jagut
haguéssiu (*haguésseu*)	jagut
haguessin (*haguessen*)	jagut

Passat (perifràstic)
vagi (*vaja*)	jaure
vagis (*vages*)	jaure
vagi (*vaja*)	jaure
vàgim (*vàgem*)	jaure
vàgiu (*vàgeu*)	jaure
vagin (*vagen*)	jaure

Passat anterior (perifràstic)
vagi (*vaja*)	haver	jagut
vagis (*vages*)	haver	jagut
vagi (*vaja*)	haver	jagut
vàgim (*vàgem*)	haver	jagut
vàgiu (*vàgeu*)	haver	jagut
vagin (*vagen*)	haver	jagut

IMPERATIU

–
jau
jagui (*jaga*)
jaguem
jaieu
jaguin (*jaguen*)

FORMES NO PERSONALS

Infinitiu	jaure
Infinitiu perfet	haver jagut
Gerundi	jaient
Gerundi perfet	havent jagut
Participi[1]	jagut, jaguda jaguts, jagudes

VARIANTS DIALECTALS	
pr ind pl	1 i 2 VAL jaem, jaeu.
imperf subj	VAL jaguera, jagueres, etc.
imper pl	2 VAL jaeu.
gerundi	VAL jaent.

1. **abstraure**, **atraure**, **bestraure**, **contraure**, **distraure**, **extraure**, **retraure**, **retrotraure**, **sostraure** i **traure** fan els participis (i els temps compostos) abstret -a, atret -a, bestret -a, contret -a, distret -a, extret -a, retret -a, retrotret -a, sostret -a i tret -a.

41 jeure

INDICATIU

Present
jec
jeus
jeu
jaiem
jaieu
jeuen

Perfet
he jagut
has jagut
ha jagut
hem jagut
heu jagut
han jagut

Imperfet
jeia
jeies
jeia
jèiem
jèieu
jeien

Plusquamperfet
havia jagut
havies jagut
havia jagut
havíem jagut
havíeu jagut
havien jagut

Passat (simple)
jaguí
jagueres
jagué
jaguérem
jaguéreu
jagueren

Passat anterior (simple)
haguí jagut
hagueres jagut
hagué jagut
haguérem jagut
haguéreu jagut
hagueren jagut

Passat (perifràstic)
vaig jeure
vas (*vares*) jeure
va jeure
vam (*vàrem*) jeure
vau (*vàreu*) jeure
van (*varen*) jeure

Passat anterior (perifràstic)
vaig haver jagut
vas (*vares*) haver jagut
va haver jagut
vam (*vàrem*) haver jagut
vau (*vàreu*) haver jagut
van (*varen*) haver jagut

Futur
jauré
jauràs
jaurà
jaurem
jaureu
jauran

Futur perfet
hauré jagut
hauràs jagut
haurà jagut
haurem jagut
haureu jagut
hauran jagut

Condicional
jauria
jauries
jauria
jauríem
jauríeu
jaurien

Condicional perfet
hauria (*haguera*) jagut
hauries (*hagueres*) jagut
hauria (*haguera*) jagut
hauríem (*haguérem*) jagut
hauríeu (*haguéreu*) jagut
haurien (*hagueren*) jagut

SUBJUNTIU

Present
jegui
jeguis
jegui
jaguem
jagueu
jeguin

Perfet

hagi (*haja*)	jagut
hagis (*hages*)	jagut
hagi (*haja*)	jagut
hàgim (*hàgem*)	jagut
hàgiu (*hàgeu*)	jagut
hagin (*hagen*)	jagut

Imperfet
jagués
jaguessis (*jaguesses*)
jagués
jaguéssim (*jaguéssem*)
jaguéssiu (*jaguésseu*)
jaguessin (*jaguessen*)

Plusquamperfet

hagués	jagut
haguessis (*haguesses*)	jagut
hagués	jagut
haguéssim (*haguéssem*)	jagut
haguéssiu (*haguésseu*)	jagut
haguessin (*haguessen*)	jagut

Passat (perifràstic)

vagi (*vaja*)	jeure
vagis (*vages*)	jeure
vagi (*vaja*)	jeure
vàgim (*vàgem*)	jeure
vàgiu (*vàgeu*)	jeure
vagin (*vagen*)	jeure

Passat anterior (perifràstic)

vagi (*vaja*)	haver	jagut
vagis (*vages*)	haver	jagut
vagi (*vaja*)	haver	jagut
vàgim (*vàgem*)	haver	jagut
vàgiu (*vàgeu*)	haver	jagut
vagin (*vagen*)	haver	jagut

IMPERATIU

–
jeu
jegui
jaguem
jaieu
jeguin

FORMES NO PERSONALS

Infinitiu	jeure
Infinitiu perfet	haver jagut
Gerundi	jaient
Gerundi perfet	havent jagut
Participi[1]	jagut, jaguda jaguts, jagudes

VARIANTS DIALECTALS

pr ind pl	1 i 2 BAL jeim, jeis.
pr subj	BAL jega, jegues, jega, -, -, jeguen.
imper	BAL -, -, jega, -, jeis, jeguen.

1. **abstreure, atreure, bestreure, contreure, distreure, extreure, retreure, retrotreure, sostreure** i **treure** fan els participis (i els temps compostos) abstret -a, atret -a, bestret -a, contret -a, distret -a, extret -a, retret -a, retrotret -a, sostret -a i tret -a.

42 lloar

INDICATIU

Present		Perfet		
lloo		he	lloat	
lloes		has	lloat	
lloa		ha	lloat	
lloem		hem	lloat	
lloeu		heu	lloat	
lloen		han	lloat	
Imperfet		**Plusquamperfet**		
lloava		havia	lloat	
lloaves		havies	lloat	
lloava		havia	lloat	
lloàvem		havíem	lloat	
lloàveu		havíeu	lloat	
lloaven		havien	lloat	
Passat (simple)		**Passat anterior (simple)**		
lloí		haguí	lloat	
lloares		hagueres	lloat	
lloà		hagué	lloat	
lloàrem		haguérem	lloat	
lloàreu		haguéreu	lloat	
lloaren		hagueren	lloat	
Passat (perifràstic)		**Passat anterior (perifràstic)**		
vaig	lloar	vaig	haver	lloat
vas (*vares*)	lloar	vas (*vares*)	haver	lloat
va	lloar	va	haver	lloat
vam (*vàrem*)	lloar	vam (*vàrem*)	haver	lloat
vau (*vàreu*)	lloar	vau (*vàreu*)	haver	lloat
van (*varen*)	lloar	van (*varen*)	haver	lloat
Futur		**Futur perfet**		
lloaré		hauré	lloat	
lloaràs		hauràs	lloat	
lloarà		haurà	lloat	
lloarem		haurem	lloat	
lloareu		haureu	lloat	
lloaran		hauran	lloat	
Condicional		**Condicional perfet**		
lloaria		hauria (*haguera*)		lloat
lloaries		hauries (*hagueres*)		lloat
lloaria		hauria (*haguera*)		lloat
lloaríem		hauríem (*haguérem*)		lloat
lloaríeu		hauríeu (*haguéreu*)		lloat
lloarien		haurien (*hagueren*)		lloat

SUBJUNTIU

Present

lloï (*lloe*)
lloïs (*lloes*)
lloï (*lloe*)
lloem
lloeu
lloïn (*lloen*)

Perfet

hagi (*haja*)	lloat
hagis (*hages*)	lloat
hagi (*haja*)	lloat
hàgim (*hàgem*)	lloat
hàgiu (*hàgeu*)	lloat
hagin (*hagen*)	lloat

Imperfet

lloés
lloessis (*lloesses*)
lloés
lloéssim (*lloéssem*)
lloéssiu (*lloésseu*)
lloessin (*lloessen*)

Plusquamperfet

hagués	lloat
haguessis (*haguesses*)	lloat
hagués	lloat
haguéssim (*haguéssem*)	lloat
haguéssiu (*haguésseu*)	lloat
haguessin (*haguessen*)	lloat

Passat (perifràstic)

vagi (*vaja*)	lloar
vagis (*vages*)	lloar
vagi (*vaja*)	lloar
vàgim (*vàgem*)	lloar
vàgiu (*vàgeu*)	lloar
vagin (*vagen*)	lloar

Passat anterior (perifràstic)

vagi (*vaja*)	haver	lloat
vagis (*vages*)	haver	lloat
vagi (*vaja*)	haver	lloat
vàgim (*vàgem*)	haver	lloat
vàgiu (*vàgeu*)	haver	lloat
vagin (*vagen*)	haver	lloat

IMPERATIU

–
lloa
lloï (*lloc*)
lloem
lloeu
lloïn (*lloen*)

FORMES NO PERSONALS

Infinitiu	lloar
Infinitiu perfet	haver lloat
Gerundi	lloant
Gerundi perfet	havent lloat
Participi	lloat, lloada lloats, lloades

VARIANTS DIALECTALS

pr ind sing	1 BAL llou; VAL lloe; ROSS lloï.
pr ind pl	1 i 2 BAL lloam, lloau.
imperf subj	BAL lloàs, lloassis (*lloasses*), etc.; VAL lloara (*lloàs*), lloares (*lloasses*), etc.
imper pl	2 BAL lloau.

43 nàixer

INDICATIU

Present	Perfet	
naixo	he	nascut
naixes	has	nascut
naix	ha	nascut
naixem	hem	nascut
naixeu	heu	nascut
naixen	han	nascut

Imperfet	Plusquamperfet	
naixia	havia	nascut
naixies	havies	nascut
naixia	havia	nascut
naixíem	havíem	nascut
naixíeu	havíeu	nascut
naixien	havien	nascut

Passat (simple)	Passat anterior (simple)	
nasquí	haguí	nascut
nasqueres	hagueres	nascut
nasqué	hagué	nascut
nasquérem	haguérem	nascut
nasquéreu	haguéreu	nascut
nasqueren	hagueren	nascut

Passat (perifràstic)		Passat anterior (perifràstic)		
vaig	nàixer	vaig	haver	nascut
vas (*vares*)	nàixer	vas (*vares*)	haver	nascut
va	nàixer	va	haver	nascut
vam (*vàrem*)	nàixer	vam (*vàrem*)	haver	nascut
vau (*vàreu*)	nàixer	vau (*vàreu*)	haver	nascut
van (*varen*)	nàixer	van (*varen*)	haver	nascut

Futur	Futur perfet	
naixeré	hauré	nascut
naixeràs	hauràs	nascut
naixerà	haurà	nascut
naixerem	haurem	nascut
naixereu	haureu	nascut
naixeran	hauran	nascut

Condicional	Condicional perfet	
naixeria	hauria (*haguera*)	nascut
naixeries	hauries (*hagueres*)	nascut
naixeria	hauria (*haguera*)	nascut
naixeríem	hauríem (*haguérem*)	nascut
naixeríeu	hauríeu (*haguéreu*)	nascut
naixerien	haurien (*hagueren*)	nascut

SUBJUNTIU

Present
nasca
nasques
nasca
nasquem
nasqueu
nasquen

Perfet
hagi (*haja*) nascut
hagis (*hages*) nascut
hagi (*haja*) nascut
hàgim (*hàgem*) nascut
hàgiu (*hàgeu*) nascut
hagin (*hagen*) nascut

Imperfet
nasqués
nasquessis (*nasquesses*)
nasqués
nasquéssim (*nasquéssem*)
nasquéssiu (*nasquésseu*)
nasquessin (*nasquessen*)

Plusquamperfet
hagués nascut
haguessis (*haguesses*) nascut
hagués nascut
haguéssim (*haguéssem*) nascut
haguéssiu (*haguésseu*) nascut
haguessin (*haguessen*) nascut

Passat (perifràstic)
vagi (*vaja*) nàixer
vagis (*vages*) nàixer
vagi (*vaja*) nàixer
vàgim (*vàgem*) nàixer
vàgiu (*vàgeu*) nàixer
vagin (*vagen*) nàixer

Passat anterior (perifràstic)
vagi (*vaja*) haver nascut
vagis (*vages*) haver nascut
vagi (*vaja*) haver nascut
vàgim (*vàgem*) haver nascut
vàgiu (*vàgeu*) haver nascut
vagin (*vagen*) haver nascut

IMPERATIU

–
naix
nasca
nasquem
naixeu
nasquen

FORMES NO PERSONALS

Infinitiu nàixer
Infinitiu perfet haver nascut
Gerundi naixent
Gerundi perfet havent nascut
Participi nascut, nascuda
nascuts, nascudes

VARIANTS DIALECTALS
pr ind sing 1 VAL nasc.
pr subj sing 1 N-O naixa.
imperf subj VAL nasquera, nasqueres, etc.

44 néixer

INDICATIU

Present		Perfet		
neixo		he	nascut	
neixes		has	nascut	
neix		ha	nascut	
naixem		hem	nascut	
naixeu		heu	nascut	
neixen		han	nascut	
Imperfet		**Plusquamperfet**		
naixia		havia	nascut	
naixies		havies	nascut	
naixia		havia	nascut	
naixíem		havíem	nascut	
naixíeu		havíeu	nascut	
naixien		havien	nascut	
Passat (simple)		**Passat anterior (simple)**		
naixí (*nasquí*)		haguí	nascut	
naixeres (*nasqueres*)		hagueres	nascut	
naixé (*nasqué*)		hagué	nascut	
naixérem (*nasquérem*)		haguérem	nascut	
naixéreu (*nasquéreu*)		haguéreu	nascut	
naixeren (*nasqueren*)		hagueren	nascut	
Passat (perifràstic)		**Passat anterior (perifràstic)**		
vaig	néixer	vaig	haver	nascut
vas (*vares*)	néixer	vas (*vares*)	haver	nascut
va	néixer	va	haver	nascut
vam (*vàrem*)	néixer	vam (*vàrem*)	haver	nascut
vau (*vàreu*)	néixer	vau (*vàreu*)	haver	nascut
van (*varen*)	néixer	van (*varen*)	haver	nascut
Futur		**Futur perfet**		
naixeré		hauré	nascut	
naixeràs		hauràs	nascut	
naixerà		haurà	nascut	
naixerem		haurem	nascut	
naixereu		haureu	nascut	
naixeran		hauran	nascut	
Condicional		**Condicional perfet**		
naixeria		hauria (*haguera*)		nascut
naixeries		hauries (*hagueres*)		nascut
naixeria		hauria (*haguera*)		nascut
naixeríem		hauríem (*haguérem*)		nascut
naixeríeu		hauríeu (*haguéreu*)		nascut
naixerien		haurien (*hagueren*)		nascut

SUBJUNTIU

Present
neixi
neixis
neixi
naixem
naixeu
neixin

Imperfet (1)
naixés
naixessis (*naixesses*)
naixés
naixéssim (*naixéssem*)
naixéssiu (*naixésseu*)
naixessin (*naixessen*)

Imperfet (2)
nasqués
nasquessis (*nasquesses*)
nasqués
nasquéssim (*nasquéssem*)
nasquéssiu (*nasquésseu*)
nasquessin (*nasquessen*)

Passat (perifràstic)
vagi (*vaja*) néixer
vagis (*vages*) néixer
vagi (*vaja*) néixer
vàgim (*vàgem*) néixer
vàgiu (*vàgeu*) néixer
vagin (*vagen*) néixer

Perfet
hagi (*haja*) nascut
hagis (*hages*) nascut
hagi (*haja*) nascut
hàgim (*hàgem*) nascut
hàgiu (*hàgeu*) nascut
hagin (*hagen*) nascut

Plusquamperfet
hagués nascut
haguessis (*haguesses*) nascut
hagués nascut
haguéssim (*haguéssem*) nascut
haguéssiu (*haguésseu*) nascut
haguessin (*haguessen*) nascut

Passat anterior (perifràstic)
vagi (*vaja*) haver nascut
vagis (*vages*) haver nascut
vagi (*vaja*) haver nascut
vàgim (*vàgem*) haver nascut
vàgiu (*vàgeu*) haver nascut
vagin (*vagen*) haver nascut

IMPERATIU

–
neix
neixi
naixem
naixeu
neixin

FORMES NO PERSONALS

Infinitiu néixer
Infinitiu perfet haver nascut

Gerundi naixent
Gerundi perfet havent nascut

Participi nascut, nascuda
nascuts, nascudes

VARIANTS DIALECTALS
pr ind sing 1 BAL nesc (*neix*).
pr subj BAL nesqui, nesquis, nesqui, -, -, nesquin.

45 obrir

INDICATIU

Present
obro
obres
obre
obrim
obriu
obren

Perfet
he obert
has obert
ha obert
hem obert
heu obert
han obert

Imperfet
obria
obries
obria
obríem
obríeu
obrien

Plusquamperfet
havia obert
havies obert
havia obert
havíem obert
havíeu obert
havien obert

Passat (simple)
obrí
obrires
obrí
obrírem
obríreu
obriren

Passat anterior (simple)
haguí obert
hagueres obert
hagué obert
haguérem obert
haguéreu obert
hagueren obert

Passat (perifràstic)
vaig obrir
vas (*vares*) obrir
va obrir
vam (*vàrem*) obrir
vau (*vàreu*) obrir
van (*varen*) obrir

Passat anterior (perifràstic)
vaig haver obert
vas (*vares*) haver obert
va haver obert
vam (*vàrem*) haver obert
vau (*vàreu*) haver obert
van (*varen*) haver obert

Futur
obriré
obriràs
obrirà
obrirem
obrireu
obriran

Futur perfet
hauré obert
hauràs obert
haurà obert
haurem obert
haureu obert
hauran obert

Condicional
obriria
obriries
obriria
obriríem
obriríeu
obririen

Condicional perfet
hauria (*haguera*) obert
hauries (*hagueres*) obert
hauria (*haguera*) obert
hauríem (*haguérem*) obert
hauríeu (*haguéreu*) obert
haurien (*hagueren*) obert

SUBJUNTIU

Present
obri (*òbriga*)
obris (*òbrigues*)
obri (*òbriga*)
obrim (*obriguem*)
obriu (*obrigueu*)
obrin (*òbriguen*)

Perfet
hagi (*haja*) obert
hagis (*hages*) obert
hagi (*haja*) obert
hàgim (*hàgem*) obert
hàgiu (*hàgeu*) obert
hagin (*hagen*) obert

Imperfet
obrís
obrissis (*obrisses*)
obrís
obríssim (*obríssem*)
obríssiu (*obrísseu*)
obrissin (*obrissen*)

Plusquamperfet
hagués obert
haguessis (*haguesses*) obert
hagués obert
haguéssim (*haguéssem*) obert
haguéssiu (*haguésseu*) obert
haguessin (*haguessen*) obert

Passat (perifràstic)
vagi (*vaja*) obrir
vagis (*vages*) obrir
vagi (*vaja*) obrir
vàgim (*vàgem*) obrir
vàgiu (*vàgeu*) obrir
vagin (*vagen*) obrir

Passat anterior (perifràstic)
vagi (*vaja*) haver obert
vagis (*vages*) haver obert
vagi (*vaja*) haver obert
vàgim (*vàgem*) haver obert
vàgiu (*vàgeu*) haver obert
vagin (*vagen*) haver obert

IMPERATIU

–
obre
obri (*obra*)
obrim
obriu
obrin (*obren*)

FORMES NO PERSONALS

Infinitiu obrir
Infinitiu perfet haver obert
Gerundi obrint
Gerundi perfet havent obert
Participi[1] obert, oberta
oberts, obertes

VARIANTS DIALECTALS

pr ind sing 1 BAL obr; VAL òbric; ROSS obri.
imperf subj VAL obrira, obrires, etc.
imper pl 1 BAL obriguem.
☞ **omplir** i (**reomplir**), en BAL, conserva formes de l'antic **umplir**, *pr ind* umpl, umpls, umpl, -, -, umplen; *pr subj* umpli (*umpla*) , umplis (*umples*) , umpli (*umpla*) , -, -, umplin (*umplen*).

---

1. **omplir** i **reomplir** fan els participis (i els temps compostos) omplert -a (*omplit -ida*) i **reomplert** -a (*reomplit -ida*).

46 ofendre

INDICATIU

Present
ofenc
ofens
ofèn
ofenem
ofeneu
ofenen

Imperfet
ofenia
ofenies
ofenia
ofeníem
ofeníeu
ofenien

Passat (simple)
ofenguí
ofengueres
ofengué
ofenguérem
ofenguéreu
ofengueren

Passat (perifràstic)
vaig ofendre
vas (*vares*) ofendre
va ofendre
vam (*vàrem*) ofendre
vau (*vàreu*) ofendre
van (*varen*) ofendre

Futur
ofendré
ofendràs
ofendrà
ofendrem
ofendreu
ofendran

Condicional
ofendria
ofendries
ofendria
ofendríem
ofendríeu
ofendrien

Perfet
he ofès
has ofès
ha ofès
hem ofès
heu ofès
han ofès

Plusquamperfet
havia ofès
havies ofès
havia ofès
havíem ofès
havíeu ofès
havien ofès

Passat anterior (simple)
haguí ofès
hagueres ofès
hagué ofès
haguérem ofès
haguéreu ofès
hagueren ofès

Passat anterior (perifràstic)
vaig haver ofès
vas (*vares*) haver ofès
va haver ofès
vam (*vàrem*) haver ofès
vau (*vàreu*) haver ofès
van (*varen*) haver ofès

Futur perfet
hauré ofès
hauràs ofès
haurà ofès
haurem ofès
haureu ofès
hauran ofès

Condicional perfet
hauria (*haguera*) ofès
hauries (*hagueres*) ofès
hauria (*haguera*) ofès
hauríem (*haguérem*) ofès
hauríeu (*haguéreu*) ofès
haurien (*hagueren*) ofès

SUBJUNTIU

Present

ofengui (*ofenga*)
ofenguis (*ofengues*)
ofengui (*ofenga*)
ofenguem
ofengueu
ofenguin (*ofenguen*)

Perfet

hagi (*haja*)	ofès
hagis (*hages*)	ofès
hagi (*haja*)	ofès
hàgim (*hàgem*)	ofès
hàgiu (*hàgeu*)	ofès
hagin (*hagen*)	ofès

Imperfet

ofengués
ofenguessis (*ofenguesses*)
ofengués
ofenguéssim (*ofenguéssem*)
ofenguéssiu (*ofenguésseu*)
ofenguessin (*ofenguessen*)

Plusquamperfet

hagués	ofès
haguessis (*haguesses*)	ofès
hagués	ofès
haguéssim (*haguéssem*)	ofès
haguéssiu (*haguésseu*)	ofès
haguessin (*haguessen*)	ofès

Passat (perifràstic)

vagi (*vaja*)	ofendre
vagis (*vages*)	ofendre
vagi (*vaja*)	ofendre
vàgim (*vàgem*)	ofendre
vàgiu (*vàgeu*)	ofendre
vagin (*vagen*)	ofendre

Passat anterior (perifràstic)

vagi (*vaja*)	haver	ofès
vagis (*vages*)	haver	ofès
vagi (*vaja*)	haver	ofès
vàgim (*vàgem*)	haver	ofès
vàgiu (*vàgeu*)	haver	ofès
vagin (*vagen*)	haver	ofès

IMPERATIU

–
ofèn
ofengui (*ofenga*)
ofenguem
ofeneu
ofenguin (*ofenguen*)

FORMES NO PERSONALS

Infinitiu	ofendre
Infinitiu perfet	haver ofès
Gerundi	ofenent
Gerundi perfet	havent ofès
Participi	ofès, ofesa ofesos, ofeses

VARIANTS DIALECTALS

pr ind sing 3 VAL ofén.
imperf subj VAL ofenguera, ofengueres, etc.
imper sing 2 VAL ofén.
participi VAL ofés.

☞ **aprehendre, aprendre, comprendre, desaprendre, desprendre, emprendre, malprendre, mamprendre, reprendre, salprendre, sobreprendre, sorprendre** i **ullprendre** en BAL fan el *pr ind pl* 1 -prenim, 2 -preniu i l'*imper pl* 2 -preniu.

47 oir

INDICATIU

Present		**Perfet**	
oeixo		he	oït
oeixes (*oïxes, ous*)		has	oït
oeix (*oïx, ou*)		ha	oït
oïm		hem	oït
oïu		heu	oït
oeixen (*oïxen, ouen*)		han	oït

Imperfet	**Plusquamperfet**	
oïa	havia	oït
oïes	havies	oït
oïa	havia	oït
oíem	havíem	oït
oíeu	havíeu	oït
oïen	havien	oït

Passat (simple)	**Passat anterior (simple)**	
oí	haguí	oït
oïres	hagueres	oït
oí	hagué	oït
oírem	haguérem	oït
oíreu	haguéreu	oït
oïren	hagueren	oït

Passat (perifràstic)		**Passat anterior (perifràstic)**		
vaig	oir	vaig	haver	oït
vas (*vares*)	oir	vas (*vares*)	haver	oït
va	oir	va	haver	oït
vam (*vàrem*)	oir	vam (*vàrem*)	haver	oït
vau (*vàreu*)	oir	vau (*vàreu*)	haver	oït
van (*varen*)	oir	van (*varen*)	haver	oït

Futur	**Futur perfet**	
oiré	hauré	oït
oiràs	hauràs	oït
oirà	haurà	oït
oirem	haurem	oït
oireu	haureu	oït
oiran	hauran	oït

Condicional	**Condicional perfet**	
oiria	hauria (*haguera*)	oït
oiries	hauries (*hagueres*)	oït
oiria	hauria (*haguera*)	oït
oiríem	hauríem (*haguérem*)	oït
oiríeu	hauríeu (*haguéreu*)	oït
oirien	haurien (*hagueren*)	oït

SUBJUNTIU

Present	**Perfet**
oeixi (*oïsca*)	hagi (*haja*) oït
oeixis (*oïsques*)	hagis (*hages*) oït
oeixi (*oïsca*)	hagi (*haja*) oït
oïm	hàgim (*hàgem*) oït
oïu	hàgiu (*hàgeu*) oït
oeixin (*oïsquen*)	hagin (*hagen*) oït

Imperfet	**Plusquamperfet**
oís	hagués oït
oïssis (*oïsses*)	haguessis (*haguesses*) oït
oís	hagués oït
oíssim (*oíssem*)	haguéssim (*haguéssem*) oït
oíssiu (*oísseu*)	haguéssiu (*haguésseu*) oït
oïssin (*oïssen*)	haguessin (*haguessen*) oït

Passat (perifràstic)	**Passat anterior (perifràstic)**
vagi (*vaja*) oir	vagi (*vaja*) haver oït
vagis (*vages*) oir	vagis (*vages*) haver oït
vagi (*vaja*) oir	vagi (*vaja*) haver oït
vàgim (*vàgem*) oir	vàgim (*vàgem*) haver oït
vàgiu (*vàgeu*) oir	vàgiu (*vàgeu*) haver oït
vagin (*vagen*) oir	vagin (*vagen*) haver oït

IMPERATIU

–
oeix (*oïx, ou*)
oeixi (*oïsca*)
oïm
oïu
oeixin (*oïsquen*)

FORMES NO PERSONALS

Infinitiu	oir
Infinitiu perfet	haver oït
Gerundi	oint
Gerundi perfet	havent oït
Participi	oït, oïda oïts, oïdes

VARIANTS DIALECTALS

pr ind sing	1 BAL oesc (*oeix*); VAL oïsc (*oesc*); ROSS oeixi; N-O oïxo.
pr subj	BAL oesqui, oesquis, oesqui, oïguem, oïgueu, oesquin; BAL i VAL oesca, oesques, oesca, -, -, oesquen.
imperf subj	VAL oïra, oïres, etc.
imper	BAL -, -, oesqui (*oesca*), oïguem, -, oesquin (*oesquen*); VAL -, -, oesca, -, -, oesquen.

48 perdre

INDICATIU

Present		Perfet		
perdo (*perd*)		he	perdut	
perds		has	perdut	
perd		ha	perdut	
perdem		hem	perdut	
perdeu		heu	perdut	
perden		han	perdut	

Imperfet	Plusquamperfet	
perdia	havia	perdut
perdies	havies	perdut
perdia	havia	perdut
perdíem	havíem	perdut
perdíeu	havíeu	perdut
perdien	havien	perdut

Passat (simple)	Passat anterior (simple)	
perdí	haguí	perdut
perderes	hagueres	perdut
perdé	hagué	perdut
perdérem	haguérem	perdut
perdéreu	haguéreu	perdut
perderen	hagueren	perdut

Passat (perifràstic)		Passat anterior (perifràstic)		
vaig	perdre	vaig	haver	perdut
vas (*vares*)	perdre	vas (*vares*)	haver	perdut
va	perdre	va	haver	perdut
vam (*vàrem*)	perdre	vam (*vàrem*)	haver	perdut
vau (*vàreu*)	perdre	vau (*vàreu*)	haver	perdut
van (*varen*)	perdre	van (*varen*)	haver	perdut

Futur	Futur perfet	
perdré	hauré	perdut
perdràs	hauràs	perdut
perdrà	haurà	perdut
perdrem	haurem	perdut
perdreu	haureu	perdut
perdran	hauran	perdut

Condicional	Condicional perfet	
perdria	hauria (*haguera*)	perdut
perdries	hauries (*hagueres*)	perdut
perdria	hauria (*haguera*)	perdut
perdríem	hauríem (*haguérem*)	perdut
perdríeu	hauríeu (*haguéreu*)	perdut
perdrien	haurien (*hagueren*)	perdut

SUBJUNTIU

Present
perdi (*perda*)
perdis (*perdes*)
perdi (*perda*)
perdem
perdeu
perdin (*perden*)

Imperfet
perdés
perdessis (*perdesses*)
perdés
perdéssim (*perdéssem*)
perdéssiu (*perdésseu*)
perdessin (*perdessen*)

Passat (perifràstic)
vagi (*vaja*) perdre
vagis (*vages*) perdre
vagi (*vaja*) perdre
vàgim (*vàgem*) perdre
vàgiu (*vàgeu*) perdre
vagin (*vagen*) perdre

Perfet
hagi (*haja*) perdut
hagis (*hages*) perdut
hagi (*haja*) perdut
hàgim (*hàgem*) perdut
hàgiu (*hàgeu*) perdut
hagin (*hagen*) perdut

Plusquamperfet
hagués perdut
haguessis (*haguesses*) perdut
hagués perdut
haguéssim (*haguéssem*) perdut
haguéssiu (*haguésseu*) perdut
haguessin (*haguessen*) perdut

Passat anterior (perifràstic)
vagi (*vaja*) haver perdut
vagis (*vages*) haver perdut
vagi (*vaja*) haver perdut
vàgim (*vàgem*) haver perdut
vàgiu (*vàgeu*) haver perdut
vagin (*vagen*) haver perdut

IMPERATIU

–
perd
perdi (*perda*)
perdem
perdeu
perdin (*perden*)

FORMES NO PERSONALS

Infinitiu perdre
Infinitiu perfet haver perdut
Gerundi perdent
Gerundi perfet havent perdut
Participi perdut, perduda
perduts, perdudes

VARIANTS DIALECTALS
pr ind sing 1 ROSS perdi.
pr subj pl 1 i 2 BAL perdiguem, perdigueu.
imperf subj VAL perdera, perderes, etc.
imper pl 1 BAL perdiguem.

49 plànyer

INDICATIU

Present
planyo (*planc*)
planys
plany
planyem
planyeu
planyen

Perfet

he	planyut
has	planyut
ha	planyut
hem	planyut
heu	planyut
han	planyut

Imperfet
planyia
planyies
planyia
planyíem
planyíeu
planyien

Plusquamperfet

havia	planyut
havies	planyut
havia	planyut
havíem	planyut
havíeu	planyut
havien	planyut

Passat simple (1)	Passat simple (2)
planyí	planguí
planyeres	plangueres
planyé	plangué
planyérem	planguérem
planyéreu	planguéreu
planyeren	plangueren

Passat anterior (simple)

haguí	planyut
hagueres	planyut
hagué	planyut
haguérem	planyut
haguéreu	planyut
hagueren	planyut

Passat (perifràstic)

vaig	plànyer
vas (*vares*)	plànyer
va	plànyer
vam (*vàrem*)	plànyer
vau (*vàreu*)	plànyer
van (*varen*)	plànyer

Passat anterior (perifràstic)

vaig	haver	planyut
vas (*vares*)	haver	planyut
va	haver	planyut
vam (*vàrem*)	haver	planyut
vau (*vàreu*)	haver	planyut
van (*varen*)	haver	planyut

Futur
planyeré
planyeràs
planyerà
planyerem
planyereu
planyeran

Futur perfet

hauré	planyut
hauràs	planyut
haurà	planyut
haurem	planyut
haureu	planyut
hauran	planyut

Condicional
planyeria
planyeries
planyeria
planyeríem
planyeríeu
planyerien

Condicional perfet

hauria (*haguera*)	planyut
hauries (*hagueres*)	planyut
hauria (*haguera*)	planyut
hauríem (*haguérem*)	planyut
hauríeu (*haguéreu*)	planyut
haurien (*hagueren*)	planyut

SUBJUNTIU

Present (1)	Present (2)
planyi (*planya*)	plangui (*planga*)
planyis (*planyes*)	planguis (*plangues*)
planyi (*planya*)	...
planyem	
planyeu	
planyin (*planyen*)	

Perfet

hagi (*haja*)	planyut
hagis (*hages*)	planyut
hagi (*haja*)	planyut
hàgim (*hàgem*)	planyut
hàgiu (*hàgeu*)	planyut
hagin (*hagen*)	planyut

Imperfet (1)
planyés
planyessis (*planyesses*)
planyés
planyéssim (*planyéssem*)
planyéssiu (*planyésseu*)
planyessin (*planyessen*)

Plusquamperfet

hagués	planyut
haguessis (*haguesses*)	planyut
hagués	planyut
haguéssim (*haguéssem*)	planyut
haguéssiu (*haguésseu*)	planyut
haguessin (*haguessen*)	planyut

Imperfet (2)
plangués
planguessis (*planguesses*)
...

Passat (perifràstic)

vagi (*vaja*)	plànyer
vagis (*vages*)	plànyer
vagi (*vaja*)	plànyer
vàgim (*vàgem*)	plànyer
vàgiu (*vàgeu*)	plànyer
vagin (*vagen*)	plànyer

Passat anterior (perifràstic)

vagi (*vaja*)	haver	planyut
vagis (*vages*)	haver	planyut
vagi (*vaja*)	haver	planyut
vàgim (*vàgem*)	haver	planyut
vàgiu (*vàgeu*)	haver	planyut
vagin (*vagen*)	haver	planyut

IMPERATIU (1)

–
plany
planyi (*planya*)
planyem
planyeu
planyin (*planyen*)

IMPERATIU (2)

–
plany
plangui (*planga*)
...

FORMES NO PERSONALS

Infinitiu	plànyer
Infinitiu perfet	haver planyut
Gerundi	planyent
Gerundi perfet	havent planyut
Participi	planyut (*plangut*) planyuda (*planguda*) planyuts (*planguts*) planyudes (*plangudes*)

VARIANTS DIALECTALS

pr ind sing	1 ROSS planyi.
imperf subj (1)	VAL planyera, planyeres, etc.
imperf subj (2)	VAL planguera, plangueres, etc.

50 poder

INDICATIU

Present		Perfet		
puc		he	pogut	
pots		has	pogut	
pot		ha	pogut	
podem		hem	pogut	
podeu		heu	pogut	
poden		han	pogut	
Imperfet		**Plusquamperfet**		
podia		havia	pogut	
podies		havies	pogut	
podia		havia	pogut	
podíem		havíem	pogut	
podíeu		havíeu	pogut	
podien		havien	pogut	
Passat (simple)		**Passat anterior (simple)**		
poguí		haguí	pogut	
pogueres		hagueres	pogut	
pogué		hagué	pogut	
poguérem		haguérem	pogut	
poguéreu		haguéreu	pogut	
pogueren		hagueren	pogut	
Passat (perifràstic)		**Passat anterior (perifràstic)**		
vaig	poder	vaig	haver	pogut
vas (*vares*)	poder	vas (*vares*)	haver	pogut
va	poder	va	haver	pogut
vam (*vàrem*)	poder	vam (*vàrem*)	haver	pogut
vau (*vàreu*)	poder	vau (*vàreu*)	haver	pogut
van (*varen*)	poder	van (*varen*)	haver	pogut
Futur		**Futur perfet**		
podré		hauré	pogut	
podràs		hauràs	pogut	
podrà		haurà	pogut	
podrem		haurem	pogut	
podreu		haureu	pogut	
podran		hauran	pogut	
Condicional		**Condicional perfet**		
podria		hauria (*haguera*)		pogut
podries		hauries (*hagueres*)		pogut
podria		hauria (*haguera*)		pogut
podríem		hauríem (*haguérem*)		pogut
podríeu		hauríeu (*haguéreu*)		pogut
podrien		haurien (*hagueren*)		pogut

SUBJUNTIU

Present
pugui (*puga*)
puguis (*pugues*)
pugui (*puga*)
puguem
pugueu
puguin (*puguen*)

Perfet
hagi (*haja*) pogut
hagis (*hages*) pogut
hagi (*haja*) pogut
hàgim (*hàgem*) pogut
hàgiu (*hàgeu*) pogut
hagin (*hagen*) pogut

Imperfet
pogués
poguessis (*poguesses*)
pogués
poguéssim (*poguéssem*)
poguéssiu (*poguésseu*)
poguessin (*poguessen*)

Plusquamperfet
hagués pogut
haguessis (*haguesses*) pogut
hagués pogut
haguéssim (*haguéssem*) pogut
haguéssiu (*haguésseu*) pogut
haguessin (*haguessen*) pogut

Passat (perifràstic)
vagi (*vaja*) poder
vagis (*vages*) poder
vagi (*vaja*) poder
vàgim (*vàgem*) poder
vàgiu (*vàgeu*) poder
vagin (*vagen*) poder

Passat anterior (perifràstic)
vagi (*vaja*) haver pogut
vagis (*vages*) haver pogut
vagi (*vaja*) haver pogut
vàgim (*vàgem*) haver pogut
vàgiu (*vàgeu*) haver pogut
vagin (*vagen*) haver pogut

IMPERATIU

–
pugues
pugui (*puga*)
puguem
pugueu
puguin (*puguen*)

FORMES NO PERSONALS

Infinitiu poder
Infinitiu perfet haver pogut
Gerundi podent
Gerundi perfet havent pogut
Participi pogut, poguda
poguts, pogudes

VARIANTS DIALECTALS
imperf subj VAL poguera, pogueres, etc.

51 posseir

INDICATIU

Present	Perfet	
posseeixo	he	posseït
posseeixes (*posseïxes*)	has	posseït
posseeix (*posseïx*)	ha	posseït
posseïm	hem	posseït
posseïu	heu	posseït
posseeixen (*posseïxen*)	han	posseït

Imperfet	Plusquamperfet	
posseïa	havia	posseït
posseïes	havies	posseït
posseïa	havia	posseït
posseíem	havíem	posseït
posseíeu	havíeu	posseït
posseïen	havien	posseït

Passat (simple)	Passat anterior (simple)	
posseí	haguí	posseït
posseïres	hagueres	posseït
posseí	hagué	posseït
posseírem	haguérem	posseït
posseíreu	haguéreu	posseït
posseïren	hagueren	posseït

Passat (perifràstic)		Passat anterior (perifràstic)		
vaig	posseir	vaig	haver	posseït
vas (*vares*)	posseir	vas (*vares*)	haver	posseït
va	posseir	va	haver	posseït
vam (*vàrem*)	posseir	vam (*vàrem*)	haver	posseït
vau (*vàreu*)	posseir	vau (*vàreu*)	haver	posseït
van (*varen*)	posseir	van (*varen*)	haver	posseït

Futur	Futur perfet	
posseiré	hauré	posseït
posseiràs	hauràs	posseït
posseirà	haurà	posseït
posseirem	haurem	posseït
posseireu	haureu	posseït
posseiran	hauran	posseït

Condicional	Condicional perfet	
posseiria	hauria (*haguera*)	posseït
posseiries	hauries (*hagueres*)	posseït
posseiria	hauria (*haguera*)	posseït
posseiríem	hauríem (*haguérem*)	posseït
posseiríeu	hauríeu (*haguéreu*)	posseït
posseirien	haurien (*hagueren*)	posseït

SUBJUNTIU

Present

posseeixi (*posseïsca*)
posseeixis (*posseïsques*)
posseeixi (*posseïsca*)
posseïm
posseïu
posseeixin (*posseïsquen*)

Imperfet

posseís
posseïssis (*posseïsses*)
posseís
posseíssim (*posseíssem*)
posseíssiu (*posseísseu*)
posseïssin (*posseïssen*)

Passat (perifràstic)

vagi (*vaja*) posseir
vagis (*vages*) posseir
vagi (*vaja*) posseir
vàgim (*vàgem*) posseir
vàgiu (*vàgeu*) posseir
vagin (*vagen*) posseir

Perfet

hagi (*haja*) posseït
hagis (*hages*) posseït
hagi (*haja*) posseït
hàgim (*hàgem*) posseït
hàgiu (*hàgeu*) posseït
hagin (*hagen*) posseït

Plusquamperfet

hagués posseït
haguessis (*haguesses*) posseït
hagués posseït
haguéssim (*haguéssem*) posseït
haguéssiu (*haguésseu*) posseït
haguessin (*haguessen*) posseït

Passat anterior (perifràstic)

vagi (*vaja*) haver posseït
vagis (*vages*) haver posseït
vagi (*vaja*) haver posseït
vàgim (*vàgem*) haver posseït
vàgiu (*vàgeu*) haver posseït
vagin (*vagen*) haver posseït

IMPERATIU

–
posseeix (*posseïx*)
posseeixi (*posseïsca*)
posseïm
posseïu
posseeixin (*posseïsquen*)

FORMES NO PERSONALS

Infinitiu posseir
Infinitiu perfet haver posseït
Gerundi posseint
Gerundi perfet havent posseït
Participi posseït, posseïda
posseïts, posseïdes

VARIANTS DIALECTALS

pr ind sing 1 BAL posseesc (*posseeix*); VAL posseïsc (*posseesc*); ROSS posseeixi; N-O posseïxo.
2 BAL posseeixs.
pr subj BAL posseesqui, posseesquis, posseesqui, posseïguem, posseïgueu, posseesquin; BAL i VAL posseesca, posseesques, posseesca, -, -, posseesquen.
imperf subj VAL posseïra, posseïres, etc.
imper BAL -, -, posseesqui (*posseesca*) posseïguem, -, posseesquin (*posseesquen*); VAL -, -, posseesca, -, -, posseesquen.

52 pregar

INDICATIU

Present
prego
pregues
prega
preguem
pregueu
preguen

Perfet
he pregat
has pregat
ha pregat
hem pregat
heu pregat
han pregat

Imperfet
pregava
pregaves
pregava
pregàvem
pregàveu
pregaven

Plusquamperfet
havia pregat
havies pregat
havia pregat
havíem pregat
havíeu pregat
havien pregat

Passat (simple)
preguí
pregares
pregà
pregàrem
pregàreu
pregaren

Passat anterior (simple)
haguí pregat
hagueres pregat
hagué pregat
haguérem pregat
haguéreu pregat
hagueren pregat

Passat (perifràstic)
vaig pregar
vas (*vares*) pregar
va pregar
vam (*vàrem*) pregar
vau (*vàreu*) pregar
van (*varen*) pregar

Passat anterior (perifràstic)
vaig haver pregat
vas (*vares*) haver pregat
va haver pregat
vam (*vàrem*) haver pregat
vau (*vàreu*) haver pregat
van (*varen*) haver pregat

Futur
pregaré
pregaràs
pregarà
pregarem
pregareu
pregaran

Futur perfet
hauré pregat
hauràs pregat
haurà pregat
haurem pregat
haureu pregat
hauran pregat

Condicional
pregaria
pregaries
pregaria
pregaríem
pregaríeu
pregarien

Condicional perfet
hauria (*haguera*) pregat
hauries (*hagueres*) pregat
hauria (*haguera*) pregat
hauríem (*haguérem*) pregat
hauríeu (*haguéreu*) pregat
haurien (*hagueren*) pregat

SUBJUNTIU

Present
pregui (*pregue*)
preguis (*pregues*)
pregui (*pregue*)
preguem
pregueu
preguin (*preguen*)

Perfet
hagi (*haja*) pregat
hagis (*hages*) pregat
hagi (*haja*) pregat
hàgim (*hàgem*) pregat
hàgiu (*hàgeu*) pregat
hagin (*hagen*) pregat

Imperfet
pregués
preguessis (*preguesses*)
pregués
preguéssim (*preguéssem*)
preguéssiu (*preguésseu*)
preguessin (*preguessen*)

Plusquamperfet
hagués pregat
haguessis (*haguesses*) pregat
hagués pregat
haguéssim (*haguéssem*) pregat
haguéssiu (*haguésseu*) pregat
haguessin (*haguessen*) pregat

Passat (perifràstic)
vagi (*vaja*) pregar
vagis (*vages*) pregar
vagi (*vaja*) pregar
vàgim (*vàgem*) pregar
vàgiu (*vàgeu*) pregar
vagin (*vagen*) pregar

Passat anterior (perifràstic)
vagi (*vaja*) haver pregat
vagis (*vages*) haver pregat
vagi (*vaja*) haver pregat
vàgim (*vàgem*) haver pregat
vàgiu (*vàgeu*) haver pregat
vagin (*vagen*) haver pregat

IMPERATIU

–
prega
pregui (*pregue*)
preguem
pregueu
preguin (*preguen*)

FORMES NO PERSONALS

Infinitiu pregar
Infinitiu perfet haver pregat
Gerundi pregant
Gerundi perfet havent pregat
Participi pregat, pregada
pregats, pregades

VARIANTS DIALECTALS
pr ind sing BAL preg VAL pregue; ROSS pregui.
pr ind pl 1 i 2 BAL pregam, pregau.
imperf subj BAL pregàs, pregassis (*pregasses*), etc.;
VAL pregara (*pregàs*), pregares (*pregasses*), etc.
imper pl 2 BAL pregau.

53 pretendre

INDICATIU

Present		Perfet		
pretenc		he	pretès	
pretens		has	pretès	
pretén		ha	pretès	
pretenem		hem	pretès	
preteneu		heu	pretès	
pretenen		han	pretès	
Imperfet		**Plusquamperfet**		
pretenia		havia	pretès	
pretenies		havies	pretès	
pretenia		havia	pretès	
preteníem		havíem	pretès	
preteníeu		havíeu	pretès	
pretenien		havien	pretès	
Passat (simple)		**Passat anterior (simple)**		
pretenguí		haguí	pretès	
pretengueres		hagueres	pretès	
pretengué		hagué	pretès	
pretenguérem		haguérem	pretès	
pretenguéreu		haguéreu	pretès	
pretengueren		hagueren	pretès	
Passat (perifràstic)		**Passat anterior (perifràstic)**		
vaig	pretendre	vaig	haver	pretès
vas (*vares*)	pretendre	vas (*vares*)	haver	pretès
va	pretendre	va	haver	pretès
vam (*vàrem*)	pretendre	vam (*vàrem*)	haver	pretès
vau (*vàreu*)	pretendre	vau (*vàreu*)	haver	pretès
van (*varen*)	pretendre	van (*varen*)	haver	pretès
Futur		**Futur perfet**		
pretendré		hauré	pretès	
pretendràs		hauràs	pretès	
pretendrà		haurà	pretès	
pretendrem		haurem	pretès	
pretendreu		haureu	pretès	
pretendran		hauran	pretès	
Condicional		**Condicional perfet**		
pretendria		hauria (*haguera*)		pretès
pretendries		hauries (*hagueres*)		pretès
pretendria		hauria (*haguera*)		pretès
pretendríem		hauríem (*haguérem*)		pretès
pretendríeu		hauríeu (*haguéreu*)		pretès
pretendrien		haurien (*hagueren*)		pretès

SUBJUNTIU

Present	Perfet	
pretengui (*pretenga*)	hagi (*haja*)	pretès
pretenguis (*pretengues*)	hagis (*hages*)	pretès
pretengui (*pretenga*)	hagi (*haja*)	pretès
pretenguem	hàgim (*hàgem*)	pretès
pretengueu	hàgiu (*hàgeu*)	pretès
pretenguin (*pretenguen*)	hagin (*hagen*)	pretès

Imperfet	Plusquamperfet	
pretengués	hagués	pretès
pretenguessis (*pretenguesses*)	haguessis (*haguesses*)	pretès
pretengués	hagués	pretès
pretenguéssim (*pretenguéssem*)	haguéssim (*haguéssem*)	pretès
pretenguéssiu (*pretenguésseu*)	haguéssiu (*haguésseu*)	pretès
pretenguessin (*pretenguessen*)	haguessin (*haguessen*)	pretès

Passat (perifràstic)		Passat anterior (perifràstic)		
vagi (*vaja*)	pretendre	vagi (*vaja*)	haver	pretès
vagis (*vages*)	pretendre	vagis (*vages*)	haver	pretès
vagi (*vaja*)	pretendre	vagi (*vaja*)	haver	pretès
vàgim (*vàgem*)	pretendre	vàgim (*vàgem*)	haver	pretès
vàgiu (*vàgeu*)	pretendre	vàgiu (*vàgeu*)	haver	pretès
vagin (*vagen*)	pretendre	vagin (*vagen*)	haver	pretès

IMPERATIU

–
pretén
pretengui (*pretenga*)
pretenguem
preteneu
pretenguin (*pretenguen*)

FORMES NO PERSONALS

Infinitiu	pretendre
Infinitiu perfet	haver pretès
Gerundi	pretenent
Gerundi perfet	havent pretès
Participi	pretès, pretesa pretesos, preteses

VARIANTS DIALECTALS
imperf subj VAL pretenguera, pretengueres, etc.
participi VAL pretés.

54 prevenir

INDICATIU

Present[1]		Perfet		
previnc		he	previngut	
prevens		has	previngut	
prevé		ha	previngut	
prevenim		hem	previngut	
preveniu		heu	previngut	
prevenen		han	previngut	

Imperfet		Plusquamperfet		
prevenia		havia	previngut	
prevenies		havies	previngut	
prevenia		havia	previngut	
preveníem		havíem	previngut	
preveníeu		havíeu	previngut	
prevenien		havien	previngut	

Passat (simple)		Passat anterior (simple)		
previnguí		haguí	previngut	
previngueres		hagueres	previngut	
previngué		hagué	previngut	
previnguérem		haguérem	previngut	
previnguéreu		haguéreu	previngut	
previngueren		hagueren	previngut	

Passat (perifràstic)		Passat anterior (perifràstic)		
vaig	prevenir	vaig	haver	previngut
vas (*vares*)	prevenir	vas (*vares*)	haver	previngut
va	prevenir	va	haver	previngut
vam (*vàrem*)	prevenir	vam (*vàrem*)	haver	previngut
vau (*vàreu*)	prevenir	vau (*vàreu*)	haver	previngut
van (*varen*)	prevenir	van (*varen*)	haver	previngut

Futur		Futur perfet		
previndré		hauré	previngut	
previndràs		hauràs	previngut	
previndrà		haurà	previngut	
previndrem		haurem	previngut	
previndreu		haureu	previngut	
previndran		hauran	previngut	

Condicional		Condicional perfet		
previndria		hauria (*haguera*)		previngut
previndries		hauries (*hagueres*)		previngut
previndria		hauria (*haguera*)		previngut
previndríem		hauríem (*haguérem*)		previngut
previndríeu		hauríeu (*haguéreu*)		previngut
previndrien		haurien (*hagueren*)		previngut

SUBJUNTIU

Present	Perfet	
previngui (*previnga*)	hagi (*haja*)	previngut
previnguis (*previngues*)	hagis (*hages*)	previngut
previngui (*previnga*)	hagi (*haja*)	previngut
previnguem	hàgim (*hàgem*)	previngut
previngueu	hàgiu (*hàgeu*)	previngut
previnguin (*previnguen*)	hagin (*hagen*)	previngut

Imperfet	Plusquamperfet	
previngués	hagués	previngut
previnguessis (*previnguesses*)	haguessis (*haguesses*)	previngut
previngués	hagués	previngut
previnguéssim (*previnguéssem*)	haguéssim (*haguéssem*)	previngut
previnguéssiu (*previnguésseu*)	haguéssiu (*haguésseu*)	previngut
previnguessin (*previnguessen*)	haguessin (*haguessen*)	previngut

Passat (perifràstic)		Passat anterior (perifràstic)		
vagi (*vaja*)	prevenir	vagi (*vaja*)	haver	previngut
vagis (*vages*)	prevenir	vagis (*vages*)	haver	previngut
vagi (*vaja*)	prevenir	vagi (*vaja*)	haver	previngut
vàgim (*vàgem*)	prevenir	vàgim (*vàgem*)	haver	previngut
vàgiu (*vàgeu*)	prevenir	vàgiu (*vàgeu*)	haver	previngut
vagin (*vagen*)	prevenir	vagin (*vagen*)	haver	previngut

IMPERATIU[2]

–
prevén
previngui (*previnga*)
previnguem
preveniu
previnguin (*previnguen*)

FORMES NO PERSONALS

Infinitiu	prevenir
Infinitiu perfet	haver previngut
Gerundi	prevenint
Gerundi perfet	havent previngut
Participi	previngut, previnguda previnguts, previngudes

VARIANTS DIALECTALS

pr ind sing	1 BAL prevenc.
pt ind	BAL prevenguí, prevengueres, etc.
fut	BAL prevendré, prevendràs, etc.
cond	BAL prevendria, prevendries, etc.
pr subj	BAL prevengui (*prevenga*) prevenguis (*prevengues*), etc.
impert subj	BAL prevengués, prevenguessis (*prevenguesses*), etc.; VAL previnguera, previngueres, etc.
imper	BAL -, -, prevengui (*prevenga*), prevenguem, -, prevenguin (*prevenguen*).
participi	BAL prevengut, prevenguda, prevenguts, prevengudes.

1. **revenir** i **revindre** fan el *pr ind sing* 2 revéns i el *pr ind pl* 3 revénen.
2. **intervenir**, **intervindre**, **revenir** i **revindre** també fan l'*imper sing* 2 intervé i revine.

55 pruir

INDICATIU

Present[1]

pruo (*pruu*)
pruus (*prus*)
pruu (*pru*)
pruïm
pruïu
pruen

Perfet

he	pruït
has	pruït
ha	pruït
hem	pruït
heu	pruït
han	pruït

Imperfet

pruïa
pruïes
pruïa
pruíem
pruíeu
pruïen

Plusquamperfet

havia	pruït
havies	pruït
havia	pruït
havíem	pruït
havíeu	pruït
havien	pruït

Passat (simple)

pruí
pruïres
pruí
pruírem
pruíreu
pruïren

Passat anterior (simple)

haguí	pruït
hagueres	pruït
hagué	pruït
haguérem	pruït
haguéreu	pruït
hagueren	pruït

Passat (perifràstic)

vaig	pruir
vas (*vares*)	pruir
va	pruir
vam (*vàrem*)	pruir
vau (*vàreu*)	pruir
van (*varen*)	pruir

Passat anterior (perifràstic)

vaig	haver	pruït
vas (*vares*)	haver	pruït
va	haver	pruït
vam (*vàrem*)	haver	pruït
vau (*vàreu*)	haver	pruït
van (*varen*)	haver	pruït

Futur

pruiré
pruiràs
pruirà
pruirem
pruireu
pruiran

Futur perfet

hauré	pruït
hauràs	pruït
haurà	pruït
haurem	pruït
haureu	pruït
hauran	pruït

Condicional

pruiria
pruiries
pruiria
pruiríem
pruiríeu
pruirien

Condicional perfet

hauria (*haguera*)	pruït
hauries (*hagueres*)	pruït
hauria (*haguera*)	pruït
hauríem (*haguérem*)	pruït
hauríeu (*haguéreu*)	pruït
haurien (*hagueren*)	pruït

SUBJUNTIU

Present
pruï (*prua*)
pruïs (*prues*)
pruï (*prua*)
pruïm
pruïu
pruïn (*pruen*)

Perfet
hagi (*haja*) pruït
hagis (*hages*) pruït
hagi (*haja*) pruït
hàgim (*hàgem*) pruït
hàgiu (*hàgeu*) pruït
hagin (*hagen*) pruït

Imperfet
pruís
pruïssis (*pruïsses*)
pruís
pruíssim (*pruíssem*)
pruíssiu (*pruísseu*)
pruïssin (*pruïssen*)

Plusquamperfet
hagués pruït
haguessis (*haguesses*) pruït
hagués pruït
haguéssim (*haguéssem*) pruït
haguéssiu (*haguésseu*) pruït
haguessin (*haguessen*) pruït

Passat (perifràstic)
vagi (*vaja*) pruir
vagis (*vages*) pruir
vagi (*vaja*) pruir
vàgim (*vàgem*) pruir
vàgiu (*vàgeu*) pruir
vagin (*vagen*) pruir

Passat anterior (perifràstic)
vagi (*vaja*) haver pruït
vagis (*vages*) haver pruït
vagi (*vaja*) haver pruït
vàgim (*vàgem*) haver pruït
vàgiu (*vàgeu*) haver pruït
vagin (*vagen*) haver pruït

IMPERATIU

–
pruu (*pru*)
pruï (*prua*)
pruïm
pruïu
pruïn (*pruen*)

FORMES NO PERSONALS

Infinitiu pruir
Infinitiu perfet haver pruït
Gerundi pruint
Gerundi perfet havent pruït
Participi pruït, pruïda
pruïts, pruïdes

VARIANTS DIALECTALS
pr ind sing 1 ROSS prui.
pr subj pl 1 i 2 BAL pruïguem, pruïgueu.
imperf subj VAL pruïra, pruïres, etc.
imper pl 1 BAL pruïguem.

1. **entrelluir**, **relluir** i **traslluir-se** fan el *pr ind sing* 3 entrelluu (*entrellú*), relluu (*rellú*) i es traslluu (*es trasllú*).

56 rebre

INDICATIU

Present	Perfet		
rebo	he	rebut	
reps	has	rebut	
rep	ha	rebut	
rebem	hem	rebut	
rebeu	heu	rebut	
reben	han	rebut	

Imperfet	Plusquamperfet	
rebia	havia	rebut
rebies	havies	rebut
rebia	havia	rebut
rebíem	havíem	rebut
rebíeu	havíeu	rebut
rebien	havien	rebut

Passat (simple)	Passat anterior (simple)	
rebí	haguí	rebut
reberes	hagueres	rebut
rebé	hagué	rebut
rebérem	haguérem	rebut
rebéreu	haguéreu	rebut
reberen	hagueren	rebut

Passat (perifràstic)		Passat anterior (perifràstic)		
vaig	rebre	vaig	haver	rebut
vas (*vares*)	rebre	vas (*vares*)	haver	rebut
va	rebre	va	haver	rebut
vam (*vàrem*)	rebre	vam (*vàrem*)	haver	rebut
vau (*vàreu*)	rebre	vau (*vàreu*)	haver	rebut
van (*varen*)	rebre	van (*varen*)	haver	rebut

Futur	Futur perfet	
rebré	hauré	rebut
rebràs	hauràs	rebut
rebrà	haurà	rebut
rebrem	haurem	rebut
rebreu	haureu	rebut
rebran	hauran	rebut

Condicional	Condicional perfet	
rebria	hauria (*haguera*)	rebut
rebries	hauries (*hagueres*)	rebut
rebria	hauria (*haguera*)	rebut
rebríem	hauríem (*haguérem*)	rebut
rebríeu	hauríeu (*haguéreu*)	rebut
rebrien	haurien (*hagueren*)	rebut

SUBJUNTIU

Present
rebi (*reba*)
rebis (*rebes*)
rebi (*reba*)
rebem
rebeu
rebin (*reben*)

Imperfet
rebés
rebessis (*rebesses*)
rebés
rebéssim (*rebéssem*)
rebéssiu (*rebésseu*)
rebessin (*rebessen*)

Passat (perifràstic)

vagi (*vaja*)	rebre
vagis (*vages*)	rebre
vagi (*vaja*)	rebre
vàgim (*vàgem*)	rebre
vàgiu (*vàgeu*)	rebre
vagin (*vagen*)	rebre

Perfet

hagi (*haja*)	rebut
hagis (*hages*)	rebut
hagi (*haja*)	rebut
hàgim (*hàgem*)	rebut
hàgiu (*hàgeu*)	rebut
hagin (*hagen*)	rebut

Plusquamperfet

hagués	rebut
haguessis (*haguesses*)	rebut
hagués	rebut
haguéssim (*haguéssem*)	rebut
haguéssiu (*haguésseu*)	rebut
haguessin (*haguessen*)	rebut

Passat anterior (perifràstic)

vagi (*vaja*)	haver	rebut
vagis (*vages*)	haver	rebut
vagi (*vaja*)	haver	rebut
vàgim (*vàgem*)	haver	rebut
vàgiu (*vàgeu*)	haver	rebut
vagin (*vagen*)	haver	rebut

IMPERATIU

–
rep
rebi (*reba*)
rebem
rebeu
rebin (*reben*)

FORMES NO PERSONALS

Infinitiu	rebre
Infinitiu perfet	haver rebut
Gerundi	rebent
Gerundi perfet	havent rebut
Participi	rebut, rebuda rebuts, rebudes

VARIANTS DIALECTALS

pr ind sing 1 BAL reb; VAL rep; ROSS rebi.
pr subj pl 1 i 2 BAL rebiguem, rebigueu.
imperf subj VAL rebera, reberes, etc.
imper pl 1 BAL rebiguem.

57 reeixir

INDICATIU

Present
reïxo (*reïsc*)
reïxes
reïx
reeixim
reeixiu
reïxen

Perfet

he	reeixit
has	reeixit
ha	reeixit
hem	reeixit
heu	reeixit
han	reeixit

Imperfet
reeixia
reeixies
reeixia
reeixíem
reeixíeu
reeixien

Plusquamperfet

havia	reeixit
havies	reeixit
havia	reeixit
havíem	reeixit
havíeu	reeixit
havien	reeixit

Passat (simple)
reeixí (*reïsquí*)
reeixires (*reïsqueres*)
reeixí (*reïsqué*)
reeixírem (*reïsquérem*)
reeixíreu (*reïsquéreu*)
reeixiren (*reïsqueren*)

Passat anterior (simple)

haguí	reeixit
hagueres	reeixit
hagué	reeixit
haguérem	reeixit
haguéreu	reeixit
hagueren	reeixit

Passat (perifràstic)

vaig	reeixir
vas (*vares*)	reeixir
va	reeixir
vam (*vàrem*)	reeixir
vau (*vàreu*)	reeixir
van (*varen*)	reeixir

Passat anterior (perifràstic)

vaig	haver	reeixit
vas (*vares*)	haver	reeixit
va	haver	reeixit
vam (*vàrem*)	haver	reeixit
vau (*vàreu*)	haver	reeixit
van (*varen*)	haver	reeixit

Futur
reeixiré
reeixiràs
reeixirà
reeixirem
reeixireu
reeixiran

Futur perfet

hauré	reeixit
hauràs	reeixit
haurà	reeixit
haurem	reeixit
haureu	reeixit
hauran	reeixit

Condicional
reeixiria
reeixiries
reeixiria
reeixiríem
reeixiríeu
reeixirien

Condicional perfet

hauria (*haguera*)	reeixit
hauries (*hagueres*)	reeixit
hauria (*haguera*)	reeixit
hauríem (*haguérem*)	reeixit
hauríeu (*haguéreu*)	reeixit
haurien (*hagueren*)	reeixit

SUBJUNTIU

Present
reïxi (*reïsca*)
reïxis (*reïsques*)
reïxi (*reïsca*)
reeixim (*reïsquem*)
reeixiu (*reïsqueu*)
reïxin (*reïsquen*)

Perfet
hagi (*haja*) reeixit
hagis (*hages*) reeixit
hagi (*haja*) reeixit
hàgim (*hàgem*) reeixit
hàgiu (*hàgeu*) reeixit
hagin (*hagen*) reeixit

Imperfet
reeixís
reeixissis (*reeixisses*)
reeixís
reeixíssim (*reeixíssem*)
reeixíssiu (*reeixísseu*)
reeixissin (*reeixissen*)

Plusquamperfet
hagués reeixit
haguessis (*haguesses*) reeixit
hagués reeixit
haguéssim (*haguéssem*) reeixit
haguéssiu (*haguésseu*) reeixit
haguessin (*haguessen*) reeixit

Passat (perifràstic)
vagi (*vaja*) reeixir
vagis (*vages*) reeixir
vagi (*vaja*) reeixir
vàgim (*vàgem*) reeixir
vàgiu (*vàgeu*) reeixir
vagin (*vagen*) reeixir

Passat anterior (perifràstic)
vagi (*vaja*) haver reeixit
vagis (*vages*) haver reeixit
vagi (*vaja*) haver reeixit
vàgim (*vàgem*) haver reeixit
vàgiu (*vàgeu*) haver reeixit
vagin (*vagen*) haver reeixit

IMPERATIU

–
reïx
reïxi (*reïsca*)
reeixim
reeixiu
reïxin (*reïsquen*)

FORMES NO PERSONALS

Infinitiu reeixir
Infinitiu perfet haver reeixit
Gerundi reeixint
Gerundi perfet havent reeixit
Participi reeixit, reeixida
reeixits, reeixides

VARIANTS DIALECTALS
imperf subj VAL reïsquera, reïsqueres, etc.

58 respondre

INDICATIU

Present
responc
respons
respon
responem
responeu
responen

Imperfet
responia
responies
responia
responíem
responíeu
responien

Passat (simple)
responguí
respongueres
respongué
responguérem
responguéreu
respongueren

Passat (perifràstic)

vaig	respondre
vas (*vares*)	respondre
va	respondre
vam (*vàrem*)	respondre
vau (*vàreu*)	respondre
van (*varen*)	respondre

Futur
respondré
respondràs
respondrà
respondrem
respondreu
respondran

Condicional
respondria
respondries
respondria
respondríem
respondríeu
respondrien

Perfet

he	respost
has	respost
ha	respost
hem	respost
heu	respost
han	respost

Plusquamperfet

havia	respost
havies	respost
havia	respost
havíem	respost
havíeu	respost
havien	respost

Passat anterior (simple)

haguí	respost
hagueres	respost
hagué	respost
haguérem	respost
haguéreu	respost
hagueren	respost

Passat anterior (perifràstic)

vaig	haver	respost
vas (*vares*)	haver	respost
va	haver	respost
vam (*vàrem*)	haver	respost
vau (*vàreu*)	haver	respost
van (*varen*)	haver	respost

Futur perfet

hauré	respost
hauràs	respost
haurà	respost
haurem	respost
haureu	respost
hauran	respost

Condicional perfet

hauria (*haguera*)	respost
hauries (*hagueres*)	respost
hauria (*haguera*)	respost
hauríem (*haguérem*)	respost
hauríeu (*haguéreu*)	respost
haurien (*hagueren*)	respost

SUBJUNTIU

Present
respongui (*responga*)
responguis (*respongues*)
respongui (*responga*)
responguem
respongueu
responguin (*responguen*)

Imperfet
respongués
responguessis (*responguesses*)
respongués
responguéssim (*responguéssem*)
responguéssiu (*responguésseu*)
responguessin (*responguessen*)

Passat (perifràstic)
vagi (*vaja*)	respondre
vagis (*vages*)	respondre
vagi (*vaja*)	respondre
vàgim (*vàgem*)	respondre
vàgiu (*vàgeu*)	respondre
vagin (*vagen*)	respondre

Perfet
hagi (*haja*)	respost
hagis (*hages*)	respost
hagi (*haja*)	respost
hàgim (*hàgem*)	respost
hàgiu (*hàgeu*)	respost
hagin (*hagen*)	respost

Plusquamperfet
hagués	respost
haguessis (*haguesses*)	respost
hagués	respost
haguéssim (*haguéssem*)	respost
haguéssiu (*haguésseu*)	respost
haguessin (*haguessen*)	respost

Passat anterior (perifràstic)
vagi (*vaja*)	haver	respost
vagis (*vages*)	haver	respost
vagi (*vaja*)	haver	respost
vàgim (*vàgem*)	haver	respost
vàgiu (*vàgeu*)	haver	respost
vagin (*vagen*)	haver	respost

IMPERATIU

–
respon
respongui (*responga*)
responguem
responeu
responguin (*responguen*)

FORMES NO PERSONALS

Infinitiu respondre
Infinitiu perfet haver respost

Gerundi responent
Gerundi perfet havent respost

Participi respost
resposta
resposts (*respostos*)
respostes

VARIANTS DIALECTALS
imperf subj VAL responguera, respongueres, etc.

59 romandre

INDICATIU

Present		Perfet		
romanc		he	romàs	
romans		has	romàs	
roman		ha	romàs	
romanem		hem	romàs	
romaneu		heu	romàs	
romanen		han	romàs	
Imperfet		**Plusquamperfet**		
romania		havia	romàs	
romanies		havies	romàs	
romania		havia	romàs	
romaníem		havíem	romàs	
romaníeu		havíeu	romàs	
romanien		havien	romàs	
Passat (simple)		**Passat anterior (simple)**		
romanguí		haguí	romàs	
romangueres		hagueres	romàs	
romangué		hagué	romàs	
romanguérem		haguérem	romàs	
romanguéreu		haguéreu	romàs	
romangueren		hagueren	romàs	
Passat (perifràstic)		**Passat anterior (perifràstic)**		
vaig	romandre	vaig	haver	romàs
vas (*vares*)	romandre	vas (*vares*)	haver	romàs
va	romandre	va	haver	romàs
vam (*vàrem*)	romandre	vam (*vàrem*)	haver	romàs
vau (*vàreu*)	romandre	vau (*vàreu*)	haver	romàs
van (*varen*)	romandre	van (*varen*)	haver	romàs
Futur		**Futur perfet**		
romandré		hauré	romàs	
romandràs		hauràs	romàs	
romandrà		haurà	romàs	
romandrem		haurem	romàs	
romandreu		haureu	romàs	
romandran		hauran	romàs	
Condicional		**Condicional perfet**		
romandria		hauria (*haguera*)		romàs
romandries		hauries (*hagueres*)		romàs
romandria		hauria (*haguera*)		romàs
romandríem		hauríem (*haguérem*)		romàs
romandríeu		hauríeu (*haguéreu*)		romàs
romandrien		haurien (*hagueren*)		romàs

SUBJUNTIU

Present
romangui (*romanga*)
romanguis (*romangues*)
romangui (*romanga*)
romanguem
romangueu
romanguin (*romanguen*)

Perfet
hagi (*haja*) romàs
hagis (*hages*) romàs
hagi (*haja*) romàs
hàgim (*hàgem*) romàs
hàgiu (*hàgeu*) romàs
hagin (*hagen*) romàs

Imperfet
romangués
romanguessis (*romanguesses*)
romangués
romanguéssim (*romanguéssem*)
romanguéssiu (*romanguésseu*)
romanguessin (*romanguessen*)

Plusquamperfet
hagués romàs
haguessis (*haguesses*) romàs
hagués romàs
haguéssim (*haguéssem*) romàs
haguéssiu (*haguésseu*) romàs
haguessin (*haguessen*) romàs

Passat (perifràstic)
vagi (*vaja*) romandre
vagis (*vages*) romandre
vagi (*vaja*) romandre
vàgim (*vàgem*) romandre
vàgiu (*vàgeu*) romandre
vagin (*vagen*) romandre

Passat anterior (perifràstic)
vagi (*vaja*) haver romàs
vagis (*vages*) haver romàs
vagi (*vaja*) haver romàs
vàgim (*vàgem*) haver romàs
vàgiu (*vàgeu*) haver romàs
vagin (*vagen*) haver romàs

IMPERATIU

–
roman
romangui (*romanga*)
romanguem
romaneu
romanguin (*romanguen*)

FORMES NO PERSONALS

Infinitiu romandre
Infinitiu perfet haver romàs
Gerundi romanent
Gerundi perfet havent romàs
Participi romàs, romasa
romasos, romases

VARIANTS DIALECTALS
imperf subj VAL romanguera, romangueres, etc.

60 saber

INDICATIU

Present		Perfet		
sé		he	sabut	
saps		has	sabut	
sap		ha	sabut	
sabem		hem	sabut	
sabeu		heu	sabut	
saben		han	sabut	
Imperfet		**Plusquamperfet**		
sabia		havia	sabut	
sabies		havies	sabut	
sabia		havia	sabut	
sabíem		havíem	sabut	
sabíeu		havíeu	sabut	
sabien		havien	sabut	
Passat (simple)		**Passat anterior (simple)**		
sabí		haguí	sabut	
saberes		hagueres	sabut	
sabé		hagué	sabut	
sabérem		haguérem	sabut	
sabéreu		haguéreu	sabut	
saberen		hagueren	sabut	
Passat (perifràstic)		**Passat anterior (perifràstic)**		
vaig	saber	vaig	haver	sabut
vas (*vares*)	saber	vas (*vares*)	haver	sabut
va	saber	va	haver	sabut
vam (*vàrem*)	saber	vam (*vàrem*)	haver	sabut
vau (*vàreu*)	saber	vau (*vàreu*)	haver	sabut
van (*varen*)	saber	van (*varen*)	haver	sabut
Futur		**Futur perfet**		
sabré		hauré	sabut	
sabràs		hauràs	sabut	
sabrà		haurà	sabut	
sabrem		haurem	sabut	
sabreu		haureu	sabut	
sabran		hauran	sabut	
Condicional		**Condicional perfet**		
sabria		hauria (*haguera*)		sabut
sabries		hauries (*hagueres*)		sabut
sabria		hauria (*haguera*)		sabut
sabríem		hauríem (*haguérem*)		sabut
sabríeu		hauríeu (*haguéreu*)		sabut
sabrien		haurien (*hagueren*)		sabut

SUBJUNTIU

Present
sàpiga
sàpigues
sàpiga
sapiguem
sapigueu
sàpiguen

Imperfet
sabés
sabessis (*sabesses*)
sabés
sabéssim (*sabéssem*)
sabéssiu (*sabésseu*)
sabessin (*sabessen*)

Passat (perifràstic)

vagi (*vaja*)	saber
vagis (*vages*)	saber
vagi (*vaja*)	saber
vàgim (*vàgem*)	saber
vàgiu (*vàgeu*)	saber
vagin (*vagen*)	saber

Perfet

hagi (*haja*)	sabut
hagis (*hages*)	sabut
hagi (*haja*)	sabut
hàgim (*hàgem*)	sabut
hàgiu (*hàgeu*)	sabut
hagin (*hagen*)	sabut

Plusquamperfet

hagués	sabut
haguessis (*haguesses*)	sabut
hagués	sabut
haguéssim (*haguéssem*)	sabut
haguéssiu (*haguésseu*)	sabut
haguessin (*haguessen*)	sabut

Passat anterior (perifràstic)

vagi (*vaja*)	haver	sabut
vagis (*vages*)	haver	sabut
vagi (*vaja*)	haver	sabut
vàgim (*vàgem*)	haver	sabut
vàgiu (*vàgeu*)	haver	sabut
vagin (*vagen*)	haver	sabut

IMPERATIU

–
sàpigues
sàpiga
sapiguem
sapigueu
sàpiguen

FORMES NO PERSONALS

Infinitiu	saber
Infinitiu perfet	haver sabut
Gerundi	sabent
Gerundi perfet	havent sabut
Participi	sabut, sabuda sabuts, sabudes

VARIANTS DIALECTALS

pr subj	VAL sàpia, sàpies, etc.
imperf subj	VAL sabera, saberes, etc.
imper	VAL –, sàpies, sàpia, sapiem, sapieu, sàpien.

61 servir

INDICATIU

Present

serveixo
serveixes (*servixes*)
serveix (*servix*)
servim
serviu
serveixen (*servixen*)

Perfet

he	servit
has	servit
ha	servit
hem	servit
heu	servit
han	servit

Imperfet

servia
servies
servia
servíem
servíeu
servien

Plusquamperfet

havia	servit
havies	servit
havia	servit
havíem	servit
havíeu	servit
havien	servit

Passat (simple)

serví
servires
serví
servírem
servíreu
serviren

Passat anterior (simple)

haguí	servit
hagueres	servit
hagué	servit
haguérem	servit
haguéreu	servit
hagueren	servit

Passat (perifràstic)

vaig	servir
vas (*vares*)	servir
va	servir
vam (*vàrem*)	servir
vau (*vàreu*)	servir
van (*varen*)	servir

Passat anterior (perifràstic)

vaig	haver	servit
vas (*vares*)	haver	servit
va	haver	servit
vam (*vàrem*)	haver	servit
vau (*vàreu*)	haver	servit
van (*varen*)	haver	servit

Futur

serviré
serviràs
servirà
servirem
servireu
serviran

Futur perfet

hauré	servit
hauràs	servit
haurà	servit
haurem	servit
haureu	servit
hauran	servit

Condicional

serviria
serviries
serviria
serviríem
serviríeu
servirien

Condicional perfet

hauria (*haguera*)	servit
hauries (*hagueres*)	servit
hauria (*haguera*)	servit
hauríem (*haguérem*)	servit
hauríeu (*haguéreu*)	servit
haurien (*hagueren*)	servit

SUBJUNTIU

Present	Perfet	
serveixi (*servisca*)	hagi (*haja*)	servit
serveixis (*servisques*)	hagis (*hages*)	servit
serveixi (*servisca*)	hagi (*haja*)	servit
servim	hàgim (*hàgem*)	servit
serviu	hàgiu (*hàgeu*)	servit
serveixin (*servisquen*)	hagin (*hagen*)	servit

Imperfet	Plusquamperfet	
servís	hagués	servit
servissis (*servisses*)	haguessis (*haguesses*)	servit
servís	hagués	servit
servíssim (*servíssem*)	haguéssim (*haguéssem*)	servit
servíssiu (*servísseu*)	haguéssiu (*haguésseu*)	servit
servissin (*servissen*)	haguessin (*haguessen*)	servit

Passat (perifràstic)		Passat anterior (perifràstic)		
vagi (*vaja*)	servir	vagi (*vaja*)	haver	servit
vagis (*vages*)	servir	vagis (*vages*)	haver	servit
vagi (*vaja*)	servir	vagi (*vaja*)	haver	servit
vàgim (*vàgem*)	servir	vàgim (*vàgem*)	haver	servit
vàgiu (*vàgeu*)	servir	vàgiu (*vàgeu*)	haver	servit
vagin (*vagen*)	servir	vagin (*vagen*)	haver	servit

IMPERATIU

–
serveix (*servix*)
serveixi (*servisca*)
servim
serviu
serveixin (*servisquen*)

FORMES NO PERSONALS

Infinitiu	servir
Infinitiu perfet	haver servit
Gerundi	servint
Gerundi perfet	havent servit
Participi[1]	servit servida servits servides

VARIANTS DIALECTALS

pr ind sing 1 BAL servesc (*serveix*); VAL servisc (*servesc*); ROSS serveixi; N-O servixo.
2 BAL serveixs.

pr subj BAL servesqui, servesquis, servesqui, serviguem, servigueu, servesquin; BAL i VAL servesca, servesques, servesca, -, -, servesquen.

imperf subj VAL servira, servires, etc.

imper BAL -, -, servesqui (*servesca*), serviguem, -, servesquin (*servesquen*); VAL -, -, servesca, -, -, servesquen.

☞ **afegir** (i **confegir**, **sobreafegir**), **fregir** (i **refregir**, **sofregir**), **llegir** (i **rellegir**) admeten també, en VAL, les formes pures en els presents d'*ind*, de *subj* i *imper* d'acord amb aquest model: afig, afiges, afig, -, -, afigen; afija, afiges, afija, -, -, afigen. **fregir** (i derivats) fan, en BAL, el participi (i els temps compostos) frit -a.

☞ **penedir-se** admet també, en BAL, les formes pures en els presents d'*ind*, de *subj* i *imper*: penet, penets, penet, -, -, peneden; penedi, penedis, penedi, -, -, penedin.

☞ **ferir** (i **corferir**, **entreferir-se**, **malferir**) admet també, en BAL, les formes pures en els presents d'*ind*, de *subj* i *imper*: fer, fers, fer, -, -, feren; feri, feris, feri, -, -, ferin.

☞ **vestir** (i compostos **desvestir**, **envestir**, **investir**, **revestir**, **transvestir-se**) admet també, en BAL i VAL, respectivament, les formes pures en els presents d'*ind*, de *subj* i *imper*: vest (*vist*), vests (*vists*), vest (*vist*), -, -, vesten (*visten*); vesta (*vista*), vestes (*vistes*), vesta (*vista*), -, -, vesten (*visten*).

☞ **teixir** (i **desteixir**, **entreteixir**, **reteixir**, **sobreteixir**) admet també, dialectalment, les formes pures en els presents d'*ind*, de *subj* i *imper*: tixo (*tix*), tixes, tix, -, -, tixen, tixi (*tixa*), tixis (*tixes*), tixi (*tixa*), -, -, tixin (*tixen*).

☞ **renyir** (en VAL) i **tenyir** (en BAL) admeten també les formes pures en els presents d'*ind*, de *subj* i *imper*: riny, rinys, riny, -, -, rinyen; rinya, rinyes, rinya, -, -, rinyen.

1. **acomplir**, **cobrir**, **complir**, **descobrir**, **establir**, **imprimir**, **incomplir**, **oferir**, **preestablir**, **reblir**, **recobrir**, **recomplir**, **redescobrir**, **reimprimir**, **restablir**, **sofrir** i **suplir** fan els participis (i els temps compostos) acomplert -a (*acomplit -ida*), cobert -a, complert -a (*complit -ida*), descobert -a, establert -a (*establit -ida*), imprès -esa, incomplert -a (*incomplit -ida*), ofert -a (*oferit -ida*), preestablert -a (*preestablit -ida*), reblert -a (*reblit -ida*), recobert -a, recomplert -a (*recomplit -ida*), redescobert -a, reimprès -esa, restablert -a (*restablit -ida*), sofert -a (*sofrit -ida*) i suplert -a (*suplit -ida*).

62 seure

INDICATIU

Present		Perfet		
sec		he	segut	
seus		has	segut	
seu		ha	segut	
seiem		hem	segut	
seieu		heu	segut	
seuen		han	segut	
Imperfet		**Plusquamperfet**		
seia		havia	segut	
seies		havies	segut	
seia		havia	segut	
sèiem		havíem	segut	
sèieu		havíeu	segut	
seien		havien	segut	
Passat (simple)		**Passat anterior (simple)**		
seguí		haguí	segut	
segueres		hagueres	segut	
segué		hagué	segut	
seguérem		haguérem	segut	
seguéreu		haguéreu	segut	
segueren		hagueren	segut	
Passat (perifràstic)		**Passat anterior (perifràstic)**		
vaig	seure	vaig	haver	segut
vas (*vares*)	seure	vas (*vares*)	haver	segut
va	seure	va	haver	segut
vam (*vàrem*)	seure	vam (*vàrem*)	haver	segut
vau (*vàreu*)	seure	vau (*vàreu*)	haver	segut
van (*varen*)	seure	van (*varen*)	haver	segut
Futur		**Futur perfet**		
seuré		hauré	segut	
seuràs		hauràs	segut	
seurà		haurà	segut	
seurem		haurem	segut	
seureu		haureu	segut	
seuran		hauran	segut	
Condicional		**Condicional perfet**		
seuria		hauria (*haguera*)		segut
seuries		hauries (*hagueres*)		segut
seuria		hauria (*haguera*)		segut
seuríem		hauríem (*haguérem*)		segut
seuríeu		hauríeu (*haguéreu*)		segut
seurien		haurien (*hagueren*)		segut

SUBJUNTIU

Present	**Perfet**	
segui (*sega*)	hagi (*haja*)	segut
seguis (*segues*)	hagis (*hages*)	segut
segui (*sega*)	hagi (*haja*)	segut
seguem	hàgim (*hàgem*)	segut
segueu	hàgiu (*hàgeu*)	segut
seguin (*seguen*)	hagin (*hagen*)	segut

Imperfet	**Plusquamperfet**	
segués	hagués	segut
seguessis (*seguesses*)	haguessis (*haguesses*)	segut
segués	hagués	segut
seguéssim (*seguéssem*)	haguéssim (*haguéssem*)	segut
seguéssiu (*seguésseu*)	haguéssiu (*haguésseu*)	segut
seguessin (*seguessen*)	haguessin (*haguessen*)	segut

Passat (perifràstic)		**Passat anterior (perifràstic)**		
vagi (*vaja*)	seure	vagi (*vaja*)	haver	segut
vagis (*vages*)	seure	vagis (*vages*)	haver	segut
vagi (*vaja*)	seure	vagi (*vaja*)	haver	segut
vàgim (*vàgem*)	seure	vàgim (*vàgem*)	haver	segut
vàgiu (*vàgeu*)	seure	vàgiu (*vàgeu*)	haver	segut
vagin (*vagen*)	seure	vagin (*vagen*)	haver	segut

IMPERATIU

–
seu
segui (*sega*)
seguem
seieu
seguin (*seguen*)

FORMES NO PERSONALS

Infinitiu	seure
Infinitiu perfet	haver segut
Gerundi	seient
Gerundi perfet	havent segut
Participi	segut, seguda seguts, segudes

VARIANTS DIALECTALS

pr ind pl	1 BAL seim; VAL seem. 2 BAL seis; VAL seeu.
imperf subj	VAL seguera, segueres, etc.
imper pl	2 BAL seis; VAL seeu.
gerundi	VAL seent.

63 sostenir

INDICATIU

Present	Perfet	
sostinc	he	sostingut
sostens	has	sostingut
sosté	ha	sostingut
sostenim	hem	sostingut
sosteniu	heu	sostingut
sostenen	han	sostingut

Imperfet	Plusquamperfet	
sostenia	havia	sostingut
sostenies	havies	sostingut
sostenia	havia	sostingut
sosteníem	havíem	sostingut
sosteníeu	havíeu	sostingut
sostenien	havien	sostingut

Passat (simple)	Passat anterior (simple)	
sostinguí	haguí	sostingut
sostingueres	hagueres	sostingut
sostingué	hagué	sostingut
sostinguérem	haguérem	sostingut
sostinguéreu	haguéreu	sostingut
sostingueren	hagueren	sostingut

Passat (perifràstic)		Passat anterior (perifràstic)		
vaig	sostenir	vaig	haver	sostingut
vas (*vares*)	sostenir	vas (*vares*)	haver	sostingut
va	sostenir	va	haver	sostingut
vam (*vàrem*)	sostenir	vam (*vàrem*)	haver	sostingut
vau (*vàreu*)	sostenir	vau (*vàreu*)	haver	sostingut
van (*varen*)	sostenir	van (*varen*)	haver	sostingut

Futur	Futur perfet	
sostindré	hauré	sostingut
sostindràs	hauràs	sostingut
sostindrà	haurà	sostingut
sostindrem	haurem	sostingut
sostindreu	haureu	sostingut
sostindran	hauran	sostingut

Condicional	Condicional perfet	
sostindria	hauria (*haguera*)	sostingut
sostindries	hauries (*hagueres*)	sostingut
sostindria	hauria (*haguera*)	sostingut
sostindríem	hauríem (*haguérem*)	sostingut
sostindríeu	hauríeu (*haguéreu*)	sostingut
sostindrien	haurien (*hagueren*)	sostingut

SUBJUNTIU

Present
sostingui (*sostinga*)
sostinguis (*sostingues*)
sostingui (*sostinga*)
sostinguem
sostingueu
sostinguin (*sostinguen*)

Perfet
hagi (*haja*) sostingut
hagis (*hages*) sostingut
hagi (*haja*) sostingut
hàgim (*hàgem*) sostingut
hàgiu (*hàgeu*) sostingut
hagin (*hagen*) sostingut

Imperfet
sostingués
sostinguessis (*sostinguesses*)
sostingués
sostinguéssim (*sostinguéssem*)
sostinguéssiu (*sostinguésseu*)
sostinguessin (*sostinguessen*)

Plusquamperfet
hagués sostingut
haguessis (*haguesses*) sostingut
hagués sostingut
haguéssim (*haguéssem*) sostingut
haguéssiu (*haguésseu*) sostingut
haguessin (*haguessen*) sostingut

Passat (perifràstic)
vagi (*vaja*) sostenir
vagis (*vages*) sostenir
vagi (*vaja*) sostenir
vàgim (*vàgem*) sostenir
vàgiu (*vàgeu*) sostenir
vagin (*vagen*) sostenir

Passat anterior (perifràstic)
vagi (*vaja*) haver sostingut
vagis (*vages*) haver sostingut
vagi (*vaja*) haver sostingut
vàgim (*vàgem*) haver sostingut
vàgiu (*vàgeu*) haver sostingut
vagin (*vagen*) haver sostingut

IMPERATIU

–
sostén
sostingui (*sostinga*)
sostinguem
sosteniu
sostinguin (*sostinguen*)

FORMES NO PERSONALS

Infinitiu sostenir
Infinitiu perfet haver sostingut
Gerundi sostenint
Gerundi perfet havent sostingut
Participi sostingut, sostinguda
sostinguts, sostingudes

VARIANTS DIALECTALS	
pr ind sing	1 BAL sostenc.
pt ind	BAL sostengui, sostengueres, etc.
fut	BAL sostendré, sostendràs, etc.
cond	BAL sostendria, sostendries, etc.
pr subj	BAL sostengui (*sostenga*), sostenguis (*sostengues*), etc.
imperf subj	BAL sostengués, sostenguessis (*sostenguesses*), etc.; VAL sostinguera, sostingueres, etc.
imper	BAL -, -, sostengui (*sostenga*), sostenguem, -, sostenguin (*sostenguen*).
imper sing	2 VAL sostín.
participi	BAL sostengut, sostenguda, sostenguts, sostengudes.

64 témer

INDICATIU

Present
temo (*tem*)
tems
tem
temem
temeu
temen

Perfet
he temut
has temut
ha temut
hem temut
heu temut
han temut

Imperfet
temia
temies
temia
temíem
temíeu
temien

Plusquamperfet
havia temut
havies temut
havia temut
havíem temut
havíeu temut
havien temut

Passat (simple)
temí
temeres
temé
temérem
teméreu
temeren

Passat anterior (simple)
haguí temut
hagueres temut
hagué temut
haguérem temut
haguéreu temut
hagueren temut

Passat (perifràstic)
vaig témer
vas (*vares*) témer
va témer
vam (*vàrem*) témer
vau (*vàreu*) témer
van (*varen*) témer

Passat anterior (perifràstic)
vaig haver temut
vas (*vares*) haver temut
va haver temut
vam (*vàrem*) haver temut
vau (*vàreu*) haver temut
van (*varen*) haver temut

Futur
temeré
temeràs
temerà
temerem
temereu
temeran

Futur perfet
hauré temut
hauràs temut
haurà temut
haurem temut
haureu temut
hauran temut

Condicional
temeria
temeries
temeria
temeríem
temeríeu
temerien

Condicional perfet
hauria (*haguera*) temut
hauries (*hagueres*) temut
hauria (*haguera*) temut
hauríem (*haguérem*) temut
hauríeu (*haguéreu*) temut
haurien (*hagueren*) temut

SUBJUNTIU

Present
temi (*tema*)
temis (*temes*)
temi (*tema*)
temem
temeu
temin (*temen*)

Imperfet
temés
temessis (*temesses*)
temés
teméssim (*teméssem*)
teméssiu (*temésseu*)
temessin (*temessen*)

Passat (perifràstic)
vagi (*vaja*) témer
vagis (*vages*) témer
vagi (*vaja*) témer
vàgim (*vàgem*) témer
vàgiu (*vàgeu*) témer
vagin (*vagen*) témer

Perfet
hagi (*haja*) temut
hagis (*hages*) temut
hagi (*haja*) temut
hàgim (*hàgem*) temut
hàgiu (*hàgeu*) temut
hagin (*hagen*) temut

Plusquamperfet
hagués temut
haguessis (*haguesses*) temut
hagués temut
haguéssim (*haguéssem*) temut
haguéssiu (*haguésseu*) temut
haguessin (*haguessen*) temut

Passat anterior (perifràstic)
vagi (*vaja*) haver temut
vagis (*vages*) haver temut
vagi (*vaja*) haver temut
vàgim (*vàgem*) haver temut
vàgiu (*vàgeu*) haver temut
vagin (*vagen*) haver temut

IMPERATIU

–
tem
temi (*tema*)
temem
temeu
temin (*temen*)

FORMES NO PERSONALS

Infinitiu témer
Infinitiu perfet haver temut
Gerundi tement
Gerundi perfet havent temut
Participi[1] temut, temuda
temuts, temudes

VARIANTS DIALECTALS
pr ind sing 1 ROSS temi.
pr subj pl 1 i 2 BAL temiguem, temigueu.
imperf subj VAL temera, temeres, etc.
imper pl 1 BAL temiguem.

1. **atènyer**, **constrènyer**, **empènyer**, **estrènyer** i **restrènyer** fan els participis (i els temps compostos) atès -esa, empès -esa, estret -a i restret -a.

65 tenir (tindre)

INDICATIU

Present		**Perfet**		
tinc		he	tingut	
tens		has	tingut	
té		ha	tingut	
tenim		hem	tingut	
teniu		heu	tingut	
tenen		han	tingut	
Imperfet		**Plusquamperfet**		
tenia		havia	tingut	
tenies		havies	tingut	
tenia		havia	tingut	
teníem		havíem	tingut	
teníeu		havíeu	tingut	
tenien		havien	tingut	
Passat (simple)		**Passat anterior (simple)**		
tinguí		haguí	tingut	
tingueres		hagueres	tingut	
tingué		hagué	tingut	
tinguérem		haguérem	tingut	
tinguéreu		haguéreu	tingut	
tingueren		hagueren	tingut	
Passat (perifràstic)		**Passat anterior (perifràstic)**		
vaig	tenir	vaig	haver	tingut
vas (*vares*)	tenir	vas (*vares*)	haver	tingut
va	tenir	va	haver	tingut
vam (*vàrem*)	tenir	vam (*vàrem*)	haver	tingut
vau (*vàreu*)	tenir	vau (*vàreu*)	haver	tingut
van (*varen*)	tenir	van (*varen*)	haver	tingut
Futur		**Futur perfet**		
tindré		hauré	tingut	
tindràs		hauràs	tingut	
tindrà		haurà	tingut	
tindrem		haurem	tingut	
tindreu		haureu	tingut	
tindran		hauran	tingut	
Condicional		**Condicional perfet**		
tindria		hauria (*haguera*)		tingut
tindries		hauries (*hagueres*)		tingut
tindria		hauria (*haguera*)		tingut
tindríem		hauríem (*haguérem*)		tingut
tindríeu		hauríeu (*haguéreu*)		tingut
tindrien		haurien (*hagueren*)		tingut

SUBJUNTIU

Present
tingui (*tinga*)
tinguis (*tingues*)
tingui (*tinga*)
tinguem
tingueu
tinguin (*tinguen*)

Imperfet
tingués
tinguessis (*tinguesses*)
tingués
tinguéssim (*tinguéssem*)
tinguéssiu (*tinguésseu*)
tinguessin (*tinguessen*)

Passat (perifràstic)
vagi (*vaja*) tenir
vagis (*vages*) tenir
vagi (*vaja*) tenir
vàgim (*vàgem*) tenir
vàgiu (*vàgeu*) tenir
vagin (*vagen*) tenir

Perfet
hagi (*haja*) tingut
hagis (*hages*) tingut
hagi (*haja*) tingut
hàgim (*hàgem*) tingut
hàgiu (*hàgeu*) tingut
hagin (*hagen*) tingut

Plusquamperfet
hagués tingut
haguessis (*haguesses*) tingut
hagués tingut
haguéssim (*haguéssem*) tingut
haguéssiu (*haguésseu*) tingut
haguessin (*haguessen*) tingut

Passat anterior (perifràstic)
vagi (*vaja*) haver tingut
vagis (*vages*) haver tingut
vagi (*vaja*) haver tingut
vàgim (*vàgem*) haver tingut
vàgiu (*vàgeu*) haver tingut
vagin (*vagen*) haver tingut

IMPERATIU

–
tingues (*ten, té*)
tingui (*tinga*)
tinguem
tingueu (*teniu*)
tinguin (*tinguen*)

FORMES NO PERSONALS

Infinitiu tenir (*tindre*)
Infinitiu perfet haver tingut
Gerundi tenint
Gerundi perfet havent tingut
Participi tingut, tinguda
tinguts, tingudes

VARIANTS DIALECTALS	
pr ind sing	1 BAL tenc.
pt ind	BAL tenguí, tengueres, etc.
fut	BAL tendré, tendràs, etc.
cond	BAL tendria, tendries, etc.
pr subj	BAL tengui (*tenga*), tenguis (*tengues*), etc.
imperf subj	BAL tengués, tenguessis (*tenguesses*), etc.; VAL tinguera, tingueres, etc.
imper	BAL -, -, tengui (*tenga*), tenguem, -, tenguin (*tenguen*).
imper sing	2 VAL tin.
participi	BAL tengut, tenguda, tenguts, tengudes.

66 traduir

INDICATIU

Present	Perfet	
tradueixo	he	traduït
tradueixes (*traduïxes*)	has	traduït
tradueix (*traduïx*)	ha	traduït
traduïm	hem	traduït
traduïu	heu	traduït
tradueixen (*traduïxen*)	han	traduït

Imperfet	Plusquamperfet	
traduïa	havia	traduït
traduïes	havies	traduït
traduïa	havia	traduït
traduíem	havíem	traduït
traduíeu	havíeu	traduït
traduïen	havien	traduït

Passat (simple)	Passat anterior (simple)	
traduí	haguí	traduït
traduïres	hagueres	traduït
traduí	hagué	traduït
traduírem	haguérem	traduït
traduíreu	haguéreu	traduït
traduïren	hagueren	traduït

Passat (perifràstic)		Passat anterior (perifràstic)		
vaig	traduir	vaig	haver	traduït
vas (*vares*)	traduir	vas (*vares*)	haver	traduït
va	traduir	va	haver	traduït
vam (*vàrem*)	traduir	vam (*vàrem*)	haver	traduït
vau (*vàreu*)	traduir	vau (*vàreu*)	haver	traduït
van (*varen*)	traduir	van (*varen*)	haver	traduït

Futur	Futur perfet	
traduiré	hauré	traduït
traduiràs	hauràs	traduït
traduirà	haurà	traduït
traduirem	haurem	traduït
traduireu	haureu	traduït
traduiran	hauran	traduït

Condicional	Condicional perfet	
traduiria	hauria (*haguera*)	traduït
traduiries	hauries (*hagueres*)	traduït
traduiria	hauria (*haguera*)	traduït
traduiríem	hauríem (*haguérem*)	traduït
traduiríeu	hauríeu (*haguéreu*)	traduït
traduirien	haurien (*hagueren*)	traduït

SUBJUNTIU

Present
tradueixi (*traduïsca*)
tradueixis (*traduïsques*)
tradueixi (*traduïsca*)
traduïm
traduïu
tradueixin (*traduïsquen*)

Perfet
hagi (*haja*) traduït
hagis (*hages*) traduït
hagi (*haja*) traduït
hàgim (*hàgem*) traduït
hàgiu (*hàgeu*) traduït
hagin (*hagen*) traduït

Imperfet
traduís
traduïssis (*traduïsses*)
traduís
traduíssim (*traduíssem*)
traduíssiu (*traduísseu*)
traduïssin (*traduïssen*)

Plusquamperfet
hagués traduït
haguessis (*haguesses*) traduït
hagués traduït
haguéssim (*haguéssem*) traduït
haguéssiu (*haguésseu*) traduït
haguessin (*haguessen*) traduït

Passat (perifràstic)
vagi (*vaja*) traduir
vagis (*vages*) traduir
vagi (*vaja*) traduir
vàgim (*vàgem*) traduir
vàgiu (*vàgeu*) traduir
vagin (*vagen*) traduir

Passat anterior (perifràstic)
vagi (*vaja*) haver traduït
vagis (*vages*) haver traduït
vagi (*vaja*) haver traduït
vàgim (*vàgem*) haver traduït
vàgiu (*vàgeu*) haver traduït
vagin (*vagen*) haver traduït

IMPERATIU

–
tradueix (*traduïx*)
tradueixi (*traduïsca*)
traduïm
traduïu
tradueixin (*traduïsquen*)

FORMES NO PERSONALS

Infinitiu traduir
Infinitiu perfet haver traduït
Gerundi traduint
Gerundi perfet havent traduït
Participi traduït, traduïda
traduïts, traduïdes

VARIANTS DIALECTALS

pr ind sing	1 BAL traduesc (*tradueix*); VAL traduïsc (*traduesc*); ROSS tradueixi; N-O traduïxo. 2 BAL tradueixs.
pr subj	BAL traduesqui, traduesquis, traduesqui, traduïguem, traduïgueu, traduesquin; BAL i VAL traduesca, traduesques, traduesca, -, -, traduesquen.
imperf subj	VAL traduïra, traduïres, etc.
imper	BAL -, -, traduesqui (*traduesca*), traduïguem, -, traduesquin (*traduesquen*); VAL -, -, traduesca, -, -, traduesquen.

67 trencar

INDICATIU

Present
trenco
trenques
trenca
trenquem
trenqueu
trenquen

Imperfet
trencava
trencaves
trencava
trencàvem
trencàveu
trencaven

Passat (simple)
trenquí
trencares
trencà
trencàrem
trencàreu
trencaren

Passat (perifràstic)
vaig trencar
vas (*vares*) trencar
va trencar
vam (*vàrem*) trencar
vau (*vàreu*) trencar
van (*varen*) trencar

Futur
trencaré
trencaràs
trencarà
trencarem
trencareu
trencaran

Condicional
trencaria
trencaries
trencaria
trencaríem
trencaríeu
trencarien

Perfet
he trencat
has trencat
ha trencat
hem trencat
heu trencat
han trencat

Plusquamperfet
havia trencat
havies trencat
havia trencat
havíem trencat
havíeu trencat
havien trencat

Passat anterior (simple)
haguí trencat
hagueres trencat
hagué trencat
haguérem trencat
haguéreu trencat
hagueren trencat

Passat anterior (perifràstic)
vaig haver trencat
vas (*vares*) haver trencat
va haver trencat
vam (*vàrem*) haver trencat
vau (*vàreu*) haver trencat
van (*varen*) haver trencat

Futur perfet
hauré trencat
hauràs trencat
haurà trencat
haurem trencat
haureu trencat
hauran trencat

Condicional perfet
hauria (*haguera*) trencat
hauries (*hagueres*) trencat
hauria (*haguera*) trencat
hauríem (*haguérem*) trencat
hauríeu (*haguéreu*) trencat
haurien (*hagueren*) trencat

SUBJUNTIU

Present

trenqui (*trenque*)
trenquis (*trenques*)
trenqui (*trenque*)
trenquem
trenqueu
trenquin (*trenquen*)

Imperfet

trenqués
trenquessis (*trenquesses*)
trenqués
trenquéssim (*trenquéssem*)
trenquéssiu (*trenquésseu*)
trenquessin (*trenquessen*)

Passat (perifràstic)

vagi (*vaja*) trencar
vagis (*vages*) trencar
vagi (*vaja*) trencar
vàgim (*vàgem*) trencar
vàgiu (*vàgeu*) trencar
vagin (*vagen*) trencar

Perfet

hagi (*haja*) trencat
hagis (*hages*) trencat
hagi (*haja*) trencat
hàgim (*hàgem*) trencat
hàgiu (*hàgeu*) trencat
hagin (*hagen*) trencat

Plusquamperfet

hagués trencat
haguessis (*haguesses*) trencat
hagués trencat
haguéssim (*haguéssem*) trencat
haguéssiu (*haguésseu*) trencat
haguessin (*haguessen*) trencat

Passat anterior (perifràstic)

vagi (*vaja*) haver trencat
vagis (*vages*) haver trencat
vagi (*vaja*) haver trencat
vàgim (*vàgem*) haver trencat
vàgiu (*vàgeu*) haver trencat
vagin (*vagen*) haver trencat

IMPERATIU

–
trenca
trenqui (*trenque*)
trenquem
trenqueu
trenquin (*trenquen*)

FORMES NO PERSONALS

Infinitiu trencar
Infinitiu perfet haver trencat

Gerundi trencant
Gerundi perfet havent trencat

Participi trencat, trencada
trencats, trencades

VARIANTS DIALECTALS

pr ind sing 1 BAL trenc; VAL trenque; ROSS trenqui.
pr ind pl 1 i 2 BAL trencam, trencau.
imperf subj BAL trencàs, trencassis (*trencasses*), etc.;
VAL trencara (*trencàs*), trencares (*trencasses*), etc.
imper pl 2 BAL trencau.

68 valer

INDICATIU

Present		Perfet		
valc		he	valgut	
vals		has	valgut	
val		ha	valgut	
valem		hem	valgut	
valeu		heu	valgut	
valen		han	valgut	

Imperfet		Plusquamperfet		
valia		havia	valgut	
valies		havies	valgut	
valia		havia	valgut	
valíem		havíem	valgut	
valíeu		havíeu	valgut	
valien		havien	valgut	

Passat (simple)		Passat anterior (simple)		
valguí		haguí	valgut	
valgueres		hagueres	valgut	
valgué		hagué	valgut	
valguérem		haguérem	valgut	
valguéreu		haguéreu	valgut	
valgueren		hagueren	valgut	

Passat (perifràstic)		Passat anterior (perifràstic)		
vaig	valer	vaig	haver	valgut
vas (*vares*)	valer	vas (*vares*)	haver	valgut
va	valer	va	haver	valgut
vam (*vàrem*)	valer	vam (*vàrem*)	haver	valgut
vau (*vàreu*)	valer	vau (*vàreu*)	haver	valgut
van (*varen*)	valer	van (*varen*)	haver	valgut

Futur		Futur perfet		
valdré		hauré	valgut	
valdràs		hauràs	valgut	
valdrà		haurà	valgut	
valdrem		haurem	valgut	
valdreu		haureu	valgut	
valdran		hauran	valgut	

Condicional		Condicional perfet		
valdria		hauria (*haguera*)		valgut
valdries		hauries (*hagueres*)		valgut
valdria		hauria (*haguera*)		valgut
valdríem		hauríem (*haguérem*)		valgut
valdríeu		hauríeu (*haguéreu*)		valgut
valdrien		haurien (*hagueren*)		valgut

SUBJUNTIU

Present
valgui (*valga*)
valguis (*valgues*)
valgui (*valga*)
valguem
valgueu
valguin (*valguen*)

Imperfet
valgués
valguessis (*valguesses*)
valgués
valguéssim (*valguéssem*)
valguéssiu (*valguésseu*)
valguessin (*valguessen*)

Passat (perifràstic)

vagi (*vaja*)	valer
vagis (*vages*)	valer
vagi (*vaja*)	valer
vàgim (*vàgem*)	valer
vàgiu (*vàgeu*)	valer
vagin (*vagen*)	valer

Perfet

hagi (*haja*)	valgut
hagis (*hages*)	valgut
hagi (*haja*)	valgut
hàgim (*hàgem*)	valgut
hàgiu (*hàgeu*)	valgut
hagin (*hagen*)	valgut

Plusquamperfet

hagués	valgut
haguessis (*haguesses*)	valgut
hagués	valgut
haguéssim (*haguéssem*)	valgut
haguéssiu (*haguésseu*)	valgut
haguessin (*haguessen*)	valgut

Passat anterior (perifràstic)

vagi (*vaja*)	haver	valgut
vagis (*vages*)	haver	valgut
vagi (*vaja*)	haver	valgut
vàgim (*vàgem*)	haver	valgut
vàgiu (*vàgeu*)	haver	valgut
vagin (*vagen*)	haver	valgut

IMPERATIU

–
val
valgui (*valga*)
valguem
valeu
valguin (*valguen*)

FORMES NO PERSONALS

Infinitiu	valer
Infinitiu perfet	haver valgut
Gerundi	valent
Gerundi perfet	havent valgut
Participi	valgut, valguda valguts, valgudes

VARIANTS DIALECTALS
imperf subj VAL valguera, valgueres, etc.

69 vèncer

INDICATIU

Present	Perfet	
venço (*venç*)	he	vençut
vences	has	vençut
venç	ha	vençut
vencem	hem	vençut
venceu	heu	vençut
vencen	han	vençut

Imperfet	Plusquamperfet	
vencia	havia	vençut
vencies	havies	vençut
vencia	havia	vençut
vencíem	havíem	vençut
vencíeu	havíeu	vençut
vencien	havien	vençut

Passat (simple)	Passat anterior (simple)	
vencí	haguí	vençut
venceres	hagueres	vençut
vencé	hagué	vençut
vencérem	haguérem	vençut
vencéreu	haguéreu	vençut
venceren	hagueren	vençut

Passat (perifràstic)		Passat anterior (perifràstic)		
vaig	vèncer	vaig	haver	vençut
vas (*vares*)	vèncer	vas (*vares*)	haver	vençut
va	vèncer	va	haver	vençut
vam (*vàrem*)	vèncer	vam (*vàrem*)	haver	vençut
vau (*vàreu*)	vèncer	vau (*vàreu*)	haver	vençut
van (*varen*)	vèncer	van (*varen*)	haver	vençut

Futur	Futur perfet	
venceré	hauré	vençut
venceràs	hauràs	vençut
vencerà	haurà	vençut
vencerem	haurem	vençut
vencereu	haureu	vençut
venceran	hauran	vençut

Condicional	Condicional perfet	
venceria	hauria (*haguera*)	vençut
venceries	hauries (*hagueres*)	vençut
venceria	hauria (*haguera*)	vençut
venceríem	hauríem (*haguérem*)	vençut
venceríeu	hauríeu (*haguéreu*)	vençut
vencerien	haurien (*hagueren*)	vençut

SUBJUNTIU

Present

venci (*vença*)
vencis (*vences*)
venci (*vença*)
vencem
venceu
vencin (*vencen*)

Imperfet

vencés
vencessis (*vencesses*)
vencés
vencéssim (*vencéssem*)
vencéssiu (*vencésseu*)
vencessin (*vencessen*)

Passat (perifràstic)

vagi (*vaja*) vèncer
vagis (*vages*) vèncer
vagi (*vaja*) vèncer
vàgim (*vàgem*) vèncer
vàgiu (*vàgeu*) vèncer
vagin (*vagen*) vèncer

Perfet

hagi (*haja*) vençut
hagis (*hages*) vençut
hagi (*haja*) vençut
hàgim (*hàgem*) vençut
hàgiu (*hàgeu*) vençut
hagin (*hagen*) vençut

Plusquamperfet

hagués vençut
haguessis (*haguesses*) vençut
hagués vençut
haguéssim (*haguéssem*) vençut
haguéssiu (*haguésseu*) vençut
haguessin (*haguessen*) vençut

Passat anterior (perifràstic)

vagi (*vaja*) haver vençut
vagis (*vages*) haver vençut
vagi (*vaja*) haver vençut
vàgim (*vàgem*) haver vençut
vàgiu (*vàgeu*) haver vençut
vagin (*vagen*) haver vençut

IMPERATIU

–
venç
venci (*vença*)
vencem
venceu
vencin (*vencen*)

FORMES NO PERSONALS

Infinitiu vèncer
Infinitiu perfet haver vençut
Gerundi vencent
Gerundi perfet havent vençut
Participi vençut, vençuda
vençuts, vençudes

VARIANTS DIALECTALS

pr ind sing 1 ROSS venci.
pr subj pl 1 i 2 BAL venciguem, vencigueu.
imperf subj VAL vencera, venceres, etc.
imper pl 1 BAL venciguem.
infinitiu VAL véncer
☞ Tots els compostos de **vèncer** fan en VAL l'*infinitiu* -véncer.

70 vendre

INDICATIU

Present[1]
venc
vens
ven
venem
veneu
venen

Imperfet
venia
venies
venia
veníem
veníeu
venien

Passat (simple)
venguí
vengueres
vengué
venguérem
venguéreu
vengueren

Passat (perifràstic)
vaig vendre
vas (*vares*) vendre
va vendre
vam (*vàrem*) vendre
vau (*vàreu*) vendre
van (*varen*) vendre

Futur
vendré
vendràs
vendrà
vendrem
vendreu
vendran

Condicional
vendria
vendries
vendria
vendríem
vendríeu
vendrien

Perfet
he venut
has venut
ha venut
hem venut
heu venut
han venut

Plusquamperfet
havia venut
havies venut
havia venut
havíem venut
havíeu venut
havien venut

Passat anterior (simple)
haguí venut
hagueres venut
hagué venut
haguérem venut
haguéreu venut
hagueren venut

Passat anterior (perifràstic)
vaig haver venut
vas (*vares*) haver venut
va haver venut
vam (*vàrem*) haver venut
vau (*vàreu*) haver venut
van (*varen*) haver venut

Futur perfet
hauré venut
hauràs venut
haurà venut
haurem venut
haureu venut
hauran venut

Condicional perfet
hauria (*haguera*) venut
hauries (*hagueres*) venut
hauria (*haguera*) venut
hauríem (*haguérem*) venut
hauríeu (*haguéreu*) venut
haurien (*hagueren*) venut

SUBJUNTIU

Present	Perfet	
vengui (*venga*)	hagi (*haja*)	venut
venguis (*vengues*)	hagis (*hages*)	venut
vengui (*venga*)	hagi (*haja*)	venut
venguem	hàgim (*hàgem*)	venut
vengueu	hàgiu (*hàgeu*)	venut
venguin (*venguen*)	hagin (*hagen*)	venut

Imperfet	Plusquamperfet	
vengués	hagués	venut
venguessis (*venguesses*)	haguessis (*haguesses*)	venut
vengués	hagués	venut
venguéssim (*venguéssem*)	haguéssim (*haguéssem*)	venut
venguéssiu (*venguésseu*)	haguéssiu (*haguésseu*)	venut
venguessin (*venguessen*)	haguessin (*haguessen*)	venut

Passat (perifràstic)		Passat anterior (perifràstic)		
vagi (*vaja*)	vendre	vagi (*vaja*)	haver	venut
vagis (*vages*)	vendre	vagis (*vages*)	haver	venut
vagi (*vaja*)	vendre	vagi (*vaja*)	haver	venut
vàgim (*vàgem*)	vendre	vàgim (*vàgem*)	haver	venut
vàgiu (*vàgeu*)	vendre	vàgiu (*vàgeu*)	haver	venut
vagin (*vagen*)	vendre	vagin (*vagen*)	haver	venut

IMPERATIU[2]

–
ven
vengui (*venga*)
venguem
veneu
venguin (*venguen*)

FORMES NO PERSONALS

Infinitiu	vendre
Infinitiu perfet	haver venut
Gerundi	venent
Gerundi perfet	havent venut
Participi[3]	venut, venuda venuts, venudes

VARIANTS DIALECTALS

pt ind	BAL vení, veneres, etc.
pr subj	BAL vena, venes, vena, -, -, venen.
imperf subj	BAL venés, venessis (*venesses*), etc.; VAL venquera, venqueres, etc.
imper	BAL -, -, vena, -, -, venen

☞ **prendre**, en BAL, fa el *pr ind pl* 1 prenim, 2 preniu i l'*imper pl* 2 preniu.

1. **malvendre**, **retrovendre** i **revendre** fan el *pr ind sing* 3 malvèn, retrovèn i revèn.
2. **malvendre**, **retrovendre** i **revendre** fan l'*imper sing* 2 malvèn, retrovèn i revèn.
3. **fendre** i **prendre** fans els participis (i els temps compostos) fes fesa i pres presa.

71 venir (vindre)

INDICATIU

Present
vinc
véns
ve
venim
veniu
vénen

Perfet

he	vingut
has	vingut
ha	vingut
hem	vingut
heu	vingut
han	vingut

Imperfet
venia
venies
venia
veníem
veníeu
venien

Plusquamperfet

havia	vingut
havies	vingut
havia	vingut
havíem	vingut
havíeu	vingut
havien	vingut

Passat (simple)
vinguí
vingueres
vingué
vinguérem
vinguéreu
vingueren

Passat anterior (simple)

haguí	vingut
hagueres	vingut
hagué	vingut
haguérem	vingut
haguéreu	vingut
hagueren	vingut

Passat (perifràstic)

vaig	venir
vas (*vares*)	venir
va	venir
vam (*vàrem*)	venir
vau (*vàreu*)	venir
van (*varen*)	venir

Passat anterior (perifràstic)

vaig	haver	vingut
vas (*vares*)	haver	vingut
va	haver	vingut
vam (*vàrem*)	haver	vingut
vau (*vàreu*)	haver	vingut
van (*varen*)	haver	vingut

Futur
vindré
vindràs
vindrà
vindrem
vindreu
vindran

Futur perfet

hauré	vingut
hauràs	vingut
haurà	vingut
haurem	vingut
haureu	vingut
hauran	vingut

Condicional
vindria
vindries
vindria
vindríem
vindríeu
vindrien

Condicional perfet

hauria (*haguera*)	vingut
hauries (*hagueres*)	vingut
hauria (*haguera*)	vingut
hauríem (*haguérem*)	vingut
hauríeu (*haguéreu*)	vingut
haurien (*hagueren*)	vingut

SUBJUNTIU

Present	Perfet	
vingui (*vinga*)	hagi (*haja*)	vingut
vinguis (*vingues*)	hagis (*hages*)	vingut
vingui (*vinga*)	hagi (*haja*)	vingut
vinguem	hàgim (*hàgem*)	vingut
vingueu	hàgiu (*hàgeu*)	vingut
vinguin (*vinguen*)	hagin (*hagen*)	vingut

Imperfet	Plusquamperfet	
vingués	hagués	vingut
vinguessis (*vinguesses*)	haguessis (*haguesses*)	vingut
vingués	hagués	vingut
vinguéssim (*vinguéssem*)	haguéssim (*haguéssem*)	vingut
vinguéssiu (*vinguésseu*)	haguéssiu (*haguésseu*)	vingut
vinguessin (*vinguessen*)	haguessin (*haguessen*)	vingut

Passat (perifràstic)		Passat anterior (perifràstic)		
vagi (*vaja*)	venir	vagi (*vaja*)	haver	vingut
vagis (*vages*)	venir	vagis (*vages*)	haver	vingut
vagi (*vaja*)	venir	vagi (*vaja*)	haver	vingut
vàgim (*vàgem*)	venir	vàgim (*vàgem*)	haver	vingut
vàgiu (*vàgeu*)	venir	vàgiu (*vàgeu*)	haver	vingut
vagin (*vagen*)	venir	vagin (*vagen*)	haver	vingut

IMPERATIU

–
vine
vingui (*vinga*)
vinguem
veniu
vinguin (*vinguen*)

FORMES NO PERSONALS

Infinitiu venir (*vindre*)
Infinitiu perfet haver vingut
Gerundi venint
Gerundi perfet havent vingut
Participi vingut, vinguda, vinguts, vingudes

VARIANTS DIALECTALS

pr ind sing	1 BAL venc.
pt ind	BAL venguí, vengueres, etc.
fut	BAL vendré, vendràs, etc.
cond	BAL vendria, vendries, etc.
pr subj	BAL vengui (*venga*), venguis (*vengues*), etc.
imperf subj	BAL vengués, venguessis (*venguesses*), etc.; VAL vinguera, vingueres, etc.
imper	BAL -, -, vengui (*venga*), venguem, -, venguin (*venguen*).
participi	BAL vengut, venguda, venguts, vengudes.

72 veure

INDICATIU

Present		Perfet		
veig		he	vist	
veus		has	vist	
veu		ha	vist	
veiem		hem	vist	
veieu		heu	vist	
veuen		han	vist	

Imperfet		Plusquamperfet		
veia		havia	vist	
veies		havies	vist	
veia		havia	vist	
vèiem		havíem	vist	
vèieu		havíeu	vist	
veien		havien	vist	

Passat (simple)		Passat anterior (simple)		
viu		haguí	vist	
veieres (*veres*)		hagueres	vist	
veié (*véu*)		hagué	vist	
veiérem (*vérem*)		haguérem	vist	
veiéreu (*véreu*)		haguéreu	vist	
veieren (*veren*)		hagueren	vist	

Passat (perifràstic)		Passat anterior (perifràstic)		
vaig	veure	vaig	haver	vist
vas (*vares*)	veure	vas (*vares*)	haver	vist
va	veure	va	haver	vist
vam (*vàrem*)	veure	vam (*vàrem*)	haver	vist
vau (*vàreu*)	veure	vau (*vàreu*)	haver	vist
van (*varen*)	veure	van (*varen*)	haver	vist

Futur		Futur perfet		
veuré		hauré	vist	
veuràs		hauràs	vist	
veurà		haurà	vist	
veurem		haurem	vist	
veureu		haureu	vist	
veuran		hauran	vist	

Condicional		Condicional perfet		
veuria		hauria (*haguera*)		vist
veuries		hauries (*hagueres*)		vist
veuria		hauria (*haguera*)		vist
veuríem		hauríem (*haguérem*)		vist
veuríeu		hauríeu (*haguéreu*)		vist
veurien		haurien (*hagueren*)		vist

SUBJUNTIU

Present

vegi (*veja*)
vegis (*veges*)
vegi (*veja*)
vegem
vegeu
vegin (*vegen*)

Imperfet

veiés
veiessis (*veiesses*)
veiés
veiéssim (*veiéssem*)
veiéssiu (*veiésseu*)
veiessin (*veiessen*)

Passat (perifràstic)

vagi (*vaja*) veure
vagis (*vages*) veure
vagi (*vaja*) veure
vàgim (*vàgem*) veure
vàgiu (*vàgeu*) veure
vagin (*vagen*) veure

Perfet

hagi (*haja*) vist
hagis (*hages*) vist
hagi (*haja*) vist
hàgim (*hàgem*) vist
hàgiu (*hàgeu*) vist
hagin (*hagen*) vist

Plusquamperfet

hagués vist
haguessis (*haguesses*) vist
hagués vist
haguéssim (*haguéssem*) vist
haguéssiu (*haguésseu*) vist
haguessin (*haguessen*) vist

Passat anterior (perifràstic)

vagi (*vaja*) haver vist
vagis (*vages*) haver vist
vagi (*vaja*) haver vist
vàgim (*vàgem*) haver vist
vàgiu (*vàgeu*) haver vist
vagin (*vagen*) haver vist

IMPERATIU[1]

–
veges (*ves*)
vegi (*veja*)
vegem
vegeu (*veieu*)
vegin (*vegen*)

FORMES NO PERSONALS

Infinitiu veure
Infinitiu perfet haver vist

Gerundi veient
Gerundi perfet havent vist

Participi vist
vista
vists (*vistos*)
vistes

VARIANTS DIALECTALS	
pr ind pl	1 BAL veim; VAL veem.
	2 BAL veis; VAL veeu.
pt ind sing	3 VAL viu.
fut	VAL [*col·loquial*] voré, voràs, etc.
cond	VAL [*col·loquial*] voria, vories, etc.
imperf subj	BAL ves, vessis (*vesses*), ves, véssim (*véssem*), véssiu (*vésseu*), vessin (*vessen*); VAL vera, veres, vera, vérem, véreu, veren.
imper pl	2 BAL veis; VAL veeu.
infinitiu	VAL [*col·loquial*] vore.
gerundi	VAL veent.

1. **preveure** i **reveure** fan l'*imper sing* 2 preveges i reveges.

73 viure

INDICATIU

Present	Perfet	
visc	he	viscut
vius	has	viscut
viu	ha	viscut
vivim	hem	viscut
viviu	heu	viscut
viuen	han	viscut

Imperfet	Plusquamperfet	
vivia	havia	viscut
vivies	havies	viscut
vivia	havia	viscut
vivíem	havíem	viscut
vivíeu	havíeu	viscut
vivien	havien	viscut

Passat (simple)	Passat anterior (simple)	
visquí	haguí	viscut
visqueres	hagueres	viscut
visqué	hagué	viscut
visquérem	haguérem	viscut
visquéreu	haguéreu	viscut
visqueren	hagueren	viscut

Passat (perifràstic)		Passat anterior (perifràstic)		
vaig	viure	vaig	haver	viscut
vas (*vares*)	viure	vas (*vares*)	haver	viscut
va	viure	va	haver	viscut
vam (*vàrem*)	viure	vam (*vàrem*)	haver	viscut
vau (*vàreu*)	viure	vau (*vàreu*)	haver	viscut
van (*varen*)	viure	van (*varen*)	haver	viscut

Futur	Futur perfet	
viuré	hauré	viscut
viuràs	hauràs	viscut
viurà	haurà	viscut
viurem	haurem	viscut
viureu	haureu	viscut
viuran	hauran	viscut

Condicional	Condicional perfet	
viuria	hauria (*haguera*)	viscut
viuries	hauries (*hagueres*)	viscut
viuria	hauria (*haguera*)	viscut
viuríem	hauríem (*haguérem*)	viscut
viuríeu	hauríeu (*haguéreu*)	viscut
viurien	haurien (*hagueren*)	viscut

SUBJUNTIU

Present
visqui (*visca*)
visquis (*visques*)
visqui (*visca*)
visquem
visqueu
visquin (*visquen*)

Imperfet
visqués
visquessis (*visquesses*)
visqués
visquéssim (*visquéssem*)
visquéssiu (*visquésseu*)
visquessin (*visquessen*)

Passat (perifràstic)
vagi (*vaja*) viure
vagis (*vages*) viure
vagi (*vaja*) viure
vàgim (*vàgem*) viure
vàgiu (*vàgeu*) viure
vagin (*vagen*) viure

Perfet
hagi (*haja*) viscut
hagis (*hages*) viscut
hagi (*haja*) viscut
hàgim (*hàgem*) viscut
hàgiu (*hàgeu*) viscut
hagin (*hagen*) viscut

Plusquamperfet
hagués viscut
haguessis (*haguesses*) viscut
hagués viscut
haguéssim (*haguéssem*) viscut
haguéssiu (*haguésseu*) viscut
haguessin (*haguessen*) viscut

Passat anterior (perifràstic)
vagi (*vaja*) haver viscut
vagis (*vages*) haver viscut
vagi (*vaja*) haver viscut
vàgim (*vàgem*) haver viscut
vàgiu (*vàgeu*) haver viscut
vagin (*vagen*) haver viscut

IMPERATIU

–
viu
visqui (*visca*)
visquem
viviu
visquin (*visquen*)

FORMES NO PERSONALS

Infinitiu viure
Infinitiu perfet haver viscut
Gerundi vivint
Gerundi perfet havent viscut
Participi viscut, viscuda
viscuts, viscudes

VARIANTS DIALECTALS
imperf subj VAL visquera, visqueres, etc.

74 voler

INDICATIU

Present
vull
vols
vol
volem
voleu
volen

Perfet
he volgut
has volgut
ha volgut
hem volgut
heu volgut
han volgut

Imperfet
volia
volies
volia
volíem
volíeu
volien

Plusquamperfet
havia volgut
havies volgut
havia volgut
havíem volgut
havíeu volgut
havien volgut

Passat (simple)
volguí
volgueres
volgué
volguérem
volguéreu
volgueren

Passat anterior (simple)
haguí volgut
hagueres volgut
hagué volgut
haguérem volgut
haguéreu volgut
hagueren volgut

Passat (perifràstic)
vaig voler
vas (*vares*) voler
va voler
vam (*vàrem*) voler
vau (*vàreu*) voler
van (*varen*) voler

Passat anterior (perifràstic)
vaig haver volgut
vas (*vares*) haver volgut
va haver volgut
vam (*vàrem*) haver volgut
vau (*vàreu*) haver volgut
van (*varen*) haver volgut

Futur
voldré
voldràs
voldrà
voldrem
voldreu
voldran

Futur perfet
hauré volgut
hauràs volgut
haurà volgut
haurem volgut
haureu volgut
hauran volgut

Condicional
voldria
voldries
voldria
voldríem
voldríeu
voldrien

Condicional perfet
hauria (*haguera*) volgut
hauries (*hagueres*) volgut
hauria (*haguera*) volgut
hauríem (*haguérem*) volgut
hauríeu (*haguéreu*) volgut
haurien (*hagueren*) volgut

SUBJUNTIU

Present
vulgui (*vulga*)
vulguis (*vulgues*)
vulgui (*vulga*)
vulguem
vulgueu
vulguin (*vulguen*)

Perfet
hagi (*haja*) volgut
hagis (*hages*) volgut
hagi (*haja*) volgut
hàgim (*hàgem*) volgut
hàgiu (*hàgeu*) volgut
hagin (*hagen*) volgut

Imperfet
volgués
volguessis (*volguesses*)
volgués
volguéssim (*volguéssem*)
volguéssiu (*volguésseu*)
volguessin (*volguessen*)

Plusquamperfet
hagués volgut
haguessis (*haguesses*) volgut
hagués volgut
haguéssim (*haguéssem*) volgut
haguéssiu (*haguésseu*) volgut
haguessin (*haguessen*) volgut

Passat (perifràstic)
vagi (*vaja*) voler
vagis (*vages*) voler
vagi (*vaja*) voler
vàgim (*vàgem*) voler
vàgiu (*vàgeu*) voler
vagin (*vagen*) voler

Passat anterior (perifràstic)
vagi (*vaja*) haver volgut
vagis (*vages*) haver volgut
vagi (*vaja*) haver volgut
vàgim (*vàgem*) haver volgut
vàgiu (*vàgeu*) haver volgut
vagin (*vagen*) haver volgut

IMPERATIU

–
vulgues
vulgui (*vulga*)
vulguem
vulgueu
vulguin (*vulguen*)

FORMES NO PERSONALS

Infinitiu voler
Infinitiu perfet haver volgut
Gerundi volent
Gerundi perfet havent volgut
Participi volgut, volguda
volguts, volgudes

VARIANTS DIALECTALS
imperf subj VAL volguera, volgueres, etc.

ÍNDEX

Verb	Model
acetalitzar	9
acetificar	67
acetilar	9
acidar	9
acidificar	67
acidular	9
aciençar	14
acientar	9
acilar	9
acimar	9
aciutadanar-se	9
acivadar	9
aclacar-se	67
aclamar	9
aclameir	51
aclaparar	9
aclarir	61
aclimatar	9
aclivellar	9
aclocar-se	67
aclofar	9
aclotar	9
aclucar	67
acoblar	9
acollar	9
acollir	13
acollonar	9
acollonir	61
acolorar	9
acolorir	61
acoltellar	9
acomboiar	31
acomiadar	9
acomodar	9
acompanyar	9
acomplexar	9
acomplir	61
vg notes	
acondiciar	10
aconductar	9
aconduir	66
aconhortar	9
aconillar	9
aconseguir	61
aconsellar	9
acontentar	9
acopar	9
acopar-se	9
acoquinar	9
acorar	9
acordar	9
acordillar	9
acordonar	9
acorralar	9
acórrer	18
acorriolar-se	9
acorruar	34
acostar	9
acostumar	9
acotar	9
acotiar	10
acotxar	9
acovardir	61
acreditar	9
acréixer	20
acromatitzar	9
activar	9
actualitzar	9
actuar	34
acubar	9
acubillar	9
acudir	61 o 25
vg notes 25	
acugular	9
acuindar	9
acuitar	9
acular	9
aculturar	9
acumular	9
acunçar	14
acurçar (VAL)	14
acurtar (VAL)	9
acusar	9
adaptar	9
adargar	52
addicionar	9
adduir	66
adelerar-se	9
adelitar	9
adequar	2
adesar	9
adherir	61
adiar	10
adinerar	9
adinyar	9
adir	
usat només en inf	
adir-se	24
adjectivar	9
adjudicar	67
adjuntar	9
adjurar	9
admetre	3
adminicular	9
administrar	9
admirar	9
adobar	9
adobassar	9
adoctrinar	9
adollar	9
adolorar	9
adolorir	61
adomassar	9
adonar-se	9
adondar	9
adonitzar	9
adoperar	9
adoptar	9
adorar	9
adormir	25
adormissar-se	9
adornar	9
adossar	9
adotzenar	9
adquirir	61
adreçar	14
adscriure	30
adsorbir	61
adular	9
adulterar	9
adunar	9
advenir	54
adverar	9
adverbialitzar	9
advertir	61
advindre	54
advocar	67
aerificar	67
aerotransportar	9
afaenar-se (VAL)	9
afaiçonar	9
afaitar	9
afalagar	52
afalconar	9
afal·lerar-se	9
afamar	9
afamegar	52
afanar	9
afanyar	9
afarrossar-se	9
afartar	9
afavorir	61
afeblir	61
afeccionar-se	9
afectar	9
afegir	61
vg notes dialectals ⇗	
afeixar	9
afeixegar	52
afeixugar	52
afermançar	14
afermar	9

aferrallar-se 9
aferrar 9
aferrissar-se 9
aferrussar-se 9
afetgegar 52
afiblar 9
aficionar-se 9
afidar 9
afiganyar 9
afigurar 9
afilar 9
afilerar 9
afiliar 10
afillar 9
afillolar 9
afinar 9
afirmar 9
afitar 9
afitorar 9
afixar 9
aflacar 67
aflamar 9
aflaquir 61
afligir 61
aflonjar 29
aflorar 9
afluir 66
afluixar 9
afogar 52
afollar 9
afonar (VAL, BAL, N-O) 9
aforar 9
aforestar 9
afrancesar 9
afranquir 61
afrenellar 9
afrevolir 61
africar 67
afrontar 9
afuar 34
afullolar 9
afusar 9
afusellar 9
agabellar 9
agafar 9
agallinar-se 9
agambar 9
agarbar 9
agarberar 9
agarbir-se 61
agarbonar 9
agarbuixar 9
agarrar 9
agarrofar-se 9
agarrotar (VAL) 9
agegantar 9
agemolir-se 61
agençar 14
agenciar 10
agenollar-se 9
agermanar 9
agibellar 9
agilitar 9
agilitzar 9
agitar 9
aglanar 9
aglapir (BAL) 61
aglevar 9
aglomerar 9
aglutinar 9
agomboiar 31
agombolar 9
agonitzar 9
agostar 9
agostejar 29
agotzonar-se 9
agraciar 10
agradar 9
agrair 4
agranar 9
agredir 61
agregar 52
agrejar 29
agremiar 10
agreujar 29
agrimar-se 9
agrir 61
agrisar 9
agrumar 9
agrumollar 9
agrunsar 9
agrupar 9
aguaitar 9
aguantar 9
aguar 5
aguditzar 9
aguerrir 61
aguiar (BAL) 10
aguisar 9
aguissar 9
agullonar 9
agusar 9
aidar 9
aiguabarrejar-se 29
aiguabatre 48
aigualejar 29
aigualir 61
aïllar 9
aïnar 9
aïrar 9
airejar 29
aixafar 9
aixafinar 9
aixamfranar 9
aixar (VAL) 9
aixaragallar 9
aixecar 67
aixerriar 10
aixoplugar 52
aixormar (BAL) 9
ajaçar 14
ajaure 40
ajeure 41
ajocar 67
ajornalar 9
ajornar 9
ajovar 9
ajudar 9
ajuntar 9
ajupir 25
ajustar 9
ajusticiar 10
alabar 9
alabatre 48
alambinar 9
alar 9
alarmar 9
albardanejar 29
albardar 9
albergar 52
albirar 9
alcadufar (VAL) 9
alcalinitzar 9
alçapremar 9
alçar 14
alcavotejar 29
alcofollar 9
alcoholificar 67
alcoholitzar 9
alçurar-se 9
alegrar 9
alejar 29
alenar 9
alentir 61
alertar 9
aletejar 29
alfabetitzar 9
alfarrassar 9
alforrar 9
algaliar 10
aliar 10

alienar	9
alimentar	9
alinear	19
aljubar	9
allancejar	29
allarar	9
allargar	52
allargassar	9
al·legar	52
al·legoritzar	9
allejar	29
allenyar	9
allerar	9
alletar	9
alleugerar	9
alleugerir	61
alleujar	29
allevar	9
alliberar	9
alliçonar	9
alligar	52
allisar	9
allistar	9
allitar	9
al·literar	9
allocar-se	67
allongar	52
al·lotejar	29
allotjar	29
vg notes dialectals ↗	
al·lucinar	9
al·ludir	61
alluentar	9
allunar	9
allunyar	9
almescar	67
almoinar	9
alquenar	9
alquilar	9
altejar	29
alterar	9
altercar	67
alternar	9
alterquejar	29
altificar	67
altivar	9
alullar	9
alumar	9
alumenar	9
aluminiar	10
alzinar	9
amaçar	14
amagar	52
amagrir	61
amainar	9
amalgamar	9
amanerar	9
amanir	61
amanollar	9
amansar	9
amansir	61
amanyagar	52
amanyogar	52
amar	9
amarar	9
amargantejar	29
amargar	52
amargenar	9
amargotejar	29
amarguejar	29
amarinar	9
amarrar	9
amarrir	61
amartellar	9
amassar	9
amatinar-se	9
amatonar	9
ambicionar	9
ambientar	9
amblar	9
ambular	9
amelar-se	9
amenaçar	14
amenitzar	9
amerar	9
americanitzar	9
amidar	9
amigar-se	52
amigrançar	14
amistançar	14
amistar	9
amitjanar	9
amnistiar	10
amoïnar	9
amoixar	9
amoixir-se	61
amolar-se	9
amollar	9
amollegar	52
amollir	61
amollonar	9
amoltonar-se	9
amonedar	9
amonestar	9
amorar (VAL)	9
amorejar	29
amorosir	61
amorrallar	9
amorrar	9
amorriar	10
amorronir	61
amortallar	9
amortar	9
amorterar	9
amortir	61
amortitzar	9
amotar-se	9
amotinar	9
amplejar	29
ampliar	10
amplificar	67
amprar	9
amputar	9
amullerar-se	9
amunionar-se	9
amuntanyar	9
amuntegar	52
amuntonar (VAL)	9
amuradar	9
amurar	9
anagramatitzar	9
analitzar	9
anar	6
anarquitzar	9
anar-se'n	6
anastomitzar	9
anatematitzar	9
anatomitzar	9
ancorar	9
andanar	9
andarejar	29
andoiar	31
anellar	9
anestesiar	10
angelicar	67
angelitzar	9
anglicitzar	9
angoixar	9
anguilejar	29
anguniar	10
anguniejar	29
anhelar	9
anihilar	9
animalitzar	9
animar	9
aniquilar	9
anisar	9
anivellar	9
annexar	9
annexionar	9
anoditzar	9
anomenar	9

anorrear 19
anostrar 9
anotar 9
anquejar 29
anquilosar 9
ansar 9
ansiejar 29
antecedir 61
antedatar 9
anteposar 9
anticipar 9
antullar-se (BAL) 9
anul·lar 9
anunciar 10
anyellar 9
anyocar-se 67
aombrar 9
apadrinar 9
apagar 52
apaivagar 52
apalissar (VAL) 9
apallar 9
apallerar 9
apalleronar 9
apallissar 9
apamar 9
apanar 9
apanyar 9
apanyussar 9
aparaular (VAL) 9
aparcar 67
aparedar 9
aparèixer 16
vg notes
vg notes dialectals ⇗
aparellar 9
aparençar 14
aparentar 9
aparer
usat només en pr ind sing 3: apar
apariar 10
aparionar 9
aparracar 67
aparroquianar-se 9
aparroquiar-se 10
aparrussar (BAL) 9
apartar 9
apassar 9
apassionar 9
apeçonar 9
apedaçar 14
apedregar 52
apegar (VAL) 52
apeixar 9
apeixir 61
apelfar 9
apel·lar 9
apenar 9
apequinar 9
apercebre 56
aperduar-se 34
apergaminar-se 9
apesarar 9
apetir 61
apetitar 9
apetonar 9
apiadar-se 9
apianar 9
apilar 9
apilonar 9
apilotar 9
apinyar 9
apirrossar-se 9
apitrar 9
apitxar 9
aplacar 67
aplaçar 14
aplanar 9
aplançonar 9
aplantillar 9
aplatar 9
aplaudir 61
aplegar 52
apletar 9
aplicar 67
aplomar 9
apocar 67
apocopar 9
apoderar 9
apollegar 52
apologitzar 9
apoltronar-se 9
apomar 9
apomellar 9
aponar-se (VAL) 9
aponentar-se 9
apoquir 61
aporrinar 9
aportar 9
aportellar 9
aporugar (BAL) 52
aposar 9
aposentar 9
apostar 9
apostatar 9
apostemar 9
apostrofar 9
apradar 9
apreciar 10
apregonar 9
aprehendre 46
vg notes dialectals ⇗
aprendre 46
vg notes dialectals ⇗
apressar 9
aprestar 9
apreuar 21
aprimar 9
aprisiar 10
aprofitar 9
aprofundir 61
apromptar 9
apropar 9
apropiar 10
apropinquar-se 2
aprovar 9
aprovisionar 9
aproximar 9
apugonar-se 9
apujar 29
apuntalar 9
apuntar 9
apunyalar 9
apunyegar 52
apurar 9
aquarel·lar 9
aquarterar 9
aquedar 9
aqueferar (VAL) 9
aquietar 9
aquilotar 9
aquintanar 9
aquissar 9
aquistar 9
arabitzar 9
arbitrar 9
arborar 9
arbrar 9
arcabussejar 29
arcaïtzar 9
arcar 67
aregar 52
arenar 9
arengar 52
argentar 9
argilar 9
argollar 9
arguellar-se (VAL) 9
argüir 61
argumentar 9
arilar 9

aristocratitzar	9
armar	9
armejar	29
arnar	9
arniar	10
aromar	9
aromatitzar	9
arpar	9
arpegiar	10
arpejar	29
arpellar	9
arpellejar	29
arponar	9
arquejar	29
arrabassar	9
arraconar	9
arraïmar-se	9
arramadar	9
arramassar	9
arrambar	9
arramblar (VAL)	9
arramellar	9
arranar	9
arrancar	67
arranjar	29
arrapar	9
arrapinyar-se	9
arrasar	9
arrasir-se	61
arrastellar	9
arrastrar	9
arraulir	61
arravatar-se	9
arrear	19
arrebossar	9
arrecerar	9
arredolar (VAL)	9
arredonir	61
arredossar	9
arreglar	9
arregnar	9
arregussar	9
arrelar	9
arremangar	52
arremetre	3
arremolinar	9
arremorar	9
arrencar	67
arrendar	9
arrengar	52
arrenglar	9
arrenglerar	9
arrepapar-se	9
arrepenjar-se	29
arrepetellar-se	9
arreplegar	52
arrestar	9
arreüllar (BAL)	9
arreveixinar (BAL)	9
arriar	10
arribar	9
arridar	9
arrigolar-se	9
arrimar	9
arriscar	67
arrissar	9
arrocar (VAL)	67
arrodir-se (C, ROSS)	61
arrodolar	9
arrodonir	61
arroentar	9
arrogar-se	52
arromançar	14
arromangar	52
arrombollar	9
arronsar	9
arropar	9
arrosar	9
arrossar-se	9
arrossegar	52
arrossinar	9
arruar-se	34
arrufar	9
arrufir (ROSS)	61
arrugar	52
arruïnar	9
arruixar	9
arrumar (ROSS)	9
arrumbar	9
arrupir	61
arrusquerar	9
arterialitzar	9
articular	9
articulejar	29
artigar	52
artillar	9
arxivar	9
asbestinitzar	9
ascendir	61
asclar	9
asfaltar	9
asfixiar	10
asilar	9
aspectuar	34
aspergir	61
aspiar	10
aspirar	9
asprar	9
asprejar	29
assabentar	9
assaborir	61
assaciar	10
assadollar	9
assagetar	9
assaïnar	9
assajar	29
assalariar	10
assaltar	9
assamarrar	9
assaonar	9
assaplanar	9
assarronar	9
assassinar	9
assecar	67
assedegar	52
assegurar	9
assemblar	9
assemblar-se	9
assentar	9
assentir	61
assenyalar	9
asserenar	9
asserir	61
asservir	61
assessorar	9
assestar	9
assetiar	10
assetjar	29

vg notes dialectals ↗

asseure	62
asseverar	9
assibilar	9
assignar	9
assimilar	9
assistir	61
assitiar	10
assocar	67
assocarrar-se	9
associar	10
assolar	9
assolar-se	9
assoldar	9
assolellar	9
assolir	61
assonar	9
assortir	61
assossegar	52
assotar	9
assuaujar	29
assuavir	61
assumir	61
astorar	9

bordonejar	29
borinar (BAL, C)	9
borinotejar	29
borlar	9
bornar	9
bornejar	29
borrasquejar	29
borratxejar	29
borrejar	29
borrimar	9
borrimejar	29
borronar	9
borrufar	9
borrufejar	29
boscar	67
bossellar	9
botafionar	9
botar	9
botejar	29
botinflar-se	9
botir	61
botonar	9
botre	48
botxinejar	29
botzinar	9
botzinejar	29
bouejar	29
bovejar	29
boxar	9
boxejar	29
bracejar	29
bramar	9
bramular	9
brancar	67
brandar	9
brandejar	29
brandir	61
branquejar	29
bransolejar	29
braolar	9
brasejar	29
bravatejar	29
bravejar	29
bregar	52
breguejar	29
bresar	9
brescar	67
bressar	9
bressolar	9
bretxificar	67
brillar	9
brindar	9
brisar	9
brivar	9
brocar	67
brodar	9
brogir	61
brollar	9
bromar	9
bromar-se	9
bromejar	29
bromerejar	29
bronquinejar	29
bronzar	9
bronzejar	29
brossar	9
brostar	9
brostejar	29
brotar	9
brotonar	9
brotxar	9
bruelar	9
brufar	9
brufolar	9
brugolar	9
bruixar	9
brullar	9
brumir	61
brunyir	61
brunzinar	9
brunzir	25 o 61
brusir	61
brusquejar	29
brusquinejar	29
brutejar	29
buclejar	29
bufallejar	29
bufar	9
bufegar	52
bufetejar	29
bufonejar	29
bugadejar	29
bugonar	9
buidar	9
buixardar	9
buixir	61
bullir	25
burinar	9
burjar	29
burlar-se	9
burocratitzar	9
burxar	9
burxinar	9
buscar	67
bussejar	29
bustiar	10
butllar	9
butxaquejar	29
cabassejar	29
cabdellar	9
cabeçar	14
caber	8
cabestrar	9
cabestrejar	29
cablar	9
cablegrafiar	10
cablejar	29
caboriejar	29
cabotejar	29
cabrafigar	52
cabre	8
cabrejar	29
cabridar	9
cabriolar	9
cabussar	9
cabussejar	29
caçar	14
caciquejar	29
cadellar	9
cadenar	9
cadirejar	29
cadmiar	10
caducar	67
caduquejar	29
cagaferrar-se	9
cagar	52
cairar	9
cairejar	29
caironar	9
calabrotar	9
calabruixar	9
calabruixonar	9
calafatar	9
calafatejar	29
calaixejar	29
calamarsejar	29
calandrar	9
calar	9
calbejar	29
calcar	67
calçar	14
calcificar	67
calcigar	52
calcinar	9
calcular	9
caldejar	29
caldre *usat només en 3a persona i en les formes nominals*	1
calefactar	9
calentejar	29

Verb	Model
caler *usat només en 3a persona i en les formes nominals*	68
calfar (VAL, C)	9
calibrar	9
caliuejar	29
callar	9
cal·ligrafiar	10
calmar	9
calorejar	29
calorifugar	52
caloritzar	9
calquejar	29
calumniar	10
camadejar	29
camandulejar	29
camatrencar	67
cambrejar	29
camejar	29
camforar	9
caminar	9
campanejar	29
campar	9
campejar	29
campir	61
camuflar	9
canalitzar	9
cancel·lar	9
cançonejar	29
candir	61
candir-se	61
canejar	29
canonar	9
canonejar	29
canonitzar	9
cansar	9
cantar	9
cantarellejar	29
cantellejar	29
cantussar	9
cantussejar	29
cantussolar	9
canusir	61
canviar	10
capacitar	9
capalçar	14
capar	9
capbaixar-se	9
capbrevar	9
capbussar	9
capbussejar	29
capçar	14
capcinejar	29
capejar	29
capellanejar	29
capfermar	9
capficar	67
capgirar	9
capgirellar	9
capguardar	9
capicular	9
capir	61
capissar	9
capitalitzar	9
capitanejar	29
capitombar	9
capitonar	9
capitular	9
capitulejar	29
caplletrar	9
capllevar	9
capmassar-se	9
capolar	9
caponar	9
capotar	9
capotejar	29
caprificar	67
capsular	9
captar	9
captenir-se	63
capterrerar	9
captindre's	63
captivar	9
captrencar	67
capturar	9
carabassejar	29
caracteritzar	9
caragirar	9
caragolar	9
caramel·litzar	9
caramullar	9
carbassejar	29
carbonar	9
carbonatar	9
carbonejar	29
carbonitrurar	9
carbonitzar	9
carburar	9
carcomprar	9
cardar	9
carejar	29
carenar	9
carenejar	29
cargolar	9
cariar-se	10
caricaturar	9
caricaturitzar	9
carinar	9
carmenar	9
carnificar-se	67
carpir-se	61
carranquejar	29
carrar	9
carregar	52
carrejar	29
carretejar	29
carrinclonejar	29
carrisquejar	29
carstificar	67
cartejar	29
cartografiar	10
casar	9
cascadejar	29
cascar	67
cascavellejar	29
caseïficar	67
cassar	9
castellanejar	29
castellanitzar	9
castigar	52
castrar	9
catalanejar	29
catalanitzar	9
catalitzar	9
catalogar	52
catapultar	9
categoritzar	9
catequitzar	9
catxar	9
caucionar	9
cauquillar	9
caure	11
causar	9
caustificar	67
cauteritzar	9
cautxutar	9
cavalcar	67
cavallar	9
cavallejar	29
cavallerejar	29
cavallonar	9
cavar	9
cavil·lar	9
cedir	61
cegar	52
celar (BAL)	9
celebrar	9
cementar	9
cendrar	9
cendrejar	29
censar	9

censurar	9
centellejar	29
centralitzar	9
centrar	9
centrifugar	52
centuplicar	67
cenyir	61
cercar	67
cerciorar	9
cerclar	9
cercolar	9
cerndre	12
certificar	67
cessar	9
cianurar	9
ciar	10
ciavogar	52
cicatritzar	9
ciclitzar	9
ciclostilar	9
cigonyar	9
cilindrar	9
cimallejar	29
cimar	9
cimejar	29
cimentar	9
cinematografiar	10
cinglar	9
cinquantejar	29
cintar	9
cintrar	9
cinturar	9
circuir	66
circular	9
circumcidar	9
circumdar	9
circumnavegar	52
circumscriure	30
circumstanciar	10
circumval·lar	9
cisallar	9
cisar	9
cisellar	9
citar	9
ciutadejar	29
civilitzar	9
clacar	67
clamar	9
clamorejar	29
clapar	9
clapejar	29
clapir	61
clapotejar	29
clarejar	29
clarificar	67
classejar	29
classificar	67
clatellejar	29
claudicar	67
clausurar	9
clavar	9
clavetejar	29
clavillar	9
clenxar	9
clenxinar	9
clevillar (VAL)	9
clicar	67
climatitzar	9
clissar	9
clivellar	9
clonar	9
cloquejar	29
clorar	9
cloroformitzar	9
closcar	67
clotar	9
cloure	15
vg notes	
clusteritzar	9
coaccionar	9
coacervar	9
coadjuvar	9
coagular	9
coalitzar-se	9
coaptar	9
coartar	9
cobejar	29
coblejar	29
cobrar	9
cobricelar	9
cobrir	61
vg notes	
codicil·lar	9
codificar	67
coeditar	9
coercir	61
coexistir	61
cofar	9
cogitar	9
cognomenar	9
cognominar	9
cohabitar	9
cohesionar	9
cohibir	61
cohobar	9
cohonestar	9
coincidir	61
coixejar	29
colar	9
colcar	67
colgar	52
col·laborar	9
col·lacionar	9
col·lapsar	9
collar	9
col·leccionar	9
col·lectar	9
col·lectivitzar	9
col·legiar	10
col·legir	61
collejar	29
col·lidir	61
col·ligar	52
col·limar	9
collir	13
col·locar	67
collportar	9
colltorçar	14
colltòrcer	69
colltrencar-se	67
col·ludir	61
collvinclar-se	9
colonitzar	9
colorar	9
colpejar	29
colpir	61
colrar	9
coltellejar	29
colzar	9
comanar	9
comandar	9
comanditar	9
comar	9
comarejar	29
combatre	48
combinar	9
combregar	52
començar	14
comentar	9
comercialitzar	9
comerciar	10
comerciejar	29
cometre	3
comissar	9
comissionar	9
commemorar	9
commensurar	9
comminar	9
comminuir	66
commocionar	9
commoure	7
commutar	9

compactar 9
compadir 61
compaginar 9
companejar 29
comparar 9
comparèixer 16
vg notes
vg notes dialectals ↗
compartimentar 9
compartir 61
compassar 9
compatibilitzar 9
compatir 61
compel·lir 61
compendiar 10
compenetrar-se 9
compensar 9
competir 61
compilar 9
compixar 9
complànyer 49
complaure 15
complementar 9
completar 9
complexar 9
complexificar 67
complicar 67
complimentar 9
complir 61
vg notes
complotar 9
compondre 58
comportar 9
composar 9
compostar 9
comprar 9
comprendre 46
vg notes dialectals ↗
comprimir 61
comprometre 3
comprovar 9
comptabilitzar 9
comptar 9
compulsar 9
compungir 61
computar 9
comunicar 67
comunir 61
concagar 52
concassar 9
concatenar 9
concebre 56
concedir 61
concelebrar 9
concentrar 9
conceptualitzar 9
conceptuar 34
concernir 61
concertar 9
conciliar 10
concitar 9
concloure 15
vg notes
concordar 9
concórrer 18
concrear 19
concretar 9
concriar 10
conculcar 67
concursar 9
condecorar 9
condemnar 9
condensar 9
condescendir 61
condicionar 9
condimentar 9
condir (VAL) 61
condoldre's 68
condolir-se 61
condonar 9
condormir 25
conduir 66
conèixer 16
confabular 9
confeccionar 9
confederar 9
confegir 61
vg notes dialectals ↗
conferenciar 10
conferir 61
confessar 9
confiar 10
configurar 9
confinar 9
confirmar 9
confiscar 67
confitar 9
confluir 66
confondre 17
conformar 9
confortar 9
confraternitzar 9
confrontar 9
confutar 9
congelar 9
congeniar 10
congestionar 9
conglaçar 14
conglobar 9
conglomerar 9
conglutinar 9
congoixar 9
congraciar-se 10
congratular 9
congregar 52
congrenyar 9
congriar 10
conhortar 9
conillar 9
conjecturar 9
conjugar 52
conjuminar 9
conjuntar 9
conjunyir 61
conjurar 9
conlligar 52
conllogar 52
connaturalitzar 9
connectar 9
connotar 9
connumerar 9
conquerir 61
conquistar 9
conrar 9
conrear 19
consagrar 9
conscienciar 10
consellar 9
consensuar 34
consentir 25
conservar 9
considerar 9
consignar 9
consistir 61
consolar 9
consolidar 9
consonantar 9
consonantitzar-se 9
consonar 9
consorciar 10
conspirar 9
constar 9
constatar 9
constel·lar 9
consternar 9
constipar 9
constituir 66
constrènyer 64
vg notes
construir 66
consultar 9
consumar 9

consumir	61 o 25
contactar	9
contagiar	10
contaminar	9
contar	9
contemperar	9
contemplar	9
contemporitzar	9
contendir	61
contendre	53
contenir	63
contenitzar	9
contestar	9
contextualitzar	9
contindre	63
continuar	34
contorbar	9
contorçar-se	14
contòrcer-se	69
contornar	9
contornejar	29
contraatacar	67
contrabalançar	14
contrabatre	48
contracalcar	67
contractar	9
contradir	24
vg notes	
contraenvidar	9
contrafallar	9
contrafer	23
contrafirmar	9
contraforadar	9
contraforjar	29
contragirar	9
contraindicar	67
contramanar	9
contramarcar	67
contramarxar	9
contraminar	9
contramurar	9
contraordenar	9
contrapassar	9
contraperfilar	9
contrapesar	9
contraplacar	67
contraposar	9
contrapuntar-se	9
contrapuntejar	29
contrapunxonar	9
contrarestar	9
contrariar	10
contrariejar	29
contrasegellar	9
contrasignar	9
contrastar	9
contraure	40
vg notes	
contravenir	54
contravindre	54
contraxapar	9
contreure	41
vg notes	
contribuir	66
contristar	9
controlar	9
controvertir	61
contusionar	9
convalidar	9
convèncer	69
convenir	54
convergir	61
conversar	9
conversejar	29
convertir	61
convidar	9
convindre	54
conviure	73
convocar	67
convulsar	9
convulsionar	9
conxar	9
conxorxar-se	9
cooperar	9
cooptar	9
coordinar	9
copar	9
copejar	29
copel·lar	9
copiar	10
copolimeritzar	9
coproduir	66
copsar	9
copular	9
coquetejar	29
coquitzar	9
coralar	9
corallar	9
corallejar	29
corbar	9
corcar	67
corcorcar-se	67
cordar	9
cordejar	29
corderar	9
coregnar	9
corejar	29
coreografiar	10
coresforçar-se	14
corferir	61
vg notes dialectals ⇗	
corfondre	17
corgelar	9
corglaçar	14
cornar	9
cornuar-se	34
coronar	9
corporificar	67
corprendre	46
corregir	61
correlacionar	9
correlar	9
córrer	18
correspondre	58
corrinyar	9
corriolejar	29
corroborar	9
corroir	66
corrompre	48
corrugar	52
corruixar-se	9
corruquejar	29
corsecar	67
cortejar	29
cortrencar	67
cosificar	67
cosir	13
vg notes	
cossar	9
cossolar	9
costar	9
costejar	29
costerejar	29
cotar	9
cotejar	29
cotitzar	9
cotnar	9
cotonitzar	9
cotorrejar	29
courar	9
coure	15
vg notes	
covar	9
cranar	9
cranquejar	29
craquejar	29
crear	19
crebantar	9
créixer	20
cremallejar	29
cremar	9
creosotar	9

crepar	9
crepitar	9
crespar	9
crestallar	9
crestar	9
crestejar	29
creuar	21
creure	62
criar	10
criaturejar	29
cridar	9
criminalitzar	9
criodeshidratar	9
criptografiar	10
crisalidar-se	9
crismar	9
crispar	9
cristal·litzar	9
cristianar	9
cristianitzar	9
criticar	67
critiquejar	29
crivellar	9
cromar	9
cromatar	9
cromitzar	9
cronometrar	9
croquisar	9
crucificar	67
cruejar	29
cruiar (BAL)	31
cruixir	25
vg notes	
cruspir	61
cubicar	67
cucar	67
cuclejar	29
cuejar	29
cuetejar	29
cuidar	9
cuinar	9
cuinejar	29
cuirassar	9
cuitar	9
cuixatrencar	67
cular	9
culejar	29
culminar	9
culotar	9
culpabilitzar	9
culpar	9
cultivar	9
culturitzar	9
curar	9
cursar	9
curtcircuitar	9
curtejar	29
curullar	9
custodiar	10
cutinitzar-se	9
dalinar	9
dallar	9
damasquinar	9
damnar	9
damnejar	29
damnificar	67
dansar	9
danyar	9
dar	22
dardar	9
dardellar	9
datar	9
daurar	9
davallar	9
davantejar	29
deambular	9
debanar	9
debategar	52
debatre	48
debel·lar	9
debilitar	9
debutar	9
decalar	9
decalvar	9
decampar	9
decandir	61
decantar	9
decapar	9
decapitar	9
decatir	61
decaure	11
decebre	56
decidir	61
declamar	9
declarar	9
declinar	9
decolorar	9
decomissar	9
decorar	9
decórrer	18
decorticar	67
decréixer	20
decrepitar	9
decretar	9
decuplicar	67
decurvar	9
dedicar	67
deduir	66
defalcar	67
defallir	61
defecar	67
defendre	46
defenestrar	9
defensar	9
deferir	61
definir	61
deflactar	9
deflagrar	9
deflectir	61
deflegmar	9
defoliar	10
deformar	9
defraudar	9
defugir	37
degenerar	9
deglutir	61
degollar	9
degotar	9
degotejar	29
degradar	9
degustar	9
deïficar	67
deixar	9
deixatar	9
deixondar	9
deixondir	61
deixuplinar	9
dejectar	9
dejunar	9
delatar	9
delectar	9
delegar	52
delejar	29
delerar	9
deliberar	9
delimitar	9
delinear	19
delinquir	61
delir	61
delirar	9
delitar	9
delmar	9
demacrar	9
demanar	9
demancar	67
demandar	9
demarcar	67
demetre	3
democratitzar	9
demolir	61
demonitzar	9
demorar	9

demostrar 9
denegar 52
denigrar 9
denominar 9
denotar 9
densificar 67
dentalitzar 9
dentar 9
denudar 9
denunciar 10
departir 61
depassar 9
depauperar 9
dependre 46
depenjar 29
depilar 9
deplorar 9
deportar 9
deposar 9
depositar 9
depravar 9
depreciar 10
depredar 9
deprendre 46
deprimir 61
depurar 9
derelinquir 61
derivar 9
derivatitzar 9
derogar 52
derramar 9
derrapar 9
derrocar 67
derrotar 9
derruir 66
desabarrotar 9
desabellar 9
desabillar 9
desabonar 9
desabonyegar 52
desabrigar 52
desacalorar 9
desacatar 9
desaccelerar 9
desaccentuar 34
desacerar 9
desacidificar 67
desaclimatar 9
desacoblar 9
desacollir 13
desaconductar 9
desaconduir 66
desaconsellar 9
desacordar 9

desacorralar 9
desacostar 9
desacostumar 9
desacreditar 9
desactivar 9
desadherir 61
desadornar 9
desafavorir 61
desafeccionar-se 9
desafectar 9
desaferrar 9
desafiar 10
desafillar 9
desafinar 9
desafurar 9
desagafar 9
desagençar 14
desagermanar 9
desagradar 9
desagrair 4
desagregar 52
desagreujar 29
desaiguar 28
desairar 9
desairejar 29
desajuntar 9
desajustar 9
desalbardar 9
desalenar-se 9
desalienar 9
desalinear 19
desallitar 9
desallotjar 29
vg notes dialectals ⇗
desalterar 9
desamagar 52
desamar 9
desamarrar 9
desamigar 52
desaminar 9
desamistançar 14
desamorar-se 9
desamorrar 9
desamortitzar 9
desamurar 9
desanar (BAL) 9
desancorar 9
desanimar 9
desaparedar 9
desaparèixer 16
vg notes
vg notes dialectals ⇗
desaparellar 9
desapariar 10

desaparionar 9
desaparroquianar 9
desaparroquiar-se 10
desapassionar-se 9
desapegar 52
desaplegar-se 52
desaplicar 67
desapoderar 9
desaprendre 46
vg notes dialectals ⇗
desaprofitar 9
desapropiar 10
desaprovar 9
desapuntalar 9
desapuntar 9
desar 9
desarborar 9
desarcaïtzar 9
desarçonar 9
desarenar 9
desargentar 9
desargollar 9
desarmar 9
desarnar 9
desarnesar 9
desarraconar 9
desarramadar 9
desarrambar 9
desarranjar 29
desarrapar 9
desarrebossar 9
desarreglar 9
desarregnar 9
desarregussar 9
desarrelar 9
desarremangar 52
desarrendar 9
desarrengar 52
desarrenglar 9
desarrenglerar 9
desarrestar 9
desarrimar 9
desarrissar 9
desarroentar 9
desarromangar 52
desarrufar 9
desarrugar 52
desarticular 9
desartillar 9
desasfaltar 9
desassedegar 52
desassetjar 29
vg notes dialectals ⇗
desassimilar 9

Verb	Model
desassossegar	52
desatacar	67
desatansar	9
desatapeir	51
desatendar	9
desatendre	53
desatracar	67
desatresorar	9
desatrossar	9
desautoritzar	9
desaveïnar	9
desavençar	14
desavenir-se	54
desavesar	9
desavindre's	54
desbalbar	9
desballestar	9
desbancar	67
desbandar	9
desbaratar	9
desbarbar	9
desbarrar	9
desbastar	9
desbastir	61
desbatejar	29
desblocar	67
desbloquejar	29
desbocar-se	67
desbolcar	67
desbordar	9
desborrar	9
desboscar	67
desboscassar	9
desbotar	9
desbotifarrar (VAL)	9
desbotonar	9
desbrancar	67
desbraonar	9
desbravar	9
desbrescar	67
desbridar	9
desbrinar	9
desbrocar	67
desbrollar	9
desbrossar	9
desbudellar	9
desbullar	9
descabalar	9
descabdellar	9
descabellar	9
descafeïnar	9
descalçar	14
descalcificar	67
descambuixar (BAL)	9
descaminar	9
descamisar	9
descansar	9
descantar-se	9
descantellar	9
descanviar	10
descapitalitzar	9
descapollar	9
descapotar	9
descaragolar	9
descarar-se	9
descarbonatar	9
descarbonitzar	9
descarboxilar	9
descarburar	9
descargolar	9
descarnar	9
descarregar	52
descarrerar	9
descarrilar	9
descartar	9
descasar	9
descastar	9
descastellanitzar	9
descatalanitzar	9
descavalcar	67
descelerar	9
descendir	61
descentralitzar	9
descentrar	9
descenyir	61
descimalar	9
descinglar	9
descintrar	9
desclassar	9
desclassificar	67
desclavar	9
desclavillar	9
desclorurar	9
descloure	15
vg notes	
desclucar	67
descoagular	9
descobrir	61
vg notes	
descodificar	67
descolgar	52
descollar	9
descol·locar	67
descolonitzar	9
descolorar	9
descolorir	61
descomandar	9
descomparèixer (BAL)	16
descompartir	61
descompassar	9
descompensar	9
descomplaure	15
descompondre	58
descomprimir	61
descomprometre	3
descomptar	9
desconcentrar	9
desconceptuar	34
desconcertar	9
desconèixer	16
desconfiar	10
desconfortar	9
descongelar	9
descongestionar	9
desconhortar	9
desconjuntar	9
desconnectar	9
desconsellar	9
desconsiderar	9
desconsolar	9
desconstruir	66
descontentar	9
descontextualitzar	9
descontrolar-se	9
desconvenir	54
desconvidar	9
desconvindre	54
desconvocar	67
desconxar	9
descoratjar	29
vg notes dialectals ⇗	
descordar	9
descoronar	9
descorporar	9
descórrer	18
descosir	13
vg notes	
descossar	9
descossolar	9
descotxar	9
descovar-se	9
descremar	9
descrestar	9
descreure	62
descriure	30
descromar	9
descrostar	9
descrosterar	9
descruar	34
descucar	67
descuidar	9

descular 9
descurar 9
descurullar 9
descuscutar 9
desdaurar 9
desdebanar 9
desdejunar 9
desdelitar 9
desdenyar 9
desdibuixar 9
desdinerar 9
desdir 24
vg notes
desdoblar 9
desdoblegar 52
desdonar 9
desdotar 9
desdramatitzar 9
desdubtar-se 9
desduir-se 66
desedificar 67
deseixir 27
deselectritzar 9
desembabaiar 31
desembadalir 61
desembadocar 67
desembafar 9
desembagular 9
desembalar 9
desembalatjar 29
vg notes dialectals ↗
desembalbar 9
desembalbir 61
desembalcar 67
desemballestar 9
desembalumar 9
desembanyonar 9
desembarassar 9
desembarcar 67
desembargar 52
desembarrancar 67
desembarrar 9
desembarrilar 9
desembassar 9
desembastar 9
desembastonar 9
desembaular 9
desembeinar 9
desembenar 9
desembocar 67
desemboçar 14
desembogar 52
desemboirar 9
desembolcallar 9
desembolcar 67
desembolicar 67
desemborrar 9
desemborratxar 9
desemborsar 9
desemboscar 67
desembossar 9
desembotar 9
desembotellar 9
desembotir 61
desembotjar 29
vg notes dialectals ↗
desembotonar 9
desembotornar 9
desembragar 52
desembravir 61
desembriagar 52
desembridar 9
desembrocar 67
desembrollar 9
desembromallar 9
desembromar 9
desembrossar 9
desembruixar 9
desembullar 9
desembussar 9
desembutllofar 9
desembutxacar 67
desemmalesar 9
desemmallar 9
desemmandrir 61
desemmantar 9
desemmantellar 9
desemmarcar 67
desemmascarar 9
desemmatar 9
desemmatxucar 67
desemmelangir 61
desemmerdar 9
desemmerletar 9
desemmetxar 9
desemmetzinar 9
desemmidonar 9
desemmorrallar 9
desemmotlar 9
desemmotllar 9
desemmurriar 10
desempacar 67
desempadronar 9
desempalar 9
desempallar 9
desempallegar-se 52
desempal·liar 10
desempalmar 9
desempantanar 9
desempantanegar 52
desempanxonar 9
desempapatxar 9
desempaperar 9
desempaquetar 9
desemparar 9
desemparaular 9
desemparedar 9
desemparquetar 9
desempastar 9
desempastellar 9
desempastifar 9
desempatar 9
desempatxar 9
desempavesar 9
desempavonar 9
desempedrar 9
desempedregar 52
desempedreir 51
desempegar 52
desempenyalar 9
desempenyorar 9
desemperesir 61
desempernar 9
desempesar 9
desempescar 67
desempestar 9
desempilar 9
desempipar 9
desempiular 9
desemplomar 9
desempobrir 61
desempolainar 9
desempolsar 9
desempolsegar 52
desempolvorar 9
desempomar 9
desemportinar 9
desempostar 9
desempostissar 9
desempotar 9
desempouar 21
desempresonar 9
desempudegar 52
desempudeir 51
desempudentir 61
desemulsionar 9
desenaiguar 28
desenamorar 9
desenasprar 9
desenastar 9
desencabassar 9
desencabestrar 9

desencaboriar 10
desencadellar 9
desencadenar 9
desencaixar 9
desencaixonar 9
desencalcinar 9
desencalimar 9
desencalitjar 29
vg notes dialectals ↗
desencallar 9
desencaminar 9
desencantar 9
desencaparrar 9
desencapotar 9
desencapritxar 9
desencapsar 9
desencapsular 9
desencapullar 9
desencaputxar 9
desencarar 9
desencarcarar 9
desencarcerar 9
desencarir 61
desencarnar 9
desencarranquinar 9
desencarregar 52
desencarrilar 9
desencartonar 9
desencasar 9
desencasellar 9
desencasquetar 9
desencastar 9
desencaterinar 9
desencatifar 9
desencativar 9
desencauar 21
desencavalcar 67
desencavallar 9
desencebar 9
desencepar 9
desencerclar 9
desencercolar 9
desencertar 9
desencimbellar 9
desencisar 9
desencistellar 9
desenclavar 9
desencoblar 9
desencofinar 9
desencofrar 9
desencoixinar 9
desencolar 9
desencondolir-se (VAL) 61
desencongir 61
desencoratjar 29
vg notes dialectals ↗
desencorbar 9
desencordar 9
desencordillar 9
desencorralar 9
desencortinar 9
desencossiar 10
desencourar 9
desencovenar 9
desencrespar 9
desencreuar 21
desencreuellar 9
desencrostar 9
desencrostissar 9
desencubar 9
desencubellar 9
desendegar 52
desendeutar 9
desendiablar 9
desendimoniar 10
desendogalar 9
desendolar 9
desendolcir 61
desendollar 9
desendreçar 14
desendropir 61
desendurir 61
desenfadar 9
desenfadeir 51
desenfangar 52
desenfarcellar 9
desenfardar 9
desenfardellar 9
desenfardissar 9
desenfarfegar 52
desenfebrar 9
desenfellonir 61
desenferrissar 9
desenfetgegar 52
desenfilar 9
desenfitar 9
desenflocar 67
desenfocar 67
desenfonyar 9
desenforcar 67
desenforinyar 9
desenformar 9
desenfornar 9
desenfrenar 9
desenfundar 9
desenfuriar 10
desenfurismar 9
desenfustar 9
desengabiar 10
desengafetar 9
desengalavernar 9
desenganar 9
desengandulir 61
desenganxar 9
desenganyar 9
desengatjar 29
vg notes dialectals ↗
desengavanyar 9
desengavatxar (BAL) 9
desengolfar 9
desengomar 9
desengorjar 29
desengormandir 61
desengorronir 61
desengramponar (BAL) 9
desengranar 9
desengravar 9
desengreixar 9
desengrescar 67
desengrillonar 9
desengruixir 61
desengrutar 9
desenguantar 9
desenguerxir 61
desenguixar 9
desenjovar 9
desenllacar 67
desenllaçar 14
desenllaminir 61
desenllardar 9
desenllardissar 9
desenllatar 9
desenllefernar 9
desenllefiscar 67
desenlleganyar 9
desenllepissar 9
desenllepolir 61
desenlletgir 61
desenllitar 9
desenllorar 9
desenllosar 9
desenllotar 9
desenlluernar 9
desenllustrar 9
desennuegar 52
desennuvolar 9
desenquadernar 9
desenquadrar 9
desenquimerar 9
desenquitranar 9

desenrabiar 10
desenrajolar 9
desenrampar 9
desenravenar 9
desenredar 9
desenrederar 9
desenrivetar 9
desenrocar 67
desenrogaŀlar 9
desenrojolar-se 9
desenrolar 9
desenroscar 67
desenrotllar 9
desenrunar 9
desensabonar 9
desensacar 67
desensarriar 10
desensarronar 9
desensellar 9
desensenyar 9
desensenyorir 61
desenseuar 21
desensitjar 29
vg notes dialectals ↗
desensivellar 9
desensonyar 9
desensopir 61
desensorrar 9
desensostrar 9
desensucrar 9
desensuperbir 61
desentabanar 9
desentaforar 9
desentapissar 9
desentatxonar 9
desentaular 9
desentelar 9
desentendre 53
desentenebrar 9
desentenebrir 61
desenterbolir 61
desenterrar 9
desentestar 9
desentonar 9
desentortolligar 52
desentossudir-se 61
desentrampar 9
desentranyar 9
desentravessar 9
desentrecuixar 9
desentrellar 9
desentrenar 9
desentristir 61
desentronitzar 9

desentrullar 9
desentumir 61
desentusiasmar 9
desenutjar 29
vg notes dialectals ↗
desenvalisar 9
desenvelar 9
desenvergar 52
desenverinar 9
desenvernissar 9
desenvescar 67
desenvitricollar 9
desenvolupar 9
desenyorar 9
desequilibrar 9
desermar 9
desertar 9
desertificar 67
desertitzar 9
desescumar 9
desesmar 9
desesmussar 9
desesperançar 14
desesperar 9
desespessir 61
desespinar 9
desésser
usat només en inf
desestabilitzar 9
desestancar 67
desestanyar 9
desestatitzar 9
desestibar 9
desestimar 9
desestorar 9
desestovar 9
desfaenar-se 9
desfaiçonar 9
desfaixar 9
desfalcar 67
desfanatitzar 9
desfardar 9
desfasar 9
desfavorir 61
desfeinar-se 9
desfer 23
desfermar 9
desferrar 9
desfiar 10
desfibrar 9
desficiar 10
desficiejar 29
desfigurar 9
desfilar 9

desflorar 9
desflorir 61
desfocar 67
desfogar 52
desfolrar 9
desfonamentar 9
desfonar 9
desforestar 9
desformar 9
desfosforar 9
desfrarar 9
desfrenar 9
desfruitar 9
desfrunzir 61
desfullar 9
desganar 9
desgasar 9
desgasolinar 9
desgastar 9
desgavellar 9
desgelar 9
desglaçar 14
desglevar 9
desglorificar 67
desglossar 9
desgolfar 9
desgomar 9
desgovernar 9
desgraciar 10
desgramar 9
desgranar 9
desgravar 9
desgreixar 9
desgrenyar 9
desgropar 9
desgruixar 9
desguarnir 61
desguassar 9
desguerxar 9
desguitarrar 9
deshabitar 9
deshabituar 34
desharmonitzar 9
desherbar 9
desheretar 9
deshidratar 9
deshidrogenar 9
deshipotecar 67
deshonestar 9
deshonorar 9
deshonrar 9
deshumanitzar 9
designar 9
desigualar 9

desil·lusionar	9
desimantar	9
desimposar	9
desinclinar	9
desincorporar	9
desincrustar	9
desinfatuar	34
desinfectar	9
desinfestar	9
desinflamar	9
desinflar	9
desinformar	9
desinhibir	61
desinsacular	9
desinsectar	9
desintegrar	9
desintercalar	9
desinteressar	9
desinterlinear	19
desintoxicar	67
desinvitar	9
desionitzar	9
desistir	61
desitjar	29
vg notes dialectals ↗	
desjunyir	61
deslabialitzar	9
desllaçar	14
desllanar	9
desllastar	9
desllavassar	9
desllenguar	28
desllepissar-se	9
deslletar	9
desllibertar	9
deslligar	52
deslliurar	9
deslloar	42
desllodrigar (C)	52
desllogar	52
deslloriguar	52
deslloriguerar	9
deslluir	66
desllustrar	9
deslocalitzar	9
desmagnetitzar	9
desmaiar	31
desmallar	9
desmamar	9
desmamellar	9
desmanar	9
desmanegar	52
desmantellar	9
desmaquillar	9
desmarcar	67
desmaridar	9
desmarxar	9
desmaterialitzar	9
desmembrar	9
desmemoriar-se	10
desmemoriejar	29
desmenjar	29
desmentir	25 o 61
desmerèixer	20
desmerletar	9
desmesclar	9
desmetilar	9
desmilitaritzar	9
desmillorar	9
desminar	9
desmineralitzar	9
desmitificar	67
desmititzar	9
desmitologitzar	9
desmobilitzar	9
desmoblar	9
desmodular	9
desmonetitzar	9
desmoralitzar	9
desmorriar	10
desmotar	9
desmotivar	9
desmudar	9
desmultiplicar	67
desmuntar	9
desnacionalitzar	9
desnassar	9
desnatar	9
desnaturalitzar	9
desnaturar	9
desniar	10
desnicotinitzar	9
desnierar	9
desnivellar	9
desnodrir-se	61
desnombrar	9
desnonar	9
desnuar	34
desnucar	67
desnuclearitzar	9
desnugar (VAL)	52
desobeir	51
desobligar	52
desobstruir	66
desocupar	9
desodorar	9
desodoritzar	9
desoir	47
desolar	9
desomplir-se	45
desopercular	9
desopilar	9
desorbitar	9
desordenar	9
desordir	61
desorellar	9
desorganitzar	9
desorientar	9
desormejar	29
desornar	9
desossar	9
desoxidar	9
desoxigenar	9
desozonitzar	9
despacientar	9
despagar	52
despalatalitzar	9
despallar	9
despalmar	9
despampolar	9
despanyar	9
desparafinar	9
desparar	9
desparedar	9
desparellar	9
desparençar	14
despariar	10
desparionar	9
despassar	9
despatxar	9
despecegar	52
despedregar	52
despellugar-se (VAL)	52
despenalitzar	9
despendre	46
despenjar	29
despentinar	9
despenyar	9
desperfilar	9
despersonalitzar	9
despertar	9
vg notes dialectals ↗	
despintar	9
despistar	9
despitar	9
desplaçar	14
desplantar	9
desplaure	15
desplegar	52
desplomar	9
despoblar	9

despoderar	9
despolaritzar	9
despolir	61
despolititzar	9
despollissar	9
despolpar	9
despondre's	58
despopar (N-O)	9
desposseir	51
desprendre	46
vg notes dialectals ⇗	
despreocupar-se	9
desprestigiar	10
desprisar	9
desproporcionar	9
desproveir	51
despullar	9
despumar	9
despuntar	9
desqualificar	67
desquiratar	9
desrapar	9
desratitzar	9
desreblar	9
desrengar	52
desrissar	9
desroentar	9
desrosar	9
desrovellar	9
dessaborir	61
dessacralitzar	9
dessagnar	9
dessalar	9
dessalinitzar	9
dessecar	67
dessegellar	9
desservir	61
dessolar	9
dessolcar	67
dessoldar	9
dessolidaritzar-se	9
dessonillar	9
dessorrar	9
dessoterrar	9
dessuar	34
dessuardar	9
dessucar	67
dessulfurar	9
destacar	67
destalonar	9
destapar	9
destapiar	10
destarotar	9
desteixinar-se (BAL)	9
desteixir	61
vg notes dialectals ⇗	
destemprar	9
destemptar	9
destensar	9
destenyir	61
destermenar	9
desterrar	9
desterrossar	9
destesar	9
desteular	9
destil·lar	9
destinar	9
destintar	9
destituir	66
destorbar	9
destorçar	14
destòrcer	69
destoxicar	67
destralejar	29
destramar	9
destravar	9
destrempar	9
destrenar	9
destriar	10
destrompassar	9
destronar	9
destrossar	9
destruir	66
destrumfar	9
desullar	9
desunflar	9
desunglar	9
desunir	61
desurbanitzar	9
desusar	9
desvagar-se	52
desvalisar	9
desvalorar	9
desvaporar	9
desvariar	10
desvariejar	29
desvear	19
desvelar	9
desvergonyir-se	61
desvesar	9
desvestir	61
vg notes dialectals ⇗	
desvetlar	9
desvetllar	9
desviar	10
desvincular	9
desvirar	9
desvirgar	52
desvironar	9
desvirtuar	34
desvitalitzar	9
desvitrificar	67
desviure's	73
desvorar	9
desxifrar	9
detallar	9
detectar	9
detenir	63
detergir	61
deteriorar	9
determinar	9
detestar	9
detindre	63
detonar	9
detractar	9
deturar	9
deturpar	9
deure	7
devaluar	34
devanir-se (VAL)	61
devastar	9
devorar	9
dextrinar	9
diablejar	29
diafragmar	9
diagenitzar	9
diagnosticar	67
diagonalitzar	9
diagramar	9
dialitzar	9
dialogar	52
diamantar	9
diazotar	9
dibuixar	9
dictaminar	9
dictar	9
difamar	9
diferenciar	10
diferir	61
dificultar	9
difluir	66
difondre	17
difractar	9
diftongar	52
difuminar	9
digerir	61
digitalitzar	9
digitar	9
dignar-se	9
dignificar	67
dilacerar	9
dilapidar	9

dilatar	9
diligenciar	10
dilucidar	9
diluir	66
diluviar	10
dimanar	9
dimensionar	9
dimeritzar	9
dimidiar	10
dimitir	61
dinamitar	9
dinamitzar	9
dinar	9
dindar (C)	9
dinyar-la	9
diplomar	9
dipositar	9
diputar	9
dir	24
dirigir	61
dirimir	61
disbauxar	9
disceptar	9
discernir	61
disciplinar	9
discontinuar	34
discordar	9
discórrer	18
discrepar	9
discriminar	9
disculpar	9
discursejar	29
discutir	61
disfressar	9
disgregar	52
disgustar	9
dislocar	67
disminuir	66
dismutar-se	9
disparar	9
dispensar	9
dispergir	61
dispersar	9
disposar	9
disputar	9
dissecar	67
dissemblar	9
disseminar	9
dissentir	61
dissenyar	9
dissertar	9
dissimilar	9
dissimular	9
dissipar	9
dissociar	10
dissoldre	1
dissonar	9
dissuadir	61
distanciar	10
distar	9
distendre	53
distingir	61
distòrcer	69
distorsionar	9
distraure	40
vg notes	
distreure	41
vg notes	
distribuir	66
ditejar	29
diumengejar	29
divagar	52
divergir	61
diversificar	67
divertir	61
dividir	61
divinitzar	9
divisar	9
divorciar	10
divulgar	52
doblar	9
doblegar	52
doctorar	9
doctorejar	29
documentar	9
dogmatitzar	9
dolar	9
dolcejar	29
doldre	68
doler	68
dollejar	29
dolorejar	29
domar	9
domesticar	67
domiciliar	10
dominar	9
domtar	9
donar	9
vg notes	
donejar	29
dopar	9
dormir	25
dormisquejar	29
dormitar	9
dosar	9
dosificar	67
dotar	9
dragar	52
dragear	19
dramatitzar	9
drapar	9
dreçar	14
drenar	9
dretanitzar	9
driblar	9
dringar	52
dringuejar	29
drogar	52
dropar	9
dropejar	29
duanar	9
dubtar	9
dujar	29
dulcificar	67
duplicar	67
dur	26
durar	9
dutxar	9
eclipsar	9
economitzar	9
edificar	67
editar	9
educar	67
eduir	66
edulcorar	9
efectuar	34
efeminar	9
efigiar	10
efluir	66
eguinar	9
eixaguar	28
eixalar	9
eixalavar	9
eixalbar	9
eixamar	9
eixamenar	9
eixamorar	9
eixamplar	9
eixancar	67
eixancarrar	9
eixarcolar	9
eixarmar	9
eixarmentar	9
eixarrancar	67
eixarreir	51
eixartellar	9
eixatar	9
eixaugar	52
eixavuirar	9
eixermar	9
eixir	27
eixivernar	9

emmainadar-se	9
emmalaltir	61
emmaleir	51
emmalesar-se	9
emmallar	9
emmalurar-se	9
emmalurir-se	61
emmandrir	61
emmanegar	52
emmangrar	9
emmanillar	9
emmanisar	9
emmanllevar	9
emmanseir	51
emmantar	9
emmantellar	9
emmarar-se	9
emmarcar	67
emmarcir	61
emmaressar	9
emmaridar	9
emmarranar-se	9
emmascarar	9
emmatar-se	9
emmatxucar	67
emmelangir	61
emmelar	9
emmenar	9
emmerdar	9
emmerdissar	9
emmerletar	9
emmetxar	9
emmetzinar	9
emmidonar	9
emmigranyar-se	9
emmirallar	9
emmodorrir-se	61
emmolinar	9
emmoquetar	9
emmorcar	67
emmordassar	9
emmorenir	61
emmorrallar	9
emmorronar-se	9
emmorterar	9
emmotlar	9
emmotllar	9
emmotllurar	9
emmotlurar	9
emmudir	61
emmurallar	9
emmurriar-se	10
emmusteir	51
emmustigar	52
emocionar	9
empacar	67
empadronar	9
empagesir	61
empaitar	9
empalar	9
empallar	9
empallegar	52
empallerar	9
empal·liar	10
empal·lidir	61
empallissar	9
empalmar	9
empalomar	9
empalustrar	9
empanar	9
empantanar	9
empantanegar	52
empanxonar (C)	9
empapatxar	9
empaperar	9
empapussar	9
empaquetar	9
emparadisar	9
emparamentar	9
emparar	9
emparaular	9
emparedar	9
emparellar	9
emparentar	9
emparquetar	9
emparrar	9
empassar-se	9
empassegar	52
empassolar-se	9
empastar	9
empastellar	9
empastifar	9
empastissar	9
empatar	9
empatollar	9
empatxar	9
empatxonar	9
empavellonar	9
empavesar	9
empavonar	9
empebrar	9
empeçolar	9
empedrar	9
empedregar	52
empedreir	51
empegar	52
empegueir-se	51
empeguntar	9
empellar	9
empeltar	9
empenar	9
empentar	9
empentejar	29
empenyalar-se	9
empènyer	64
vg notes	
empenyorar	9
emperesir	61
emperlar	9
empernar	9
emperpalar	9
emperxar	9
empesar	9
empescar-se	67
empestar	9
empestiferar	9
empetitir	61
empiconar	9
empilar	9
empillocar-se	67
empinar	9
empinyar-se	9
empiocar-se	67
empipar	9
empissarrar	9
empitarrar-se	9
empitjorar	9
empitrar	9
empiular	9
empixonar	9
emplaçar	14
emplafonar	9
emplastrar	9
emplenar	9
emplomallar	9
emplomar	9
emplomissar-se	9
emplujar-se	29
empobrir	61
empolainar	9
empolistrar	9
empollar	9
empolsar	9
empolsegar	52
empolsimar	9
empolsinar	9
empoltronir	61
empolvorar	9
empomar	9
emponar-se (VAL)	9
empopar	9
empoquir	61

enclastar (C)	9
enclaustrar	9
enclavar	9
enclavillar	9
encletxar	9
enclotar	9
encloure	15
vg notes	
encobeir (BAL)	51
encobertar	9
encobertorar	9
encoblar	9
encobrir	61
encofiar	10
encofinar	9
encofrar	9
encofurnar	9
encoixinar	9
encoixir	61
encolar	9
encolerir-se	61
encollar	9
encollir	13
encolomar	9
encomanar	9
encomiar	10
enconar	9
enconcar	67
encondolir-se (VAL)	61
encongir	61
encontrar	9
enconxar	9
encoratjar	29
vg notes dialectals ⇗	
encorbar	9
encordar	9
encordar-se	9
encordillar	9
encordonar	9
encorralar	9
encórrer	18
encortinar	9
encossiar	10
encotillar	9
encotonar	9
encotxar	9
encovar	9
encovenar	9
encrespar	9
encrestar	9
encreuar	21
encreuellar	9
encreuerar	9
encriptar	9
encrocar	67
encrostar	9
encrostimar	9
encrostissar	9
encruar-se	34
encruelir	61
encubar	9
encubellar	9
encuirar	9
encuirassar	9
encuixar	9
encular	9
encunyar	9
encuriosir	61
endanyar	9
endarrerir	61
endegar	52
endentar	9
endenyar	9
enderiar	10
enderrocar	67
endeutar	9
endevinar	9
endiablar	9
endimoniar	10
endinsar	9
endinyar	9
endiumenjar	29
endoblar (BAL)	9
endoblir-se	61
endogalar	9
endolar	9
endolcir	61
endolentir	61
endollar	9
endomassar	9
endormiscar	67
endossar	9
endosserar	9
endrapar	9
endreçar	14
endropir	61
endurar	9
endurir	61
endur-se	26
vg notes	
enemistar	9
energitzar	9
enervar	9
enfadar	9
enfadeir	51
enfaixar	9
enfangar	52
enfarcellar	9
enfardar	9
enfardellar	9
enfardissar	9
enfarfegar	52
enfarfollar-se	9
enfarinar	9
enfaristolar-se	9
enfastidir	61
enfastijar	29
enfavar-se	9
enfebrar	9
enfebrosir-se	61
enfeixar	9
enfelar-se	9
enfellonir	61
enfeltrar	9
enfereir-se	51
enferestir	61
enferir	61
enferotgir-se	61
enferrar	9
enferrissar	9
enferritjar-se	29
vg notes dialectals ⇗	
enfervorir	61
enfetgegar	52
enfeudar	9
enfigar-se	52
enfigassar	9
enfilar	9
enfilosar	9
enfistular	9
enfitar	9
enflocar	67
enflorar	9
enfocar	67
enfolcar	67
enfollir	61
enfondir	61
enfondre	17
enfonsar	9
enfonyar	9
enforatar	9
enforcar	67
enforfoguir	61
enforfollar	9
enforinyar (BAL)	9
enformar	9
enfornar	9
enforquillar	9
enfortir	61
enfoscar	67
enfosquir	61
enfotjar	29

vg notes dialectals ⇗	
enfranquir	61
enfredar	9
enfredolicar	67
enfredorar	9
enfredorir	61
enfreixurar-se	9
enfrenar	9
enfrontar	9
enfugir-se	37
enfundar	9
enfundar-se	9
enfuriar	10
enfurir	61
enfurismar	9
enfurrunyar-se	9
enfusellar	9
enfustar	9
enfutimar-se	9
enfutismar-se	9
engabiar	10
engafar	9
engafetar	9
engalanar	9
engalavernar	9
engalbar	9
engaliar	10
engalipar	9
engallar	9
engallardir	61
engallinar	9
engallir	61
engallofir	61
engalonar	9
engaltar	9
engalvanir	61
engalzar	9
enganar (BAL)	9
engandallar	9
engandulir	61
enganxar	9
enganyar	9
engarbullar	9
engargallar	9
engargamellar	9
engargullar	9
engargussar	9
engargussar-se	9
engarjolar	9
engarlandar	9
engarrofar-se	9
engarrotar	9
engassar	9
engatar	9
engatjar	29
vg notes dialectals ⇗	
engavanyar	9
engavatxar	9
engavatxinar	9
engegantir	61
engegar	52
engelabrir-se	61
engelosir	61
engendrar	9
engerlar	9
enginjolar	9
enginyar	9
engiponar	9
engirgolar (BAL)	9
englobar	9
englotir	61
engolar	9
engolfar	9
engolfar-se	9
engolir	61
engolosir	61
engomar	9
engordir	61
engorgar-se	52
engorjar	29
engormandir	61
engorronir	61
engospar (BAL)	9
engraellar	9
engramponar (BAL)	9
engranallar	9
engranar	9
engrandir	61
engranerar	9
engrapar	9
engravar	9
engredar	9
engreixar	9
engreixinar	9
engrescar	67
engrillonar	9
engrinyar	9
engripar-se	9
engroguir	61
engronsar	9
engronyar (BAL)	9
engrossir	61
engruixar	9
engruixir	61
engrunar	9
engrunyonir-se (VAL)	61
engrutar	9
engualdrapar	9
enguantar	9
enguardiolar	9
enguerrar	9
enguerxinar-se	9
enguerxir	61
enguierar	9
enguixar	9
enherbar	9
enjardinar	9
enjogassar	9
enjoiar	31
enjoiellar	9
enjoncar	67
enjovar	9
enjovenir	61
enjudiciar	10
enjullar	9
enjuncar	67
enlacrar	9
enlairar	9
enllacar	67
enllaçar	14
enllagrimar-se	9
enllaminir	61
enllandar	9
enllangorir	61
enllardar	9
enllardissar	9
enllardonar	9
enllatar	9
enllaunar	9
enllefernar	9
enllefiscar	67
enlleganyar-se	9
enlleir-se	51
enllepissar	9
enllepolir	61
enllestir	61
enlletgir	61
enlliçar	14
enllistar	9
enllistonar	9
enllitar	9
enllitegar	52
enllomar	9
enllorar	9
enllordar	9
enllosar	9
enllotar	9
enlluentar	9
enlluentir	61
enlluernar	9
enlluir	66

enllumenar 9
enllustrar 9
enllustrar-se 9
ennavegar-se 52
ennegrir 61
enneguitar-se 9
ennigular-se (BAL) 9
ennoblir 61
ennovar 9
ennuegar 52
ennuvolar 9
enorgullar 9
enorgullir 61
enquadernar 9
enquadrar 9
enqueixalar 9
enquestar 9
enquetiar 10
enquibir 61
enquimerar 9
enquistar-se 9
enquitranar 9
enrabiar 10
enraiar 31
enraigar 52
enrajar 29
enrajolar 9
enramar 9
enramellar 9
enrampar 9
enrancir 61
enrandar 9
enraonar 9
enrarir 61
enrasar 9
enrastellar 9
enrastellerar 9
enravenar 9
enredar 9
enrederar 9
enrederir (C) 61
enredoltar 9
enredortar 9
enregistrar 9
enreixar 9
enrellentir 61
enretirar 9
enreular 9
enreveixinar 9
enrevenxinar 9
enrevoltar (BAL) 9
enriallar 9
enrigidir 61
enrinxar-se 9
enrinxolar 9
enriolar 9
enriostar 9
enriquir 61
enriuar 21
enrivetar 9
enrobustir 61
enrocar 67
enrodar 9
enrodillar 9
enroentir 61
enrogallar 9
enrogir 61
enrojolar 9
enrolar 9
enrondar 9
enronquir 61
enrosar 9
enroscar 67
enrossir 61
enrotllar 9
enrovinar 9
enrubinar 9
enrullar 9
enrunar 9
ensabar 9
ensabonar 9
ensacar 67
ensafranar 9
ensaginar 9
ensagnar 9
ensajornar 9
ensalgar 52
ensalivar 9
ensalvatgir 61
ensamarrar 9
ensangonar 9
ensardinar 9
ensarriar 10
ensarrionar 9
ensarronar 9
enseguir 61
ensellar 9
ensementar 9
ensenderar 9
ensenyar 9
ensenyorir 61
enseriosir-se 61
enserrellar 9
ensetinar 9
enseuar 21
ensibornar 9
ensimar 9
ensinistrar 9
ensitjar 29
vg notes dialectals ↗
ensivellar 9
ensobecar-se (N-O) 67
ensobinar-se 9
ensobrar 9
ensofrar 9
ensofronyar (BAL) 9
ensolcar (BAL) 67
ensomniar 10
ensonyar 9
ensopegar 52
ensopir 61
ensordir 61
ensorrar 9
ensostrar 9
ensotar 9
ensucrar 9
ensulfatar 9
ensulsiar 10
ensulsir 61
ensulsir-se (C) 61
ensumar 9
ensuperbir 61
ensutjar 29
vg notes dialectals ↗
entabanar 9
entabuixar 9
entaferrar (BAL) 9
entaforar 9
entallar 9
entapissar 9
entarimar 9
entatxar 9
entatxonar 9
entaular 9
entaulellar 9
entebeir 51
entebionar 9
enteixinar 9
entelar 9
entémer-se (BAL) 64
entemonir 61
entendar 9
entendre 53
entendrir 61
entenebrar 9
entenebrir 61
enteranyinar 9
enterbolir 61
entercar 67
enterrar 9
enterrossar 9

entestar 9
entinar 9
entintar 9
entoiar 31
entoixar (BAL) 9
entollar 9
entomar 9
entonar 9
entonyinar-se 9
entorcillar 9
entorcir (BAL) 61
entornar 9
entorpir 61
entortellar 9
entortillar 9
entortolligar 52
entorxar 9
entossar-se 9
entossudir-se 61
entotsolar-se 9
entovar 9
entrampar 9
entrapar 9
entrar 9
entravessar 9
entreabaltir-se 61
entrebadar-se 9
entrebancar 67
entrebatre's 48
entrebesar-se 9
entrebigar 52
entrecalar 9
entrecavalcar-se 67
entrecavar 9
entrecreuar 21
entrecriar 10
entrecuixar 9
entredevorar-se 9
entreferir-se 61
vg notes dialectals ⇗
entreforcar-se 67
entregar 52
entregirar 9
entreguardar 9
entrellaçar 14
entrelligar 52
entrelligassar 9
entrellucar 67
entrelluir 55
en sentit figurat 66
vg notes 55
entrelluscar 67
entremaliejar 29
entrematar-se 9
entremesclar 9
entremetre's 3
entremirar-se 9
entrenar 9
entrenyellar 9
entrenyorar-se 9
entreobrir 45
entreoir 47
entrepassegar 52
entreploure 7
entresaludar-se 9
entrescar 67
entreseguir-se 61
entresentir 25
entresoldar-se 9
entrespolar (VAL) 9
entresuar 34
entretallar 9
entretancar 67
entreteixir 61
vg notes dialectals ⇗
entretelar 9
entretenir 63
entretindre 63
entretocar-se 67
entretopar 9
entretzenar-se 9
entrevenir 54
entreveure 72
entrevindre 54
entrevistar 9
entrexocar 67
entristar (BAL) 9
entristir 61
entrompar 9
entroncar 67
entronitzar 9
entropessar (VAL, N-O) 9
entrullar 9
entrunyellar 9
entubar 9
entumir 61
enturar 9
entusiasmar 9
enuclear 19
enumerar 9
enunciar 10
enutjar 29
vg notes dialectals ⇗
envair 4
envaixellar 9
envalentir 61
envalisar 9
envanir 61
envasar 9
envejar 29
envelar 9
envellir 61
envellutar 9
enventar-se 9
enverar 9
enverdir 61
envergar 52
enverinar 9
enverinosar 9
envermellir 61
envermellonar 9
envernissar 9
envescar 67
envesprir 61
envestir 61
vg notes dialectals ⇗
envetar 9
enviar 10
envidar 9
envidrar 9
envidreir-se 51
envidriar-se 10
enviduar 34
envigorir 61
envilanir 61
envilir 61
envinagrar 9
envinar 9
envinyar 9
envirollar 9
enviscar (BAL, VAL) 67
enviscolar (BAL) 9
envitrallar 9
envitricollar 9
enviudar 9
envolar-se 9
envoltar 9
envolupar 9
enxampar 9
enxarolar 9
enxarpar 9
enxarxar 9
enxautar-se (N-O) 9
enxavetar 9
enxiquir 61
enxisar 9
enyorar 9
epigramatitzar 9
epilogar 52
episodiar 10
equalitzar 9

equidistar 9
equilibrar 9
equipar 9
equiparar 9
equiponderar 9
equivaldre 68
equivaler 68
equivocar 67
eradicar 67
ererar 9
ergotitzar 9
eriçar 14
eriçonar 9
erigir 61
ermar 9
erogar 52
erolar 9
erosionar 9
erotitzar 9
errar 9
eructar 9
esbaconar 9
esbadellar 9
esbadiar 10
esbadinar 9
esbadocar 67
esbafar-se 9
esbafegar-se 52
esbagotar 9
esbajocar 67
esbalair 4
esbalandrar 9
esbalçar 14
esbaldir 61
esbaldregar (N-O, VAL, BAL) 52
esbalmar 9
esbaltir 61
esbancar 67
esbandir 61
esbarbar 9
esbardellar 9
esbardissar 9
esbargir 61
esbarrar 9
esbarrejar (BAL) 29
esbarriar 10
esbarzerar 9
esbatanar 9
esbategar 52
esbatre 48
esbatussar-se 9
esbelegar 52
esbeletegar 52
esbellussar-se (VAL) 9
esberlar 9
esbessar 9
esbiaixar 9
esbiegar 52
esblaimar 9
esblamar-se 9
esblanqueir 51
esblenar 9
esbocar 67
esbocinar 9
esboirar 9
esbojarrar-se 9
esboldregar 52
esbombar 9
esbombolar 9
esbordellar 9
esborifar 9
esbornagar 52
esborneiar-se 31
esborrallar 9
esborrar 9
esborrifar 9
esborronar 9
esboscassar 9
esbossar 9
esbotifarrar 9
esbotzar 9
esbramegar 52
esbrancar 67
esbraonar 9
esbravar 9
esbraveir 51
esbrellar (BAL) 9
esbrinar 9
esbrocalar 9
esbrocar 67
esbrollar 9
esbromar 9
esbromar-se 9
esbroncar 67
esbroquellar 9
esbrossar 9
esbrostar 9
esbrostimar 9
esbrotar 9
esbrotonar 9
esbucar 67
esbudellar 9
esbufegar 52
esbullar 9
esbutxacar 67
esbutzar 9
escabellar 9
escabellonar (C, ROSS) 9
escabetxar 9
escabotar 9
escabridar-se 9
escabussar-se (VAL) 9
escafinyar (VAL) 9
escafinyejar 29
escagaixar-se 9
escagarrinar-se 9
escagassar 9
escaguitxar 9
escaïnar 9
escairar 9
escalabornar 9
escalabrar 9
escalar 9
escaldar 9
escaldufar 9
escalfar 9
escalfeir 51
escalivar 9
escalonar 9
escamar 9
escamarlar 9
escambuixar (BAL) 9
escamisar 9
escamnar 9
escamotar-se 9
escamotejar 29
escampar 9
escandalitzar 9
escandallar 9
escandir 61
escanejar 29
escantar (BAL) 9
escantellar 9
escantonar 9
escanviar 10
escanyar 9
escanyellar-se 9
escanyolir-se 61
escanyotar 9
escanyussar-se 9
escapar 9
escaparrar 9
escapçar 14
escapolar-se 9
escapolir-se 61
escapollar 9
escar 67
escaramussar 9
escarar 9
escarbar 9

escarbotar	9
escarcanyar-se	9
escardar	9
escardassar	9
escardussar	9
escarificar	67
escarmenar	9
escarmentar	9
escarnir	61
escarnufar	9
escarotar	9
escarpellar	9
escarpir	61
escarrabillar	9
escarramicar-se	67
escarranxar-se	9
escarrar	9
escarrassar-se	9
escarriar	10
escarritxar	9
escarrollar	9
escarrufar	9
escartejar	29
escarufejar	29
escarxar	9
escarxofar-se	9
escassejar	29
escassigallar	9
escatainar	9
escatar	9
escatifenyar-se	9
escatimar	9
escatinyar	9
escatir	61
escatxigar	52
escaure	11
escavallar	9
escellar (BAL)	9
escenificar	67
escindir	61
escintil·lar	9
esclafar	9
esclafassar	9
esclafinyar	9
esclafir	61
esclarir	61
esclarissar	9
esclatar	9
esclavitzar	9
esclerosar	9
esclofollar	9
escloscar	67
esclovellar	9
escoar (BAL)	42
escocellar	9
escodar	9
escodolar	9
escodrinyar	9
escolar	9
escolaritzar	9
escoliar	10
escollar	9
escollarar	9
escollir	13
escoltar	9
escombrar	9
escometre	3
esconillar-se (C, BAL)	9
esconyar	9
escopetejar	29
escopinar (C, N-O)	9
escopir	13
escorar	9
escorçar	14
escorcollar	9
escorificar	67
escornar	9
escorniflar (C, ROSS)	9
escoronar	9
escorpitar	9
escorporar-se (C, N-O, VAL)	9
escorrancar	67
escorregar	52
escórrer	18
escortar	9
escorxar	9
escossar	9
escotar	9
escotxegar	52
escotxinar	9
escrestar	9
escridar	9
escridassar	9
escripturar	9
escriure	30
escrostar	9
escrostissar	9
escrostonar	9
escruixir	25
escrupolejar	29
escrutar	9
escuar	34
escucar	67
escucutar	9
escudar	9
escudejar-se	29
escudellar	9
escugular	9
escuixar	9
escuixolar (N-O)	9
escular	9
escullar-se	9
esculpir	61
escumar	9
escumejar	29
escunçar-se (N-O)	14
escurar	9
escurçar	14
escutiar	10
esdentar	9
esdentegar	52
esdernegar	52
esdevenir	54
esdevindre	54
esduir	66
esfacelar	9
esfarinar-se	9
esfarnegar	52
esfereir	51
esfetgegar-se	52
esfilagarsar	9
esfilegar	52
esfilegassar	9
esflorar	9
esfondrar	9
esforçar-se	14
esfreixurar	9
esfrimolar	9
esfullar	9
esfumar	9
esgaiar	31
esgalabrar	9
esgaldinyar	9
esgallar	9
esgarbassar	9
esgarbissar	9
esgardissar	9
esgargamellar-se	9
esgaripar	9
esgarranyar	9
esgarrapar	9
esgarrar	9
esgarriar	10
esgarrifar	9
esgarrinxar	9
esgarrinyar	9
esgarronar	9
esgatifinyar-se	9
esgatinyar-se	9
esgavellar	9
esglaiar	31

esglaonar 9
esglevar 9
esgolar-se 9
esgorrar 9
esgotar 9
esgotimar 9
esgrafiar 10
esgramar 9
esgramenar 9
esgranar 9
esgraonar 9
esgrassotar 9
esgratinyar 9
esgrifollar 9
esgrillar 9
esgrimir 61
esgrogueir 51
esgruixar 9
esgrumar 9
esgrumollar 9
esgrunar 9
esguardar 9
esguellar 9
esgüellar 9
esguerrar 9
esguimbar-se 9
esguitar (VAL) 9
eslingar 52
esllanguir-se 61
esllavissar-se 9
esllemenar 9
esllenegar 52
esllomar 9
esllucar 67
esmadeixar 9
esmaixar 9
esmaltar 9
esmalucar 67
esmar 9
esmargenar 9
esmarrar-se (VAL) 9
esmatissar 9
esmenar 9
esmentar 9
esmerçar 14
esmerdissar 9
esmerilar 9
esmerletar 9
esmicar 67
esmicolar 9
esmitjar (BAL) 29
vg notes dialectals ⇗
esmocar 67
esmolar 9
esmollar 9
esmolsar 9
esmonyonar 9
esmorcar 67
esmorrar 9
esmorrellar 9
esmorronar 9
esmorteir 51
esmortir 61
esmorzar 9
esmotxar 9
esmunyir 25
esmussar 9
esmusteir (BAL) 51
esnarigar 52
esnifar 9
esnovar 9
espadar 9
espadellar 9
espaiar 31
espair (BAL) 4
espallussar 9
espalmar 9
espampolar 9
espanotxar 9
espantar 9
espanyar 9
espanyolitzar 9
espaordir 61
espargir 61
esparpallar 9
esparpellar 9
esparpillar 9
esparracar 67
espartar 9
esparverar 9
espasar 9
espasmar 9
espassar 9
espatarrar 9
espaterrar 9
espatlar 9
espatlejar 29
espatllar 9
espatllejar 29
espavilar 9
especejar 29
especialitzar 9
especiar 10
especificar 67
especular 9
espedaçar 14
espedregar 52
espelagrinar 9
espellar 9
espelleringar 52
espelletar (N-O, VAL) 9
espellifar 9
espellingar 52
espellir 61
espellissar 9
espellofar 9
espellonar 9
espellotar 9
espellucar 67
espellussar 9
espencar 67
espentar 9
espentejar (N-O, VAL) 29
espentolar (VAL) 9
espenyar 9
espènyer 64
esperançar 14
esperar 9
esperesar-se (VAL) 9
esperitar-se 9
espernegar 52
espernetegar 52
esperonar 9
esperonejar 29
esperrucar 67
espesseir 51
espessigar 52
espessir 61
espetarregar 52
espetegar 52
espeternegar 52
espeuar 21
espiar 10
espicassar 9
espicossar 9
espifiar 10
espigar 52
espignar 9
espigolar 9
espiguejar 29
espinar 9
espinçar 14
espingar 52
espinyar 9
espinyocar 67
espinyolar 9
espinyonar 9
espinzellar (BAL) 9
espipellar (BAL) 9
espipellejar 29
espirar 9

Verb	Model
espirejar	29
espiritualitzar	9
espitellar-se (BAL)	9
espitjar	29
vg notes dialectals ↗	
espitllar	9
espitllerar	9
espitregar	52
espitxar-se (BAL)	9
esplaiar	31
esplanar	9
espletar	9
esplomar	9
esplomissar	9
esplugar	52
espodassar	9
espoliar	10
espolinar	9
espollar	9
espollinar-se	9
espolsar	9
espoltrar-se	9
espoltrir (N-O, BAL)	61
esponcellar	9
esponjar	29
esporcellar-se	9
esporgar	52
esporguinyar	9
esportellar	9
esporuguir	61
esporular	9
esposar	9
espotonar-se (BAL)	9
esprémer	64
esprimatxar-se	9
esprintar	9
espuar	34
espuçar	14
espuntar	9
espuntegar	52
espunyar	9
espunyir	61
espurnar	9
espurnejar	29
esputar	9
esquarterar	9
esqueixalar	9
esqueixar	9
esquellar	9
esquellejar	29
esquellotar	9
esquellotejar	29
esquematitzar	9
esquenar	9
esquerar	9
esquerdar	9
esquerdejar	29
esquerdillar	9
esquerdissar	9
esquerrar	9
esquiar	10
esquifir-se	61
esquilar	9
esquinçar	14
esquirolejar	29
esquitar	9
esquitllar	9
esquitllar-se	9
esquitxar	9
esquitxotejar	29
esquivar	9
esser (BAL)	32
ésser	32
estabilitzar	9
establar	9
establir	61
vg notes	
estabornir	61
estabular	9
estacar	67
estacionar	9
estafar	9
estaiar	31
estalonar	9
estalviar	10
estamenejar (BAL)	29
estamordir	61
estampar	9
estampillar	9
estampir	61
estancar	67
estandarditzar	9
estanquitzar	9
estantolar	9
estanyadar	9
estanyar	9
estar	33
estarrufar	9
estassar	9
estatitzar	9
estatjar	29
vg notes dialectals ↗	
estatuir	66
estavellar	9
estellar	9
estenallar	9
estendre	53
estenografiar	10
estepitzar	9
esteranyinar	9
estereotipar	9
estergir	61
esterificar	67
esterilitzar	9
esterniar	10
esternudar	9
esterrecar	67
esterrejar	29
esterrossar	9
estesar	9
estibar	9
estifollar	9
estigmatitzar	9
estilar-se	9
estilitzar	9
estimar	9
estimbar	9
estimular	9
estintolar	9
estipendiar	10
estipular	9
estirallar (ROSS)	9
estirar	9
estireganyar	9
estiregassar	9
estitllar-se	9
estiuar	21
estiuejar	29
estivar	9
estofar	9
estojar	29
estomacar	67
estontolar	9
estopejar	29
estoquejar	29
estorar	9
estordir	61
estorinar-se (BAL)	9
estormeiar	31
estormeir	51
estossar	9
estossegar	52
estossinar	9
estotar (C, ROSS)	9
estotjar	29
vg notes dialectals ↗	
estovar	9
estrafer	23
estrallar-se (VAL)	9
estrangeritzar	9
estrangular	9
estranyar	9

estratificar 67
estrebar 9
estremir 61
estrenar 9
estrènyer 64
vg notes
estrepar (C) 9
estressar 9
estretejar 29
estretir 61
estriar 10
estricar 67
estridular 9
estrijolar 9
estringar 52
estrinxolar 9
estripar 9
estritllar-se 9
estrompassar 9
estroncar 67
estronxar (BAL) 9
estronyar (C) 9
estropellar 9
estructurar 9
estubar 9
estucar 67
estudiar 10
estufar 9
estufir (VAL) 61
estufornar 9
estuprar 9
esvair 4
esvalotar 9
esvanir 61
esvarar (VAL) 9
esvedellar-se 9
esvellegar 52
esventar 9
esventegar-se 52
esventrar 9
esventrellar-se 9
esverar 9
esvinçar 14
esvoletegar 52
esvolvar 9
esvomegar-se (N-O) 52
esvorancar 67
esvorar 9
esvorellar 9
eterificar 67
eteritzar 9
eternitzar 9
etilar 9
etiolar-se 9

etiquetar 9
etzibar 9
europeïtzar 9
evacuar 34
evadir 61
evaginar 9
evangelitzar 9
evaporar 9
evidenciar 10
evitar 9
evocar 67
evolucionar 9
exacerbar 9
exagerar 9
exalçar 14
exaltar 9
examinar 9
exasperar 9
exaudir 61
excarcerar 9
excardinar 9
excavar 9
excedir 61
excel·lir 61
exceptuar 34
excitar 9
exclamar 9
exclaustrar 9
excloure 15
vg notes
excogitar 9
excomunicar 67
excoriar 10
excorticar 67
excrementar 9
excretar 9
exculpar 9
excusar 9
execrar 9
executar 9
exemplificar 67
exemptar 9
exercir 61
exercitar 9
exfoliar 10
exhalar 9
exhaurir 61
exhibir 61
exhortar 9
exhumar 9
exigir 61
exiliar 10
eximir 61
existir 61

exonerar 9
exorcitzar 9
exornar 9
expandir 61
expansionar 9
expatriar 10
expectar 9
expectorar 9
expedientar 9
expedir 61
expel·lir 61
expendre 46
experimentar 9
expiar 10
expilar 9
expirar 9
explanar 9
explicar 67
explicitar 9
explorar 9
explotar 9
exportar 9
exposar 9
expressar 9
expropiar 10
expugnar 9
expulsar 9
expuntuar 34
expurgar 52
exsecallar (BAL) 9
exsoldre 1
exsudar 9
extasiar 10
extenuar 34
exterioritzar 9
exterminar 9
extingir 61
extirpar 9
extorquir 61
extorsionar 9
extractar 9
extradir 61
extralimitar-se 9
extrapolar 9
extraure 40
vg notes
extravagar 52
extravasar-se 9
extravenar-se 9
extraviar 10
extremar 9
extremunciar 10
extreure 41
vg notes

extrudir	61
exulcerar	9
exultar	9
fabricar	67
facetar	9
facilitar	9
facturar	9
facultar	9
fadar	9
fadejar	29
fadigar	52
fadrinejar	29
faenejar	29
fagocitar	9
faixar	9
falcar	67
falcejar	29
faldejar	29
fallar	9
fallir	61
falsar	9
falsejar	29
falsificar	67
faltar	9
famejar	29
familiaritzar	9
fanatitzar	9
fanfarronejar	29
fangar	52
fanguejar	29
fanguetejar	29
fantasiar	10
fantasiejar	29
faraditzar	9
farcir	61
farfallejar (VAL)	29
fargar	52
farolejar (VAL)	29
faronejar	29
farratjar	29
vg notes dialectals ⇗	
fartar	9
fascinar	9
fastiguejar	29
fatigar	52
fatxejar	29
fatxendar	9
fatxendejar	29
favorejar	29
faxar	9
febrejar	29
fecundar	9
federar	9
feinejar	29
feixar	9
feixurar	9
felicitar	9
femar	9
femejar	29
feminitzar	9
femtar	9
fendir	61
fendre	70
vg notes	
fenificar	67
fenomenalitzar	9
fènyer	49
fer	35
ferejar	29
ferir	61
vg notes dialectals ⇗	
fermar	9
fermentar	9
ferrar	9
ferrejar	29
fertilitzar	9
ferumejar	29
festejar	29
festivar	9
fetillar	9
fiançar	14
fiar	10
fiblar	9
fiblonejar	29
ficar	67
fideïcometre	3
fidelitzar	9
figurar	9
filar	9
filetejar	29
filiar	10
filigranar	9
fillolar	9
fillolejar	29
filmar	9
filosofar	9
filtrar	9
filustrar	9
fimbrar	9
finalitzar	9
finançar	14
finar	9
fincar-se	67
finejar	29
finestrejar	29
fingir	61
finir	61
fintar	9
firar	9
firmar	9
fiscalitzar	9
fistonar	9
fistonejar	29
fitar	9
fitorar	9
fitxar	9
fixar	9
flagel·lar	9
flairar	9
flairejar	29
flairosejar	29
flamar	9
flamarejar	29
flamejar	29
flamerejar	29
flamulejar	29
flanquejar	29
flaquejar	29
flastomar	9
flectar	9
flectir	61
flexibilitzar	9
flexionar	9
flingantejar	29
flingar	52
flipar	9
flirtar	9
flirtejar	29
flitar	9
flixar-se (VAL)	9
flocar	67
flocular	9
flogisticar	67
florejar	29
florir	61
flotar	9
fluctuar	34
fluïdificar	67
fluïditzar	9
fluir	66
fluixejar	29
fluorar	9
focalitzar	9
fogallejar	29
fogar	52
fogatjar	29
vg notes dialectals ⇗	
fogonejar	29
foguejar	29
folgar	52
foliar	10
follar	9

follejar	29
folrar	9
fomentar	9
fonamentar	9
fonar	9
fondejar	29
fondre	36
fonellar	9
fonyar	9
fonyegar	52
foradar	9
foragitar	9
forallançar	14
foraviar	10
forbir	61
forcar	67
forçar	14
forcejar	29
forejar	29
forfollar	9
forfollejar	29
forjar	29
formalitzar	9
formar	9
formatar	9
formatjar	29
vg notes dialectals ↗	
formigonar	9
formiguejar	29
formular	9
fornejar (VAL)	29
fornicar	67
fornillar	9
fornir	61
forrar	9
fortificar	67
fosfatar	9
fosforar	9
fosforejar	29
fosforitzar	9
fosquejar	29
fossar	9
fossilitzar	9
fotesejar	29
fotisquejar	29
fotjar	29
vg notes dialectals ↗	
fotocopiar	10
fotografiar	10
fotogravar	9
fotosensibilitzar	9
fotosintetitzar	9
fotre	48
fracassar	9
fraccionar	9
fracturar	9
fragmentar	9
francesitzar	9
franjar	29
franquejar	29
frasejar	29
fraternitzar	9
fredejar	29
fredorejar	29
fregar	52
fregir	61
vg notes dialectals ↗	
fremir	61
frenar	9
freqüentar	9
fresar	9
fresquejar	29
fressar	9
fressejar	29
freturar	9
freturejar	29
fricatitzar	9
friccionar	9
frisar	9
frissar (C)	9
frivolitzar	9
fronterejar	29
fructificar	67
fruir	66
fruitar	9
frunzir	61
frustrar	9
fuetejar	29
fugar-se	52
fugir	37
fulardar	9
fulgir	61
fulgurar	9
fullar	9
fullejar	29
fulminar	9
fumar	9
fumejar	29
fúmer	64
fumigar	52
funcionar	9
fundar	9
funestar	9
funyir	25
furar	9
furetejar	29
furgar	52
furguinyar	9
furonar	9
furonejar	29
furtar	9
fusionar	9
fustejar	29
fusterejar	29
fustigar	52
gabiejar	29
gabionar	9
galanejar	29
galantejar	29
galejar	29
galgar	52
galibar	9
galindejar	29
galivar	9
gallardejar	29
gallejar	29
gallinejar	29
gallofejar	29
galonejar	29
galopar	9
galtejar	29
galvanejar	29
galvanitzar	9
galzar	9
gamar-se	9
gambar	9
gambejar	29
gandulejar	29
ganejar	29
gangrenar	9
gansallar	9
gansejar	29
gansolar	9
ganyolar	9
garantir	61
garapinyar	9
garbejar	29
garbellar	9
garberar	9
garbinejar	29
garbonar	9
gardenyar	9
garfinyar	9
garfir	61
garfullar	9
gargallejar	29
gargamellejar	29
gargantejar	29
gargaritzar	9
gargotejar	29
garlar	9
garolar	9

garranyigar	52
garrejar	29
garrinar	9
garronar	9
garrotar	9
garrotejar	29
garrular	9
garsar (VAL)	9
garsejar (VAL)	29
gasar	9
gasejar	29
gasificar	67
gaspar-se	9
gastar	9
gatejar	29
gatgejar	29
gatinar	9
gatinyar-se	9
gatonar	9
gatzarejar	29
gaudir	61
gavanyar	9
gebrar	9
gelar	9
gelatinitzar	9
geleïtzar	9
gelificar	67
gemecar (VAL)	67
gemegar	52
gemeguejar	29
geminar	9
gemir	61
generalitzar	9
generar	9
geomalitzar	9
germanitzar	9
germinar	9
gestar	9
gesticular	9
gestionar	9
gicar	67
ginyar	9
giragonsar	9
giragonsejar	29
girar	9
giravoltar	9
girigar	52
giscar	67
gitar	9
glaçar	14
glacejar	29
glapir	61
glatir	61
globalitzar	9
glopejar	29
gloriar-se	10
gloriejar	29
glorificar	67
glosar	9
glossar	9
godallar	9
godinar	9
gofrar	9
gojar	29
golafrejar	29
golejar	29
gomboldar	9
gormandejar	29
gorrejar	29
gosar	9
gotejar	29
gotellimar	9
governar	9
graciar	10
graduar	34
grafilar	9
grallar	9
gramaticalitzar	9
gramatitzar	9
gramponar (BAL)	9
granallar	9
granar	9
grandejar	29
granejar	29
granissar	9
granissolar	9
granular	9
grapar	9
grapejar	29
graponar	9
graponejar	29
gratar	9
gratibuixar	9
gratificar	67
gratinar	9
gratular	9
gravar	9
gravitar	9
grecitzar	9
gregalejar	29
greixar	9
gremolejar (BAL)	29
greujar	29
grifar-se (BAL)	9
grifolar	9
grifolejar	29
grifollar	9
grifonar	9
grillar	9
grimpar	9
grinyolar	9
grisejar	29
groguejar	29
gronsar	9
gronxar	9
gronxejar	29
gronxolar	9
gruar	34
grufar (BAL)	9
grumar	9
grumejar	29
grunyir	25
guaitar	9
guaixar	9
guanyar	9
guardar	9
guardonar	9
guaretar	9
guarir	61
guarnir	61
güellar	9
guerrejar	29
guerxar	9
guerxejar	29
guiar	10
guillar	9
guilloixar	9
guillotinar	9
guilopejar (VAL)	29
guimbar	9
guindar	9
guinyar	9
guinyolar	9
guipar	9
guisar	9
guiscar (BAL)	67
guitar	9
guixar	9
gunitar	9
guspirejar	29
gustar	9
gustejar	29
habilitar	9
habitar	9
habituar	34
hajar	29
halar	9
handicapar	9
harmonitzar	9
haure	39
haver [*auxiliar*]	38
haver [*transitiu*]	39

hebraïtzar	9
hel·lenitzar	9
hemodialitzar	9
hemolitzar	9
herbassejar	29
herbejar	29
herboritzar	9
heretar	9
herniar	10
hesitar	9
heterodinar	9
heure	39
hibernar	9
hibridar	9
hidratar	9
hidrogenar	9
hidrolitzar	9
higienitzar	9
hipertrofiar	10
hipnotitzar	9
hipostatitzar	9
hipotecar	67
hispanitzar	9
hissar	9
historiar	10
hivernar	9
holografiar	10
homenatjar	29
vg notes dialectals ↗	
homenejar	29
homogeneïtzar	9
homologar	52
honorar	9
honrar	9
horripilar	9
horroritzar	9
hospitalejar	29
hospitalitzar	9
hostatjar	29
vg notes dialectals ↗	
hostejar	29
hostiar	10
hostilitzar	9
huitantejar (VAL)	29
humanitzar	9
humectar	9
humidificar	67
humiliar	10
humitejar	29
idealitzar	9
idear	19
identificar	67
idolatrar	9
ignifugar	52
ignorar	9
igualar	9
il·legalitzar	9
il·luminar	9
il·lusionar	9
il·lustrar	9
imaginar	9
imantar	9
imbricar	67
imbuir	66
imitar	9
immaterialitzar	9
immatricular	9
immergir	61
immigrar	9
immiscir-se	61
immobilitzar	9
immolar	9
immortalitzar	9
immunitzar	9
immutar	9
impacientar	9
impactar	9
impartir	61
impedir	61
impel·lir	61
imperar	9
impermeabilitzar	9
impersonalitzar	9
impetrar	9
implantar	9
implementar	9
implicar	67
implorar	9
importar	9
importunar	9
imposar	9
impossibilitar	9
impostar	9
imprecar	67
impregnar	9
impremtar	9
impressionar	9
imprimir	61
vg notes	
improperar	9
improvar	9
improvisar	9
impugnar	9
impulsar	9
impurificar	67
imputar	9
inactivar	9
inaugurar	9
incapacitar	9
incarcerar	9
incardinar	9
incendiar	10
incentivar	9
incidir	61
incinerar	9
incitar	9
inclinar	9
incloure	15
vg notes	
incoar	42
incomodar	9
incomplir	61
vg notes	
incomunicar	67
incorporar	9
incórrer	18
incrementar	9
increpar	9
incriminar	9
incrustar	9
incubar	9
inculcar	67
inculpar	9
incumbir	61
indagar	52
indemnitzar	9
independitzar	9
indexar	9
indicar	67
indiciar	10
indigestar-se	9
indignar	9
indisciplinar	9
indisposar	9
individualitzar	9
individuar	34
induir	66
indulgenciar	10
indultar	9
industrialitzar	9
industriar-se	10
inebriar	10
infamar	9
infantar	9
infantilitzar	9
infatuar	34
infectar	9
inferir	61
infestar	9
infeudar	9
infibular	9
infiltrar	9

infirmar 9
infixar 9
inflamar 9
inflar 9
infligir 61
influenciar 10
influir 66
infondre 17
informar 9
informatitzar 9
infrautilitzar 9
infravalorar 9
infringir 61
ingerir 61
ingressar 9
ingurgitar 9
inhabilitar 9
inhalar 9
inhibir 61
inhumar 9
inicialitzar 9
iniciar 10
injectar 9
injuriar 10
innervar 9
innivar-se 9
innovar 9
inocular 9
inquietar 9
inquirir 61
insacular 9
insalivar 9
inscriure 30
insculpir 61
inseminar 9
insensibilitzar 9
inserir 61
insidiar 10
insinuar 34
insistir 61
insolar 9
insolentar-se 9
insonoritzar 9
inspeccionar 9
inspirar 9
instal·lar 9
instar 9
instaurar 9
instigar 52
instil·lar 9
institucionalitzar 9
instituir 66
instruir 66
instrumentalitzar 9

instrumentar 9
insubordinar 9
insuflar 9
insultar 9
insurgir-se 61
insurreccionar 9
integrar 9
intensificar 67
intentar 9
interaccionar 9
interactuar 34
intercalar 9
intercanviar 10
intercedir 61
interceptar 9
interconnectar 9
interdir 24
vg notes
interessar 9
interferir 61
interfoliar 10
interioritzar 9
interlinear 19
internacionalitzar 9
internar 9
interpel·lar 9
interpolar 9
interposar 9
interpretar 9
interrelacionar 9
interrogar 52
interrompre 48
intersecar-se 67
intervenir 54
vg notes
intervertir 61
intervindre 54
vg notes
interviuar 21
intimar 9
intimidar 9
intitular 9
intoxicar 67
intranquil·litzar 9
intricar 67
intrigar 52
introduir 66
intruir 66
intubar 9
intuir 66
inundar 9
inutilitzar 9
invadir 61
invaginar 9

invalidar 9
invectivar 9
inventar 9
inventariar 10
invertir 61
investigar 52
investir 61
vg notes dialectals ↗
inveterar-se 9
invitar 9
invocar 67
involucrar 9
iodar 9
ioditzar 9
iodurar 9
ionitzar 9
iotitzar 9
irisar 9
ironitzar 9
irradiar 10
irrigar 52
irritar 9
irrogar 52
irrompre 48
islamitzar 9
isocronitzar 9
isolar 9
isomeritzar 9
italianitzar 9
iterar 9
jactar-se 9
jalonar 9
jaquir 61
jaspiar 10
jaumetar 9
jaupar 9
jaure 40
jerarquitzar 9
jeure 41
joguinejar 29
jornalejar 29
jovenejar 29
jubilar 9
judaïtzar 9
judicar 67
jugar 52
jugular 9
junyir 61
juramentar-se 9
jurar 9
jurcar 67
justar 9
justejar 29
justificar 67

jutjar 29
vg notes dialectals ↗
juxtaposar 9
labialitzar 9
labiovelaritzar 9
laborar 9
lacar 67
lacerar 9
lacrar 9
lactar 9
laïcitzar 9
lamentar 9
laminar 9
lapidar 9
lapidificar 67
lasar 9
lascar 67
lassar 9
lateralitzar 9
lateritzar-se 9
laudar 9
laxar 9
legalitzar 9
legislar 9
legitimar 9
lematitzar 9
lenificar 67
lesionar 9
levigar 52
levitar 9
lexicalitzar 9
libar 9
liberalitzar 9
licitar 9
liderar 9
lidiar 10
liftar 9
lignificar 67
limitar 9
linealitzar 9
linxar 9
liofilitzar 9
liquar 2
liqüefer 23
liquidar 9
lisar 9
litigar 52
litografiar 10
lixiviar 10
llaçar 14
lladrar 9
lladreguejar 29
lladronejar 29
lladrunyar 9
lladruquejar 29
llagar 52
llagotejar 29
llagrimejar 29
llambrar 9
llambregar 52
llambrejar 29
llambroixar 9
llaminejar 29
llampar 9
llampegar 52
llampeguejar 29
llampugar 52
llampurnar 9
llampurnejar 29
llançar 14
llancejar 29
llanejar 29
llanguir 61
llarguejar 29
llassar 9
llastar 9
llastrar 9
llatinitzar 9
llaunar 9
llaurar 9
llavar 9
llaviejar 29
llavorar 9
llefardar 9
llegar 52
llegir 61
vg notes dialectals ↗
lleixar 9
lleixivar 9
llençar 14
llenegar 52
llengotejar 29
llenyar 9
llepar 9
llepolejar 29
llescar 67
llestar (ROSS) 9
lletrejar 29
lleudar 9
lleure 62
usat només en 3a persona i en les formes nominals
llevantejar 29
llevar 9
llibertar 9
llicenciar 10
lligar 52
llimar 9
llimutjar 29
vg notes dialectals ↗
lliscar 67
llisonar 9
llistar 9
llitar 9
lliurar 9
lloar 42
llodrigar 52
llofrar 9
llogar 52
llorejar 29
llorigar 52
llosquejar 29
llossar 9
llostrejar 29
llotejar 29
llucar 67
lluentar 9
lluentejar 29
lluertejar 29
llufar-se 9
lluir [*emetre llum*] 55
lluir [*en sentit figurat; en dret*] 66
lluitar 9
llumejar 29
llunyejar 29
llussiar (VAL) 10
llustrar 9
llustrejar 29
lobotomitzar 9
localitzar 9
locionar 9
lubricar 67
lubrificar 67
lucrar 9
luxar 9
macadamitzar 9
macar 67
macerar 9
maçolar 9
maçonar 9
macular 9
madrigalejar 29
maduixar 9
madurar 9
maganyar 9
magencar 67
magnetitzar 9
magnificar 67
magolar 9
magrejar 29

menystindre 63
menysvalorar 9
meravellar 9
mercadejar 29
mercantilitzar 9
merceritzar 9
merèixer 20
meritar 9
merletar 9
mesar 9
mesclar 9
mesquinejar 29
mestallar 9
mestralejar 29
mestrejar 29
mestressejar 29
mesturar 9
mesurar 9
metabolitzar 9
metaforitzar 9
metal·lar 9
metal·litzar 9
metamorfitzar 9
metamorfosar 9
metastatitzar 9
meteoritzar 9
metilar 9
metjar 29
vg notes dialectals ↗
metoditzar 9
metrallar 9
meular (BAL) 9
micorizar 9
microfilmar 9
micronitzar 9
midar 9
migjornejar 29
migpartir 61
migrar 9
migrolar-se 9
militar 9
militaritzar 9
millorar 9
mimar 9
minar 9
mineralitzar 9
miniar 10
miniaturar 9
miniaturitzar 9
minimitzar 9
minorar 9
minutar 9
minvar 9
minyonejar 29
miolar 9
mirallejar 29
mirar 9
mirotejar 29
mirrar 9
misserejar 29
mistificar 67
mitificar 67
mitigar 52
mititzar 9
mitjanar 9
mitjançar 14
mitologitzar 9
mixturar 9
mobilitzar 9
moblar 9
mocar 67
modelar 9
modelitzar 9
moderar 9
modernitzar 9
modificar 67
modular 9
mofar-se 9
molar 9
moldre 1
vg notes
molestar 9
moletejar 29
molinar 9
mollejar 29
mol·lificar 67
mollonar 9
molsir (ROSS) 61
moltonejar 29
molturar 9
momificar 67
monedar 9
monetitzar 9
monitorar 9
monjoiar 31
monoftongar 52
monologar 52
monopolitzar 9
moquejar 29
moralitzar 9
morcar 67
mordentar 9
mordicar 67
morfir-se 61
morfondre 17
morigerar 9
morir 25
vg notes
vg notes dialectals ↗
mormolar 9
mormolejar 29
morralejar 29
morrejar 29
mortasar 9
mortificar 67
moscallejar 29
mosquejar 29
mosquetonejar 29
mossegar 52
mostrar 9
mostrejar 29
motar (BAL) 9
motejar 29
motiuejar 29
motivar 9
motllurar 9
motlurar 9
motoritzar 9
moure 7
mudar 9
mufar (BAL) 9
mugir 61
mullar 9
mullerar-se 9
multar 9
multicopiar 10
multiplexar 9
multiplicar 67
municionar 9
municipalitzar 9
munir 61
muntanyejar 29
muntar 9
munyir 25
murallar 9
murar 9
murgonar 9
murmurar 9
murmurejar 29
murriejar 29
musclejar 29
museïtzar 9
musicar 67
mussitar 9
musteir 51
mustiar 10
mustigar 52
mutar 9
mutilar 9
nacionalitzar 9
nadar 9
nafrar 9

nàixer	43
nannar	9
napar	9
napejar	29
narcotitzar	9
narrar	9
nasalitzar	9
nasprar	9
nassejar	29
natjar	29
vg notes dialectals ⇗	
naturalitzar	9
naufragar	52
navegar	52
nebulitzar	9
necessitar	9
necrosar	9
nedar	9
negar	52
negativar	9
negligir	61
negociar	10
negociejar	29
negrejar	29
neguitejar	29
néixer	44
netejar	29
neular-se	9
neulir-se	61
neurotitzar-se	9
neutralitzar	9
nevar	9
neviscar	67
nevisquejar	29
nevotejar	29
niar	10
nidificar	67
niellar	9
nimbar	9
niquelar	9
nitrar	9
nitrificar	67
nitrogenar	9
nitrurar	9
nocar	67
nodrir	61
noiejar	29
noliejar	29
nombrar	9
nomenar	9
nòmer (BAL)	64
nominalitzar	9
nominar	9
nonuplicar	67
noquejar	29
norantejar	29
nordejar	29
nordestejar	29
nordoestejar	29
normalitzar	9
normar	9
normativitzar	9
notar	9
noticiar	10
notificar	67
novel·lar	9
nuar	34
nuclearitzar	9
nugar (VAL)	52
numerar	9
nyacar (BAL)	67
nyaufar (C, ROSS)	9
obcecar	67
obeir	51
objectar	9
objectivar	9
objurgar	52
oblidar	9
obligar	52
obliquar	2
obliterar	9
obnubilar	9
obrar	9
obrir	45
obscurir	61
obsedir	61
obsequiar	10
observar	9
obsessionar	9
obstaculitzar	9
obstar	9
obstinar-se	9
obstruir	66
obtenir	63
obtindre	63
obturar	9
obvenir	54
obviar	10
ocasionar	9
occidentalitzar	9
occir	61
occitanitzar	9
ocloure	15
vg notes	
ocórrer	18
octubrar-se	9
octuplicar	67
ocultar	9
ocupar	9
odiar	10
ofegar	52
ofendre	46
oferir	61
vg notes	
oficialitzar	9
oficiar	10
ofrenar	9
ofuscar	67
oiar	31
oir	47
oldre (VAL)	1
oliar	10
olivar-se	9
olorar	9
ombrar	9
ombrejar	29
ometre	3
omplir	45
vg notes	
vg notes dialectals ⇗	
ondar	9
ondejar	29
ondular	9
onejar	29
operar	9
opilar	9
opinar	9
oposar	9
opositar	9
oprimir	61
opsonitzar	9
optar	9
optimar	9
optimitzar	9
opugnar	9
orar	9
orbar	9
orbitar	9
ordenar	9
ordiar	10
ordir	61
orejar	29
orellar	9
organitzar	9
orientalitzar	9
orientar	9
originar	9
orinar	9
orincar	67
oripellar	9
orlar	9
ormejar	29

perdonar	9
perdre	48
perdurar	9
peregrinar	9
perfeccionar	9
perfer	23
perfilar	9
perfondre	36
perforar	9
perfumar	9
pergirar	9
periclitar	9
perifrasar	9
perifrasejar	29
perillar	9
periodificar	67
perioditzar	9
perir	61
peritar	9
perjudicar	67
perjurar	9
perlejar	29
perllongar	52
permetre	3
permutar	9
pernabatre	48
pernejar	29
pernoctar	9
pernoliar	10
perorar	9
peroxidar	9
perpetrar	9
perpetuar	34
perquirir	61
perquisicionar	9
perseguir	61
perseverar	9
persignar	9
persistir	61
personalitzar	9
personar-se	9
personificar	67
persorbir	61
perspirar	9
persuadir	61
pertànyer	49
pertocar	67
pertorbar	9
pervenir	54
pervertir	61
perviure	73
perxar	9
perxejar	29
pesar	9
pescallar	9
pescar	67
pessigar	52
pessigollejar	29
pestanyejar	29
petar	9
petardejar	29
petarrellejar	29
petejar	29
peticionar	9
petjar	29
vg notes dialectals ↗	
petonejar	29
petrificar	67
peucalcigar	52
peüllar	9
piafar	9
picar	67
picarolejar	29
picolar	9
piconar	9
picossejar	29
picotejar	29
pidolar	9
pifiar	10
pigmentar	9
pignorar	9
pillar	9
pillardejar	29
pilloscar	67
pilonar	9
pilotar	9
pilotejar	29
pinçar	14
pintar	9
pinxar	9
pinxejar	29
pinyolar	9
pinzellar	9
pioquejar	29
pipar	9
pipellejar	29
pipetejar	29
pirar	9
piratejar	29
pirogravar	9
pisar	9
piscar	67
pispar	9
pitejar	29
pitjar	29
vg notes dialectals ↗	
pitjorar	9
piuar	21
piular	9
piulejar	29
pivotar	9
pixar	9
placar	67
plaçar	14
plagiar	10
plaguejar	29
planar	9
planejar	29
planificar	67
plantar	9
plantejar	29
plantificar	67
plantofejar	29
planxar	9
plànyer	49
plaquejar	29
plasmar	9
plasmolitzar	9
plastificar	67
platejar	29
platinar	9
platonar	9
plaure	15
pledejar	29
plegar	52
plomallejar	29
plomar	9
plomejar	29
ploramiquejar	29
plorar	9
plorinyar	9
ploriquejar	29
plotejar	29
ploure	7
plovinejar	29
ploviscar	67
plovisquejar	29
pluralitzar	9
poar	42
poblar	9
poblejar	29
pobrejar	29
pobretejar	29
podar	9
poder	50
poderejar	29
podrir	61
poetitzar	9
polaritzar	9
polemitzar	9
policopiar	10
policromar	9

polimeritzar	9
polir	61
politiquejar	29
polititzar	9
pollar-se	9
pollastrejar	29
pollinar	9
pol·linitzar	9
pol·luir	66
polpar	9
polsar	9
polsejar	29
polsinar	9
polvoritzar	9
polzejar	29
pompejar	29
poncellar	9
ponderar	9
pondre	58
ponentejar	29
pontar	9
pontificar	67
popar	9
popularitzar	9
poquejar	29
porcar	67
porcellar	9
porfidiejar	29
porfiritzar	9
porgar	52
porquejar	29
portar	9
posar	9
posicionar	9
positivar	9
posposar	9
posseir	51
possessionar	9
possibilitar	9
postdatar	9
postergar	52
postermejar	29
posticar	67
postil·lar	9
postrar	9
posttesar	9
postular	9
posturejar	29
potabilitzar	9
potejar	29
potenciar	10
potinejar	29
potollar	9
pouar	21
practicar	67
prear	19
precaucionar	9
precedir	61
preceptuar	34
precintar	9
precipitar	9
precisar	9
preconitzar	9
predestinar	9
predeterminar	9
predicar	67
predir	24
vg notes	
predisposar	9
predominar	9
preestablir	61
vg notes	
preexcel·lir	61
preexistir	61
prefabricar	67
preferir	61
prefigurar	9
prefixar	9
pregar	52
pregonar	9
preguntar	9
pregustar	9
prejutjar	29
vg notes dialectals ↗	
prelibar	9
preludiar	10
premeditar	9
prémer	64
premiar	10
premorir	25
vg notes	
premsar	9
premunir	61
prendre	70
vg notes	
vg notes dialectals ↗	
prenotar	9
prenunciar	10
prenyar	9
preocupar	9
preopinar	9
preordinar	9
preparar	9
preponderar	9
preposar	9
preposterar	9
presagiar	10
prescindir	61
prescriure	30
presenciar	10
presentar	9
preservar	9
presidir	61
presonitzar	9
pressentir	25
pressionar	9
pressuposar	9
pressupostar	9
pressuritzar	9
prestar	9
prestigiar	10
presumir	61 o 25
pretendre	53
preterir	61
pretesar	9
pretextar	9
preuar	21
prevaldre	68
prevaler	68
prevaricar	67
prevenir	54
preveure	72
vg notes	
previndre	54
primar	9
primejar	29
primerejar	29
primfilar	9
primsenyar	9
principiar	10
prioritzar	9
prisar	9
privadejar	29
privar	9
privatitzar	9
privilegiar	10
procedir	61
processar	9
proclamar	9
procrear	19
procurar	9
prodigar	52
produir	66
profanar	9
proferir	61
professar	9
professionalitzar	9
profetar	9
profetitzar	9
profunditzar	9
programar	9
progressar	9

prohibir	61
projectar	9
proletaritzar	9
proliferar	9
prologar	52
prolongar	52
prometre	3
promiscuar	34
promocionar	9
promoure	7
promulgar	52
pronominalitzar	9
pronosticar	67
pronunciar	10
propagar	52
propalar	9
propel·lir	61
propendir	61
propiciar	10
propinar	9
proporcionar	9
proposar	9
propugnar	9
propulsar	9
prorratejar	29
prorrogar	52
prorrompre	48
proscriure	30
prosificar	67
prospectar	9
prosperar	9
prosseguir	61
prosternar-se	9
prostituir	66
prostrar	9
protagonitzar	9
protegir	61
protestar	9
protocol·litzar	9
provar	9
proveir	51
provenir	54
provindre	54
provocar	67
pruir	55
psalmejar	29
psalmodiar	10
pseudomorfitzar	9
psicoanalitzar	9
publicar	67
publificar	67
pudelar	9
pudir	25
vg notes	
pugnar	9
pujar	29
pullejar	29
pul·lular	9
puncionar	9
punir	61
puntar	9
puntejar	29
puntualitzar	9
puntuar	34
punxar	9
punxonar	9
punyar	9
punyejar	29
punyir	25
purgar	52
purificar	67
putanejar	29
putejar	29
quadrar	9
quadrejar	29
quadricular	9
quadruplicar	67
qualificar	67
quallar	9
quantificar	67
quarantejar	29
quartar	9
quartejar	29
quarterar	9
quarterejar	29
quedar	9
queixalar	9
queixalejar	29
queixar-se	9
quequejar	29
querar-se	9
querellar-se	9
qüestionar	9
qüestionejar	29
quilificar	67
quillar-se	9
quilometrar	9
quimificar	67
quintaessenciar	10
quintar	9
quintuplicar	67
quiratar	9
quissoiar	31
quitar	9
rabejar	29
rabiar	10
raciocinar	9
racionalitzar	9
racionar	9
radiar	10
radicalitzar	9
radicar	67
radiodirigir	61
radiografiar	10
radioguiar	10
radiotelegrafiar	10
raïmar	9
rajar	29
ralingar	52
rallar	9
ramalar	9
ramar	9
ramassar	9
ramblejar	29
ramejar	29
ramificar-se	67
rampellar-se	9
rampillar	9
rampinar	9
rampinyar	9
rampugollar	9
ranciejar	29
rancificar	67
randar	9
ranejar	29
ranquejar	29
raonar	9
rapar	9
rapejar	29
rapelar	9
rapinyar	9
rapir	61
rapissar	9
raportar	9
raptar	9
rarefer	23
rarejar	29
rarificar	67
rasar	9
rascar	67
rasclar	9
rasclonar	9
rasclumejar	29
raspallar	9
raspar	9
rastellar	9
rastrejar	29
rasurar	9
ratar	9
ratejar	29
ratificar	67
ratinar	9

Verb	Model
ratllar	9
ratonejar	29
ratxar	9
ratxejar	29
raucar	67
raure	15
vg notes	
rautar	9
reabsoldre	1
reabsorbir	61
reaccionar	9
reactivar	9
readaptar	9
readmetre	3
readoptar	9
reafirmar	9
reagregar	52
reajustar	9
realçar	14
realegrar-se	9
realitzar	9
reanimar	9
reaparèixer	16
vg notes	
vg notes dialectals ⇗	
rearmar	9
reassegurar	9
reassumir	61
rebaixar	9
reballar (VAL)	9
rebalsar (VAL)	9
rebatejar	29
rebatre	48
rebecar	67
rebel·lar-se	9
rebentar	9
rebeure	7
reblanir	61
reblar	9
reblir	61
vg notes	
reblonar	9
rebobinar	9
rebolcar	67
rebolicar (VAL)	67
rebollar	9
rebomborejar	29
rebordeir-se	51
rebordonir	61
rebostejar (BAL)	29
rebotar	9
rebotegar	52
rebotir	61
rebotre	48
rebre	56
rebregar	52
rebrollar	9
rebrostar	9
rebrotar	9
rebufar	9
rebullir	25
rebutjar	29
vg notes dialectals ⇗	
recacejar (C)	29
recalar	9
recalcar	67
recalçar	14
recalcitrar	9
recalfar	9
recamar	9
recanviar	10
recapacitar	9
recapitular	9
recaptar	9
recar	67
usat només en	
3a persona	
recaragolar	9
recargolar	9
recarregar	52
recaure	11
recautxutar	9
recavar	9
recelar	9
recensionar	9
recenyir	61
receptar	9
recercar	67
reciclar	9
recidivar	9
recinglar	9
reciprocar	67
recitar	9
reclamar	9
reclavar	9
reclinar	9
recloure	15
vg notes	
reclutar	9
recobrar	9
recobrir	61
vg notes	
recogitar	9
recol·lectar	9
recollir	13
recolonitzar	9
recolzar	9
recomanar	9
recombinar	9
recomençar	14
recompensar	9
recomplir	61
vg notes	
recompondre	58
recomprar	9
recomptar	9
reconcentrar	9
reconciliar	10
recondir	61
reconduir	66
reconèixer	16
reconfortar	9
reconquerir	61
reconquistar	9
reconsiderar	9
reconstituir	66
reconstruir	66
recontar	9
reconvenir	54
reconvertir	61
recopilar	9
recorbar	9
recordar	9
recorregir	61
recórrer	18
recosir	13
vg notes	
recoure	15
vg notes	
recrear	19
recréixer	20
recremar	9
recriar	10
recriminar	9
recristal·litzar	9
recruar	34
rectificar	67
recular	9
recuperar	9
recusar	9
redactar	9
redallar	9
redargüir	61
redelmar	9
redescobrir	61
vg notes	
redescomptar	9
redhibir	61
redimir	61
redir	24
redistribuir	66
redituar	34

redoblar	9
redoblegar	52
redolar (VAL)	9
redossar	9
redreçar	14
redubtar	9
reduir	66
redundar	9
reduplicar	67
reedificar	67
reeditar	9
reeducar	67
reeixir	57
reelegir	61
reembarcar	67
reemborsar	9
reembossar	9
reemplaçar	14
reencarnar	9
reencunyar	9
reenganxar	9
reenvidar	9
reerigir	61
reescalfar	9
reescriure	30
reesmerçar	14
reestrenar	9
reestructurar	9
reexaminar	9
reexpedir	61
reexportar	9
refallar	9
refegir	61
refer	23
referenciar	10
referendar	9
referir	61
refermar	9
referrar	9
refertilitzar	9
refiar-se	10
refiblar	9
refigurar	9
refilar	9
refinar	9
reflectir	61
reflexionar	9
reflorir	61
reflotar	9
refluir	66
refocil·lar	9
refonamentar	9
refondre	17
reforçar	14
reforestar	9
reforjar	29
reformar	9
reformatar	9
refractar	9
refredar	9
refregar	52
refregir	61
vg notes dialectals ↗	
refrenar	9
refrescar	67
refrigerar	9
refringir	61
refugiar	10
refulgir	61
refusar	9
refutar	9
regalar	9
regalimar	9
regallar (VAL)	9
reganar	9
reganyar	9
regar	52
regatar	9
regatejar	29
regelar	9
regenerar	9
regentar	9
regimentar	9
regionalitzar	9
regir	61
regirar	9
registrar	9
regitar	9
reglamentar	9
reglar	9
reglejar	29
reglotar	9
regnar	9
regolfar	9
regraciar	10
regressar	9
regruar	34
regruixar	9
reguanyar	9
reguardar	9
reguardejar	29
reguardonar	9
reguitnar	9
regular	9
regularitzar	9
regurgitar	9
rehabilitar	9
rehidratar	9
reificar	67
reimplantar	9
reimportar	9
reimposar	9
reimprimir	61
vg notes	
reincidir	61
reincorporar	9
reinflar	9
reingressar	9
reinserir	61
reinstal·lar	9
reintegrar	9
reinventar	9
reinvertir	61
reiterar	9
reivindicar	67
rejovenir	61
rejuntar	9
relacionar	9
relatar	9
relativitzar	9
relaxar	9
relegar	52
relinquir	61
rellampegar	52
rellançar	14
rellegir	61
vg notes dialectals ↗	
rellentar	9
rellentir	61
rellepar	9
rellevar	9
relligar	52
relliscar	67
rellogar	52
rellonejar	29
rellucar	67
relluir	55
en sentit figurat	66
vg notes 55	
remagencar	67
remallar	9
remar	9
remarcar	67
remaridar	9
rematar	9
remeiar	31
remembrar	9
rememorar	9
remenar	9
remenjar	29
remesclar	9
remetre	3

remintolar 9
remirar 9
remitjar 29
vg notes dialectals ⇗
remodelar 9
remolar 9
remolcar 67
remoldre 1
vg notes
remolejar 29
remolinar 9
remollir 61
remordir 61
remorejar 29
remosquejar 29
remoure 7
remudar 9
remugar 52
remuguejar 29
remullar 9
remunerar 9
remuntar 9
renàixer 43
renderitzar 9
rendibilitzar 9
rendir 61
renegar 52
renéixer 44
renillar 9
renouejar 29
renovar 9
renovellar 9
rentar 9
rentussejar 29
renunciar 10
renyar 9
renyinar 9
renyir 61
vg notes dialectals ⇗
renyoquejar 29
reobrir 45
reocupar 9
reomplir 45
vg notes
vg notes dialectals ⇗
reordenar 9
reorganitzar 9
reorquestrar 9
repairar-se (BAL) 9
repalejar 29
repanxolar-se 9
repapar-se 9
repapiejar 29
reparar 9

reparcel·lar 9
repartir 61
repassar 9
repatriar 10
repelar 9
repel·lir 61
repenjar 29
repensar 9
repercutir 61
repesar 9
repescar 67
repetellar-se 9
repetir 61
repeuar 21
repicar 67
repintar 9
repixar 9
replanar 9
replantar 9
replantejar 29
replegar 52
replicar 67
replujar 29
repoblar 9
repodrir 61
repolir 61
reportar 9
reposar 9
repotegar (ROSS) 52
repreguntar 9
reprendre 46
vg notes dialectals ⇗
represaliar 10
representar 9
reprimir 61
reprivatitzar 9
reproduir 66
reprotxar 9
reprovar 9
reptar 9
repudiar 10
repugnar 9
repujar 29
repul·lular 9
repulsar 9
repuntar 9
repuntejar 29
repussar 9
reputar 9
requalificar 67
requerir 61
requestar 9
requisar 9
reressagar-se 52

resar 9
rescabalar 9
rescatar 9
rescindir 61
resclosir-se 61
resclumejar 29
reservar 9
resguardar 9
residenciar 10
residir 61
resignar 9
resinar 9
resinificar 67
resistir 61
resoldre 1
respectar 9
respirar 9
resplendir 61
respondre 58
responsabilitzar 9
respostejar 29
resquitar 9
resquitllar 9
ressagar-se 52
ressaltar 9
ressanar 9
ressecar 67
ressedimentar 9
ressegar 52
ressegellar 9
resseguir 61
ressemblar 9
ressembrar 9
ressentir-se 25
ressenyar 9
ressituar 34
ressolar 9
ressoldar 9
ressonar 9
ressopar 9
ressorgir 61
ressortir 13
ressuscitar 9
restablir 61
vg notes
restar 9
restaurar 9
restituir 66
restoblar 9
restrènyer 64
vg notes
restringir 61
resultar 9
resumir 61 o 25

retallar 9
retanyar 9
retardar 9
retastar 9
reteixir 61
vg notes dialectals ↗
retemptar 9
retenir 63
retentir 61
retenyir 61
retindre 63
retintar 9
retirar 9
retocar 67
retolar 9
retondre 17
retopar 9
retorçar 14
retòrcer 69
retornar 9
retorquir 61
retractar 9
retractilar 9
retraduir 66
retransmetre 3
retratar 9
retraure 40
vg notes
retre 48
retreballar 9
retreure 41
vg notes
retriar 10
retribuir 66
retrinxar 9
retrobar 9
retrocedir 61
retrogradar 9
retronar 9
retrossar 9
retrotraure 40
vg notes
retrotreure 41
vg notes
retrovendre 70
vg notes
retrucar 67
retrumfar 9
retrunyir 25
returar (BAL) 9
retxar 9
reüllar 9
reunflar 9
reunificar 67
reunir 61
reutilitzar 9
revaccinar 9
revacunar 9
revalidar 9
revalorar 9
revaluar 34
reveixinar 9
revelar 9
revellir 61
revel·lir 61
revèncer 69
revendre 70
vg notes
revenir 54
vg notes
revenjar-se 29
revenxinar 9
reverberar 9
reverdir 61
reverenciar 10
reverir 61
revertir 61
revessar 9
revessegar 52
revessejar 29
revestir 61
vg notes dialectals ↗
reveure 72
vg notes
revifar 9
revigoritzar 9
revinclar 9
revindre 54
vg notes
revirar 9
revisar 9
reviscolar 9
revistar 9
revitalitzar 9
reviure 73
revivar 9
revivificar 67
revocar 67
revolar 9
revoltar 9
revoltillar (N-O) 9
revolucionar 9
riallejar 29
riberejar 29
ribotar 9
ribotejar 29
ricar 67
ridiculitzar 9
rifar 9
rimar 9
rinxolar 9
riquerar 9
rissar 9
ritmar 9
riure 15
vg notes
vg notes dialectals ↗
rivalitzar 9
rivetar 9
rivetejar 29
robar 9
roborar 9
robotitzar 9
rocolar 9
rodar 9
rodejar 29
rodolar 9
roentar 9
rogejar 29
roinar 9
roinejar 29
rolar 9
rollar (BAL) 9
romancejar 29
romandre 59
romanitzar 9
romballar 9
rombollar 9
romejar 29
rompre 48
roncar 67
rondallejar 29
rondar 9
rondejar 29
rondinar 9
rondinejar 29
ronquejar 29
ronsejar 29
ronxar (C) 9
ronyar 9
roquejar 29
rosar 9
roscar 67
rosegar 52
rossegar 52
rossejar 29
rossolar 9
rostar 9
rostir 61
rostollar 9
rotar 9
rotllar 9

rotogravar	9
rovellar	9
ruar (BAL)	34
ruboritzar	9
rubricar	67
ruderalitzar	9
rufejar	29
rufianejar	29
ruflar	9
rugir	61
ruixar	9
rullar	9
rumbejar	29
rumiar	10
ruminar	9
rumorejar	29
ruquejar	29
russificar	67
rutilar	9
rutllar	9
sabatejar	29
sabatitzar	9
saber	60
sabotejar	29
sabrejar	29
sacar	67
sacarificar	67
saciar	10
sacralitzar	9
sacrificar	67
sacsar	9
sacsejar	29
sadollar	9
saginar	9
sagnar	9
sagramentar	9
saïmar	9
salar	9
salaritzar	9
saldar	9
salejar	29
salicar	67
salicilar	9
salificar	67
salinar-se	9
salinitzar	9
saliquejar	29
salivar	9
salivejar	29
sallar	9
sallir (ROSS)	25
salmejar	29
salmodiar	10
salmorrar	9
salobrejar	29
salpar	9
salpebrar	9
salpicar	67
salprendre	46
vg notes dialectals ↗	
salsar	9
salsir	61
saltar	9
saltejar	29
saltironar	9
saltironejar	29
saludar	9
salvaguardar	9
salvar	9
salvatgejar	29
sanar	9
sancionar	9
sanejar	29
sangcremar	9
sangglaçar	14
sanglotar	9
sanglotejar	29
sangonejar	29
sanguejar	29
sanguificar	67
santejar	29
santificar	67
saponificar	67
saquejar	29
sardanejar	29
sargir	61
satanitzar	9
satel·litzar	9
satiritzar	9
satisfer	23
saturar	9
sebollir	61
seccionar	9
secretar	9
secretejar	29
secularitzar	9
secundar	9
sedar	9
sedassar	9
sedassejar	29
sedejar	29
sedimentar	9
seduir	66
segar	52
segellar	9
segmentar	9
segonejar	29
segoviar	10
segregar	52
segrestar	9
seguir	61
seixantejar	29
seleccionar	9
semar	9
semblar	9
sembrar	9
sempentejar (BAL)	29
sensibilitzar	9
sentenciar	10
sentir	25
senyalar	9
senyalitzar	9
senyar	9
senyorejar	29
senzillar	9
separar	9
septuplicar	67
sepultar	9
seqüenciar	10
ser	32
seriar	10
sermonar	9
sermonejar	29
serpejar	29
serpentejar	29
serrar	9
serrejar	29
servar	9
servir	61
sestar	9
sestejar	29
setantejar	29
setiar	10
setinar	9
seure	62
sexar	9
sextuplicar	67
sigil·lar	9
signar	9
significar	67
silenciar	10
silicificar	67
siliconar	9
sililar	9
sil·labejar	29
sil·logitzar	9
simbolitzar	9
simetritzar	9
simpatitzar	9
simplificar	67
simular	9
simultaniejar	29

Verb	Model
tempirar	9
temporalitzar	9
temporitzar	9
temprar	9
temptar	9
temptejar	29
tenallar	9
tendir	61
tendrejar	29
tenir	65
tensar	9
tentinejar	29
tenyir	61
vg notes dialectals ⇗	
teologitzar	9
teoritzar	9
terbolinar	9
terçar	14
tercejar	29
tercerejar	29
tergiversar	9
termenar	9
termenejar	29
terminar	9
termocauteritzar	9
termofixar	9
terrabastejar	29
terraplenar	9
terrejar	29
terrenejar	29
terrenyar	9
terroritzar	9
tesar	9
testar	9
testavirar	9
testificar	67
testimoniar	10
testimoniejar	29
tetanitzar	9
teular	9
texturar	9
tibar	9
tifejar	29
timbalejar	29
timbrar	9
timonejar	29
tindre	65
tintar	9
tinyar-se	9
tipificar	67
tiranejar	29
tiranitzar	9
tirar	9
tirassar	9
tirotejar	29
titar	9
titil·lar	9
titlar	9
titllar	9
titubar	9
titubejar	29
titular	9
tocar	67
toldre	1
tolerar	9
toleritzar	9
tolir-se	61
tomar	9
tomballar	9
tomballejar	29
tombar	9
tombassejar	29
tombejar	29
tondosar	29
tondre	36
tonificar	67
tonsurar	9
tonyar	9
topar	9
toquejar	29
toquerejar	29
torbar	9
torcar	67
torçar	14
torcejar	29
tòrcer	69
torejar	29
toriscar	67
tornar	9
tornassolar	9
tornejar	29
torniolar	9
torpedejar	29
torpedinar	9
torrar	9
torrejar	29
tortejar	29
torturar	9
toscar	67
tosquejar	29
tosquirar	9
tossar	9
tossir	13
vg notes	
totalitzar	9
trabocar	67
trabucar	67
trabujar	29
tracalejar (BAL)	29
traçar	14
tractar	9
tractejar	29
traduir	66
trafegar	52
trafeguejar	29
traficar	67
trafiquejar	29
tragar	52
tragellar	9
traginar	9
tragirar	9
tragitar	9
traguejar	29
trair	4
trairar	9
tramar	9
trametre	3
tramitar	9
tramostar (C)	9
trampejar	29
trampelar	9
trampolejar	29
tramuntanejar	29
tramuntar	9
tranquil·litzar	9
transbordar	9
transcendir	61
transcórrer	18
transcriure	30
transferir	61
transfigurar	9
transflorar	9
transfondre	17
transformar	9
transgredir	61
transhumar	9
transigir	61
transistoritzar	9
transitar	9
translimitar	9
transliterar	9
transmetre	3
transmigrar	9
transmutar	9
transparentar	9
transpirar	9
transportar	9
transposar	9
transsubstanciar	10
transsudar	9
transvasar	9
transvestir-se	61

valdre	68
valer	68
validar	9
vallejar	29
valorar	9
valoritzar	9
valsar	9
vanagloriar-se	10
vanagloriejar-se	29
vanar-se	9
vanejar	29
vantar-se	9
vaporar	9
vaporitzar	9
varar	9
variar	10
variejar	29
variolitzar	9
vaticinar	9
vedar	9
vedellar	9
vegetar	9
vehicular	9
velar	9
velaritzar	9
velejar	29
vellotejar	29
vellutejar	29
velnegrar	9
véncer	69
vg notes dialectals ↗	
vèncer	69
vg notes dialectals ↗	
vencillar	9
vendre	70
venemar (VAL)	9
venerar	9
venir	71
venjar	29
ventallar	9
ventar	9
ventejar	29
ventilar	9
ventolejar	29
verbalitzar	9
verbejar	29
verberar	9
verdassegar	52
verdejar	29
veremar	9
vergassejar	29
vergonyar-se	9
verguejar	29
verificar	67
vermellejar	29
verolar	9
verolejar	29
versar	9
versejar	29
versificar	67
vertebrar	9
vesar	9
vesprejar	29
vessar	9
vestir	61
vg notes dialectals ↗	
vetar	9
vetlar	9
vetllar	9
veure	72
vexar	9
viar	10
viaticar	67
viatjar	29
vg notes dialectals ↗	
vibrar	9
viciar	10
victorejar	29
vigilar	9
vigir	61
vigoritzar	9
vilipendiar	10
viltenir	63
vinclar	9
vincular	9
vindicar	67
vindre	71
vinificar	67
vintejar	29
vintenejar	29
vinyetar	9
violar	9
violentar	9
vionar	9
virar	9
virolar	9
visar	9
visionar	9
visitar	9
visualitzar	9
visurar	9
vitalitzar	9
vitrificar	67
vituperar	9
viure	73
vivificar	67
vobular	9
vocalitzar	9
vociferar	9
vogar	52
vogir	61
volar	9
volatilitzar	9
voleiar	31
voler	74
voletejar	29
voltar	9
voltejar	29
vomitar	9
vomitejar	29
vorejar	29
vorellar	9
voretar	9
votar	9
vuitantejar	29
vulcanitzar	9
vulgaritzar	9
vulnerar	9
xacar (VAL)	67
xafar	9
xafardejar	29
xafarotejar	29
xafigar (VAL)	52
xaiar	31
xalar	9
xalar-se	9
xaloquejar	29
xamar (VAL)	9
xampanyitzar	9
xampurrar	9
xampurrejar	29
xanxejar	29
xapar	9
xapotejar	29
xaragallar	9
xarbotar	9
xarbotejar	29
xarolar	9
xarpar	9
xarrar	9
xarrotejar	29
xarrupar	9
xarrupejar	29
xatejar	29
xautar-se	9
xauxinar	9
xauxinejar	29
xemicar	67
xericar (C)	67
xeringar	52
xerocopiar	10
xerografiar	10